财务报表
分　析

主　编◎吴　欣　蒋同应　彭黎伟
副主编◎黄　瑞　孙艺宁

上海交通大学出版社
SHANGHAI JIAO TONG UNIVERSITY PRESS

内容提要

本书共有9个项目,分别为财务报表分析概述、财务报表的编制、财务报表分析方法、偿债能力分析、盈利能力分析、营运能力分析、财务报表综合分析、财务报表整体分析及财务分析报告的撰写。书中包含大量的财务报表分析案例,让学生系统掌握财务报表分析的基本知识和技能,具备灵活的思维方式和动手操作能力,并能够运用分析的基本原理站在不同的立场对各类型企业的实际财务状况、经营成果和现金流量做出正确的评价和决策。此外,本书还融入了大量思政元素,培养学生养成良好的职业素养,优秀的精神品质。

本书可作为高等职业院校财经类专业相关课程的教材,也可作为公司财务工作者和社会会计从业者的业务参考用书。

图书在版编目(CIP)数据

财务报表分析/吴欣,蒋同应,彭黎伟主编.—上海:上海交通大学出版社,2023.8 (2023.12重印)

ISBN 978-7-313-28860-8

Ⅰ.①财… Ⅱ.①吴…②蒋…③彭… Ⅲ.①会计报表-会计分析-高等职业教育-教材 Ⅳ.①F231.5

中国国家版本馆CIP数据核字(2023)第119869号

财务报表分析
CAIWU BAOBIAO FENXI

主　　编:吴　欣　蒋同应　彭黎伟

出版发行:上海交通大学出版社 　　　　地　　址:上海市番禺路951号

邮政编码:200030　　　　　　　　　　电　　话:021-64071208

印　　制:上海万卷印刷股份有限公司　　经　　销:全国新华书店

开　　本:787mm×1092mm　1/16　　　印　　张:16.25

字　　数:392千字

版　　次:2023年8月第1版　　　　　　印　　次:2023年12月第2次印刷

书　　号:ISBN 978-7-313-28860-8　　　电子书号:978-7-89424-355-3

定　　价:58.00元

前　言

"财务报表分析"课程是中华人民共和国教育部规定的高等院校经济管理类专业学生的专业课程之一，是理论与实践紧密结合的一门课程。本书的编写是以最新的《财政部关于修订印发合并财务报表格式(2019版)的通知》(财会〔2019〕16号)文件为依据，在整理多年教学经验、结合企业实际需求和吸收同类教材优秀成果的基础上，系统、科学地阐述财务报表分析方法和内容的同时注意贯彻基本理论"必需、够用"的原则，尽量突出实用性和可操作性，做到理论与实践并重。本书既可作为高职高专院校财务会计类专业的通用教材，又可作为其他经济管理类专业的教材，也可作为社会从业人员的业务参考用书。

本书的编写由高校教师和企业财务人员共同编写。力求有所突破、有所创新，工学结合，既结合高校的教学实际和企业的实际需求，又突破了原有同类教材单纯叙述理论知识的老框架，紧密围绕立德树人根本任务，自然融入课程思政元素，结合不同教学内容穿插"思政小课堂"案例，注重知识传授、价值观塑造和能力培养的多元统一。同时，本书的组织编排采用了项目教学法，在每个项目开始前增加"情景导入"，促使学生带着问题学习思考，以"任务驱动＋案例教学"逐步展开，且每个项目都绘制了思维导图，以达到对项目内容的系统性认识。同时又顺应大数据与会计专业要求，结合新形态教材特征，在教材中融入在线扫码视频课程教学，方便学生课前预习与课后巩固。另外，本书每章后面都附有大量的思考练习题，以确保教学过程真正做到"学中做，做中学"。

本书的主要内容包括财务报表分析概述、财务报表的编制与基本分析方法、偿债能力分析、盈利能力分析、营运能力分析、财务报表综合分析和整体分析以及财务分析报告的撰写等。考虑到财务报表分析实训教学的具体情况，本书既涵盖全面、系统的财务报表分析基本概念，基本方法和分析技巧，也包含大量的财务报表分析案例，努力帮助学生把财务报表分析的理论知识转化为工作技能，并且融入情感态度与价值观，着重培养学生德技兼修的新时代工匠精神。

本书由嘉兴南洋职业技术学院吴欣、蒋同应、彭黎伟担任主编,黄瑞、孙艺宁担任副主编,参与编写的还有嘉兴中元财税有限公司蒋科峰、浙江昌信会计师事务所有限公司陈笑慰、浙江中铭会计师事务所有限公司吕敏。在本书编写过程中,编者团队参阅了大量的相关文献和企业真实案例,在此向有关单位及作者表示感谢。鉴于编者水平有限,加之财经法规更新很快,书中存在的错误和不足之处,恳请专家和广大读者批评指正。本书编写团队会及时解决读者反馈的问题,据以完善本书,为财会人才的培养做出贡献。

编　者

2023 年 3 月

目 录

项目1 财务报表分析概述 ································ 001

    任务1.1 财务报表信息解读 ···················· 002

    任务1.2 财务报表分析的意义和作用 ············ 032

    任务1.3 财务报表分析的对象和目的 ············ 036

    任务1.4 财务报表分析的一般程序 ·············· 037

项目2 财务报表的编制 ····························· 042

    任务2.1 财务报表概述 ······················ 044

    任务2.2 资产负债表的编制 ·················· 045

    任务2.3 利润表的编制 ······················ 056

    任务2.4 现金流量表的编制 ·················· 063

    任务2.5 所有者权益变动表的编制 ·············· 073

项目3 财务报表分析方法 ··························· 086

    任务3.1 比较分析法 ························ 087

    任务3.2 比率分析法 ························ 090

    任务3.3 因素分析法 ························ 093

项目4 偿债能力分析 ····························· 099

    任务4.1 偿债能力分析概述 ·················· 100

    任务4.2 短期偿债能力分析 ·················· 102

    任务4.3 长期偿债能力分析 ·················· 110

项目5 盈利能力分析 ····························· 121

    任务5.1 盈利能力分析概述 ·················· 123

    任务5.2 销售盈利能力分析 ·················· 124

任务 5.3　资本盈利能力分析 130
任务 5.4　上市公司盈利能力分析 134

项目 6　营运能力分析 140
任务 6.1　营运能力分析概述 142
任务 6.2　流动资产营运能力分析 143
任务 6.3　长期资产营运能力分析 152
任务 6.4　总资产营运能力分析 154

项目 7　财务报表综合分析 159
任务 7.1　财务报表综合分析概述 161
任务 7.2　杜邦分析法 162
任务 7.3　沃尔评分法 169

项目 8　财务报表整体分析 177
任务 8.1　资产负债表分析 179
任务 8.2　利润表分析 186
任务 8.3　现金流量表分析 191

项目 9　财务分析报告的撰写 205
任务 9.1　财务分析报告概述 206
任务 9.2　财务分析报告的撰写要求和示例 208
任务 9.3　财务报表附注示例 216

附录　财务报表项目填列及财务分析主要公式表 246

参考文献 251

项目 1 财务报表分析概述

素质目标

(1) 增强运用财务报表分析识别企业财务风险、解决企业实际问题的意识。

(2) 将财务报表分析的思维方式应用于自身的综合能力分析,学会自省吾身。

知识目标

(1) 了解财务报表分析的意义和作用。

(2) 了解财务报表分析的对象和目的。

(3) 了解财务报表分析的一般程序。

能力目标

(1) 掌握财务报表的内容和作用。

(2) 掌握不同的报表使用者进行财务报表分析的目的和关注点。

思维导图

情景导入

2021 年 11 月 17 日,广东省佛山市中级人民法院对某企业的原董事长、总经理×××等 12 人操纵证券市场案公开宣判,×××因操纵证券市场罪、违规披露、不披露重要信息罪以及单位行贿罪数罪并罚,被判处有期徒刑 12 年,并处罚金人民币 120 万元。该企业等相关被告承担投资者损失总金额达 24.59 亿元。

证监会正式对该企业立案调查是在 2018 年 12 月,从立案到现在的一审判决,整个过程花了近三年时间。在该企业的财务报告中,从 2015 年到 2017 年公司账户里分别有 158 亿、273 亿和 341 亿元货币资金。然而,有人发现该企业的账户里虽然有这么多资金,但公司贷款却也很多,而且公司也没有购买理财,不做货币资金投资管理,利息支出比利息收入多得多。对此,很多人都表示非常不理解,因此有人质疑其货币资金是造假的。此文在网上公开发表的当天,该企业股票跌停,接下来三天,连续跌停。10月16日晚,中国证监会紧急成立对该企业的核查小组。第二天,核查小组迅速进入该企业,取得相关财务凭证,对该企业展开财务调查。调查人员发现,该企业的财务造假不仅达到了疯狂的境地,而且简单粗暴,令人震惊,仅假发票就发现了15万张。

该企业财务造假案备受关注,首先它是修订后的《中华人民共和国证券法》(以下简称"新证券法")确立中国特色证券特别代表人诉讼制度后的首单案件,同时它也是迄今为止法院审理原告人数最多,赔偿金额最高的上市公司虚假陈述民事赔偿案件。

(资料来源:此案例改编自2021年11月17日CCTV2财经频道《经济半小时》之财经探真。https://video.sina.cn/finance/2021-11-17/detail-iktzscyy6149555.d.html)

? 思考探究

(1) 投资者应该如何寻找具有持续竞争优势和持续盈利的珍宝级公司呢?在上市公司年报中,公司向股东汇报过去一年的经营情况,所有的财务数据都在财务报表中反映。因此,投资者需具备财务报表分析的基本知识,帮助自己在众多上市公司中识别出优秀的、值得投资的上市公司。

(2)《中华人民共和国证券法》对于财务信息披露有哪些要求?新《证券法》第七十八条第二款和第八十二条第三款规定,信息披露义务人披露的信息,应当真实、准确、完整、简明清晰、通俗易懂、及时、公平。与旧法相比,新增了信息披露的"及时性"以及"简明清晰,通俗易懂"的要求,这对信息披露主体提出了更高的信息披露质量要求。

思政小课堂

(1) 作为上市公司应以"情景导入"中某企业作为前车之鉴,严格按照新《证券法》的规定,真实反映公司的财务信息,不能用虚假的财务信息欺骗广大投资者。

(2) 作为财务人员要时刻谨记"诚信是会计的根本,要保持客观的态度,准确、真实地披露会计信息,不弄虚作假,不歪曲事实"。

财务报表的
种类介绍

任务 1.1 ▶ 财务报表信息解读

? 思考探究

财务报表是什么?通过财务报表我们能得到关于企业的哪些信息?

财务报表是企业财务依据《企业会计准则》,将企业发生的经济业务运用专门的会计核算方法处理后所得到的一系列报表,主要包括资产负债、利润表、现金流量表以及所有者权益变动表等基础报表。不同的报表反映的内容不一样,具体如图1-1所示。熟练掌握财务报表所传递的信息有助于我们顺利开展财务报表分析工作。

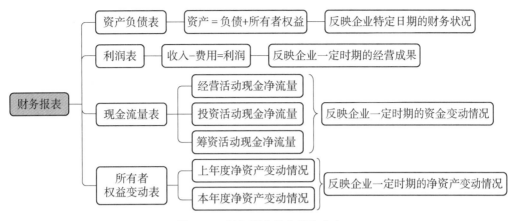

图 1-1　财务报表的分类和内容

1.1.1　认识资产负债表

1. 资产负债表概述

资产负债表是反映企业在某一特定日期的财务状况的报表,是对企业特定日期的资产、负债和所有者权益的结构性表述。(如月末、季末、年末)全部资产、负债和所有者权益情况的会计报表,它反映企业在某一特定日期所拥有或控制的经济资源、所承担的现时义务和所有者对净资产的要求权。

资产负债表中资产总额就是企业的家底,就像一般家庭里的家底一样,有钱人家,资产自然多,有房子、车子等。没钱人家,可能只有很少的一点存款,房子就不敢想了。在对企业进行评估时,资产总额是最重要的指标之一。一般来说,资产的多少,代表着企业的实力状况。一个拥有 5 000 万元资产的企业,肯定比只有 500 万元资产的企业实力雄厚。

资产负债表中负债总额是指企业当前实实在在承担的偿还义务,要由企业在未来某个时日加以偿还,如企业向银行借入的期限在一年以内的短期借款、应付职工的工资、应缴纳的税款等。

资产负债表中所有者权益总额是指企业资产扣除负债后,由所有者享有的剩余权益。公司的所有者权益又称为股东权益,是所有者对企业资产的剩余索取权,它是企业的资产扣除债权人权益后应由所有者享有的部分,既可反映所有者投入资本的保值增值情况,又体现了保护债权人权益的理念。资产负债表中我们可以看到企业资产总额、负债总额、所有者权益总额,以及资产的明细项目、负债的明细项目、所有者权益的明细项目的金额。

资产负债表的编制依据就是会计等式:资产＝负债＋所有者权益。

企业要进行生产和经营,需要有一定的资金,这些资金的来源一般有两种:一是股东或投资人的投入,二是从债权人处得到的资金。前一种来源形成会计中的所有者权益,后一种来源则成为企业的负债。而这些资金的最终结果,都会形成企业的资产。

这一平衡关系构建了资产负债表的基本框架,可以总括地反映企业在某一特定时期的财务状况。

思考探究

所有者权益和负债都是企业资金的来源,会计上为什么要分别作为两个会计要素进行核算,两者的区别是什么?

所有者权益是所有者对资产的剩余索取权,反映的是企业资产中扣除债权人权益后应由所有者享有的部分;而负债反映的是企业债权人对企业资产的索取权,且通常债权人对企业资产的索取权优先于所有者。所有者权益与负债的区别如下:

1)性质不同

负债是企业对债权人负担的经济责任,债权人有优先获取企业用以清偿债务资产的要求权;所有者权益是所有者对剩余资产的要求权,这种要求权在顺序上置于债权人的要求权之后。

2)权利不同

债权人只有获取企业用以清偿债务资产的要求权,而没有经营决策参与权和收益分配权;所有者可以参与企业的经营决策及收益分配。

3)偿还期限不同

企业的负债通常都有约定的偿还日期;所有者权益在企业的存续期内一般不存在抽回问题,即不存在约定的偿还日期,是企业的一项可以长期使用的资金,只有在企业清算时才予以偿还。

4)风险不同

债权人获取的利息一般是按一定的利率计算的,预先可以确定固定的数额,企业不论盈利与否均应按期付息,对企业来说风险较大;所有者获得多少收益,要视企业的盈利水平及经营政策而定,对企业来说风险较小。

5)计量不同

负债必须在发生时按照规定的方法单独予以计量;所有者权益不必单独计量,它是对企业资产和负债计量以后形成的结果。

2. 资产负债表的作用

(1)反映企业资产的构成及其状况,分析企业在某一日期所拥有的经济资源及其分布情况。资产代表企业的经济资源,是企业经营的基础,资产总量的高低在一定程度上可以说明企业的经营规模和盈利基础的大小,企业的结构即资产的分布,企业的资产结构反映其生产经营过程的特点,有利于报表使用者进一步分析企业生产经营的稳定性。

(2)反映企业某一日期的负债总额及其结构,分析企业目前与未来需要支付的债务数额。负债总额表示企业承担的债务的多少,负债和所有者权益的比重反映了企业的财务安全程度。负债结构反映了企业偿还负债的紧迫性和偿债压力的大小,通过资产负债表可以了解企业负债的基本信息。

(3)反映企业所有者权益的情况,了解企业现有投资者在企业投资总额中所占的份额。实收资本和留存收益是所有者权益的重要内容,反映了企业投资者对企业的初始投入和资本累计的多少,也反映了企业的资本结构和财务实力,有助于报表使用者分析、预测企业生产经营的安全程度和抵抗风险的能力。

3. 资产负债的一般格式

资产负债表是我国企业最重要的财务报表之一,其格式和填制规则在相关的法律法规中都有严格的规定。我国《企业会计准则》规定的一般企业资产负债表(适用于执行新金融准则、新收入准则和新租赁准则的企业)的格式如表1-1所示。

表 1-1 　企业资产负债表

20××年××月××日

编制单位:××股份有限公司　　　　　　　　　　　　　　　　　　　　　　　金额单位:元

资产	期末余额	上年年末余额	负债和所有者权益	期末余额	上年年末余额
流动资产:			流动负债:		
货币资金			短期借款		
交易性金融资产			交易性金融负债		
衍生金融资产			衍生金融负债		
应收票据			应付票据		
应收账款			应付账款		
应收款项融资			预收款项		
预付款项			合同负债		
其他应收款			应付职工薪酬		
其中:应收利息			应交税费		
应收股利			其他应付款		
存货			其中:应付利息		
合同资产			应付股利		
持有待售资产			持有待售负债		
一年内到期的非流动资产			一年内到期的非流动负债		
其他流动资产			其他流动负债		
流动资产合计	—	—	流动负债合计	—	—
非流动资产:			非流动负债:		
债权投资			长期借款		
其他债权投资			应付债券		
长期应收款			其中:优先股		
长期股权投资			永续债		
其他权益工具投资			租赁负债		
其他非流动金融资产			长期应付款		
投资性房地产			长期应付职工薪酬		
固定资产			预计负债		

（续表）

资产	期末余额	上年年末余额	负债和所有者权益	期末余额	上年年末余额
在建工程			递延收益		
生产性生物资产			递延所得税负债		
油气资产			其他非流动负债		
使用权资产			非流动负债合计	—	—
无形资产			负债总额	—	—
开发支出			所有者权益:		
商誉			实收资本		
长期待摊费用			其他权益工具		
递延所得税资产			其中:优先股		
其他非流动资产			永续债		
非流动资产合计	—	—	资本公积		
			减:库存股		
			其他综合收益		
			专项储备		
			盈余公积		
			未分配利润		
			所有者权益总额	—	—
资产总额	—	—	负债和所有者权益总额	—	—

法定代表人：　　　　　主管会计工作负责人：　　　　　会计机构负责人：

为了方便从总体上把握资产负债表，我们将资产负债表的结构简化为如表1-2所示的格式。

表1-2　资产负债表(简表)

编制单位:××公司　　　　　　　　××××年××月××日　　　　　　　　单位:元

项目	项目
流动资产合计	流动负债合计
非流动资产合计	非流动负债合计
	所有者权益合计
资产总额	负债和所有者权益总额

从表1-2中我们可以看出资产项目按照流动性分为流动资产和非流动资产,两者主要区别在于能不能在一定的周期内把资产转变为流动的资金使用,这个周期一般在一年之内。流动资产和非流动资产显示企业不同的经营情况。流动资产显示企业短期内现金流的情况,而非流动资产显示企业长期的资产情况。流动资产是企业可以在一年或者超过一年的一个营业周期内变现或者运用的资产。非流动资产是相对于流动资产而言的一个概念,即指流动资产以外的资产,具有占用资金多、周转速度慢、变现能力弱等特点。

负债项目按照流动性分为流动负债和非流动负债。流动负债是指将在一年或超过一年的一个营业周期内偿还的债务,包括短期借款、应付票据、应付账款、应付职工薪酬、应交税费、应付股利等。非流动负债是指偿还期在一年或超过一年的一个营业周期以上的债务,有长期借款、应付债券、长期应付款等。

资产负债表中的数据关系:①流动资产合计+非流动资产合计=资产总额;②流动负债合计+非流动负债合计=负债总额;③负债总额+所有者权益总额=负债和所有者权益总额。

⑦ 思考探究

为什么要在资产负债表中将资产和负债按照流动性进行划分?

资产的流动性和非流动性主要是指变现能力的强弱、变现时间的长短。流动性大的资产,特别是企业的货币资金,是企业的血液,如果资金流出现问题,那么企业将非常危险。因此,将资产和负债按照流动性进行列报,主要是为了考察企业短期的偿债能力和变现支付能力,这对于理解本书中的项目4"偿债能力分析"也很重要。

4. 流动资产项目解读

1)货币资金

货币资金是指企业拥有的,以货币形式存在的资产,它包括现金、银行存款和其他货币资金。货币资金是企业资金运动的起点和终点,是企业生产经营的先决条件。随着再生产过程的进行,会形成频繁的货币收支。企业在取得现金投资、接受现金捐赠、取得银行借款、销售产品后取得货款收入等,会形成货币资金的收入,在购买材料、支付工资、支付其他费用、归还借款以及上缴税金时,会形成货币支出。在日常经济往来中,货币资金的应收应付与实收实付之间往往存在着时间间隔,这就形成了往来结算和核算。

货币资金是资产负债表的第一个流动资产项目,是企业最活跃的资金,流动性最强,变现能力也最强,主要包括库存现金、银行存款和其他货币资金三个总账账户的期末余额,具有专门用途的货币资金不包括在内。

库存现金是指单位为了满足经营过程中零星支付需要而保留的现金,不能说是出纳手中的钱,而是由出纳保管在公司金库里的现金。

银行存款是指企业存放在银行和其他金融机构的货币资金。

其他货币资金是指企业除现金和银行存款以外的货币资金,包括外埠存款、银行汇票存款、银行本票存款、信用卡存款、存出投资款、信用保证金存款。

(1)外埠存款。

外埠存款是指企业到外地进行临时或零星的采购时,汇往采购地银行并开立采购专户的款项。

举例:丝美公司打算去外省的一家公司购买设备,考虑到携带资金去外省不安全,这里的"安全"是双层意义,一方面是怕工作人员在外地携带现金不小心丢失;另一方面也是防止工作人员携款潜逃。因此,企业向采购地银行开立外埠存款账户,采用外埠存款可以不用支取现金,直接转账,从而保证了资金的专款专用。

（2）银行汇票存款和银行本票存款。

银行汇票是指由出票银行签发的,由其在见票时按照实际结算金额无条件付给收款人或者持票人的票据。银行汇票的出票银行为经中国人民银行批准办理银行汇票的银行,多用于办理异地转账结算和支取现金。银行汇票有使用灵活、票随人到、兑现性强等特点,适用于先收款后发货或钱货两清的商品交易。

银行本票是申请人将款项交存银行,由银行签发的承诺自己在见票时无条件支付确定的金额给收款人或者持票人的票据。银行本票按照其金额是否固定可分为不定额和定额两种。不定额银行本票是指凭证上金额栏是空白的,签发时根据实际需要填写金额（起点金额为 100 元）,并用压数机压印金额的银行本票;定额银行本票是指凭证上预先印有固定面额的银行本票。定额银行本票面额分别为 1 000、5 000、10 000 和 50 000 元,其提示付款期限自出票日起最长不得超过 2 个月。银行本票,见票即付,不予挂失,当场抵用,付款保证程度高。

举例:丝美公司向深圳的一家公司购买货物,货物价款 10 万元,双方约定以银行汇票进行结算,丝美公司向 A 银行缴纳 10 万元的资金,A 银行签发一张 10 万元的银行汇票给深圳的这家公司,深圳的这家公司拿到银行汇票后可以向 A 银行申请付款。

（3）信用卡存款。

信用卡存款类似信用保证金存款,是为了办理信用卡而存入银行的钱。信用卡分为贷记卡和准贷记卡。贷记卡就是我们说的可以先透支后还款的信用卡;准贷记卡则需要先存入银行一定数量的备用金,然后才能使用透支功能。我们一般办理的都是贷记卡,大家都习惯叫它信用卡,而忽略了信用卡还有另一种形式。

（4）存出投资款。

存出投资款是指存入证券公司未来做投资的资金。与为了购货存到外埠银行的钱类似,只是一个是为了外埠购货存入外埠银行的钱,一个是为了买股票做投资存入证券公司的钱。这些都属于货币资金。虽然都有明确的用途,但是在没有发生购买行为的时候都还是公司的货币资金项目的钱,都属于公司的流动资产,一旦花掉了,这个钱就不再是货币资金项目的钱了。所以它们的流动性很大,随时可以转换拥有权。

（5）信用保证金存款。

信用保证金存款是为了办理信用证向银行存入的信用保证金。有了信用证,企业就可以用信用证结算方式来办理业务,给企业的资金运作带来多种选择。

2）交易性金融资产

交易性金融资产,是指企业为了近期内出售而持有的债券投资、股票投资和基金投资,如以赚取差价为目的从二级市场购买的股票、债券、基金等。交易性金融资产是会计学 2007 年新增加的会计科目,主要为了适应现在的股票、债券、基金等出现的市场交易,取代了原来的短期投资,与之类似又有不同。

所涉及的金融工具有两种:一是股票或基金;二是债券。

【例 1 - 1】2022 年 8 月 1 日,丝美公司以银行存款 602 万元（含交易费用 2 万元）购入乙公司股票,分类为以公允价值计量且其变动计入当期损益的金融资产。2×22年12月31日丝美公司所持乙公司股票的公允价值为700万元。

2022年8月1日,丝美公司账务处理:

借:交易性金融资产——成本 6 000 000.00

  投资收益   20 000.00

 贷:银行存款   6 020 000.00

2022年12月31日,丝美公司确认乙公司股票的公允价值变动和投资收益:

借:交易性金融资产——公允价值变动 1 000 000.00

 贷:公允价值变动损益   1 000 000.00

假设丝美公司只有这一类交易性金融资产,则丝美公司2022年12月31日资产负债表中交易性金融资产的金额为700万元。

3) 衍生金融资产

衍生金融资产也叫金融衍生工具,又称金融衍生产品,是与基础金融产品相对应的一个概念,指建立在基础产品或基础变量之上,其价格随基础金融产品的价格(或数值)变动的派生金融产品。这里所说的基础产品是一个相对的概念,不仅包括现货金融产品(如债券、股票、银行定期存款单等),也包括金融衍生工具。作为金融衍生工具基础的变量包括利率、汇率、各类价格指数、通货膨胀率,甚至天气(温度)指数等。常见的金融衍生工具如下:

(1) 期货合约。

期货合约是指由期货交易所统一制定的,规定在将来某一特定时间和地点交割一定数量和质量实物商品或金融商品的标准化合约。

(2) 期权合约。

期权合约是关于在将来一定时间以一定价格买卖特定商品的权利的合约。期权的标的资产包括:股票、股票指数、外汇、债务工具、商品和期货合约。期权有两种基本类型,看涨期权和看跌期权,亦称买入期权和卖出期权。看涨期权的持有者有权在某一确定时间以某一确定的价格购买标的资产。看跌期权的持有者有权在某一确定时间以某一确定的价格出售标的资产。

(3) 远期合同。

远期合同是指合同双方约定在未来某一日期,以约定价值由买方向卖方购买某一数量的标的项目的合同。

(4) 互换合同。

互换合同是指合同双方在未来某一期间内交换一系列现金流量的合同。按合同标的项目不同,互换可以分为利率互换、货币互换、商品互换、权益互换等。其中,利率互换和货币互换比较常见。

【例1-2】某期权交易所在2022年3月2日给出了一份期权报价,标的资产为股票,该期权的到期日为6月2日,期权合约规定的标的股票执行价格为27元,其看涨期权价格为2.50元,看跌期权价格为6.40元。丝美公司购买一份看涨期权,假设该股票在期权到期日时的市场价格为37元,此时丝美公司有权以27元的价格买入股票,丝美公司购入看涨期权给他带来的净收益=37-27-2.50=7.50(元)。

4）应收票据

应收票据是指企业持有的还没有到期、尚未兑现的票据。它是企业未来收取货款的权利,这种权利和将来应收取的货款金额以书面文件形式约定下来,因此它受到法律的保护,具有法律上的约束力,是一种债权凭证。

根据我国现行法律的规定,商业汇票的期限不得超过 6 个月,因而我国的商业汇票是一种流动资产。

应收票据按承兑人不同分为商业承兑汇票和银行承兑汇票,按其是否附息分为附息商业汇票和不附息商业汇票。其他的支票、本票、汇票等,都是作为货币资金来核算的,而不作为应收应付票据。

由于现在业务竞争比较激烈,很多公司不再直接支付现金,而是通过支付票据。这样从支付单位的角度来说就可以推迟一定的支付时间。

应收票据具有流动性,可以通过依法背书的形式进行转让。

【例 1-3】2022 年 2 月 10 日丝美公司销售一批货物给乙公司,应收乙公司货款 50 万元,双方约定以票据的形式结算价款,乙公司背书转让一张银行承兑汇票给丝美公司,票据金额 50 万元,付款日期为同年 8 月 10 日。由于丝美公司欠丙公司货款 50 万元,丝美公司又将该汇票背书转让给丙公司,丙公司可以在 8 月 10 日前向承兑人行使付款请求权。

应收票据具有融资的功能,可以通过应收票据贴现或质押的形式来实现。贴现是持票人以未到期的应收票据,通过背书手续,请银行按贴现率从票据价值中扣取贴现日起到票据到期日止的贴息后,以余额兑付给持票人,对于贴现银行来说就是收购没有到期的票据。

【例 1-4】丝美公司 2022 年 4 月 30 日以 4 月 15 日签发 60 天到期、票面利率为 10%、票据面值为 600 000 元的带息应收票据向银行贴现,贴现率为 16%。通过贴现丝美公司 4 月 30 日可以得到 597 800 元。

计算过程如下:

(1) 票据到期值=600 000+600 000×10%÷360×60=610 000(元)。

(2) 计算贴现利息,先计算到期日:4 月 15 日签发,60 天到期,到期日为 6 月 14 日;再计算贴现天数:从贴现日 4 月 30 日至到期日 6 月 14 日,共计 45 天;贴现利息=610 000×16%÷360×45=12 200(元)。

(3) 贴现所得=610 000-12 200=597 800(元)。

应收票据质押指的是应收票据持有人将应收票据拿给银行做质押,作为向银行申请借款的担保。一般企业年报中要披露企业应收票据质押的详情。

5）应收账款

应收账款是指企业在正常的经营过程中因赊销商品、提供服务等业务,应向购买单位收取的款项,是伴随企业的赊销行为发生而形成的一项债权。因此,应收账款的确认与收入的确认密切相关。在赊销的情况下,企业在确认收入的同时,确认应收账款。该账户按不同的购货或接受服务的单位设置明细账户进行明细核算。

应收账款实质上是企业提供给购货方的一种商业信用。应收账款的管理对企业来说尤为重要,主要表现如下:

(1) 应收账款的周转天数是指企业收回应收账款的天数,公式为

$$应收账款的周转天数=应收账款平均余额÷平均日销售额。$$

加快应收账款的收回有助于企业资金回流,但是并不是应收账款回收越快越好,应收账款的周转通常与企业的信用政策相关,企业收紧信用政策,加速应收账款回收,会引起销售额下降;企业放宽信用政策,会提高销售额,但是也要承担坏账和收账的费用。对于确实无法收回的应收账款,凡符合坏账条件的,应在取得有关证明并按规定程序报批后,作坏账损失处理。

【例 1-5】丝美公司 2022 年第一季度应收账款平均余额为 285 000 元,信用条件为在 60 天内按全额付清货款,三个月的赊销情况:一月份 90 000 元,二月份 105 000 元,三月份 115 000 元。计算确定应收账款周转天数和应收账款平均逾期天数。

应收账款周转天数的计算:

平均日销售额=(90 000+105 000+115 000)÷90=3 444.44(元),

应收账款周转天数=应收账款平均余额÷平均日销售额=285 000÷3 444.44=82.74(天)。

平均逾期天数的计算:

平均逾期天数=应收账款周转天数-平均信用期天数=82.74-60=22.74(天)。

(2)账龄分析法是指根据应收账款的时间长短来估计坏账损失的一种方法。采用账龄分析法时,将不同账龄的应收账款进行分组,并根据前期坏账实际发生的有关资料,确定各账龄组的估计坏账损失百分比,再将各账龄组的应收账款金额乘对应的估计坏账损失百分比数,计算出各组的估计坏账损失额之和,即为当期的坏账损失预计金额。应收账款账龄分析如表 1-3 所示。

表 1-3　应收账款账龄分析表

账龄/年	应收账款金额/元	占应收账款总额的百分比/%	坏账比例/%
1 年以内(不包括 1 年)	1 750 000	66	1
1~2 年(不包括 2 年)	375 000	14	5
2~3 年(不包括 3 年)	250 000	9	20
3~4 年(不包括 4 年)	125 000	5	50
4~5 年(不包括 5 年)	100 000	4	80
5 年以上(包括 5 年)	50 000	2	100
合计	2 650 000	100	—

利用应收账款账龄分析表监控比应收账款周转天数更能揭示应收账款变化趋势,因为账龄分析表给出了应收账款分布的模式,而不仅仅是一个平均数。

报表中应收账款项目填写的是应收账款会计科目的期末余额减去坏账准备会计科目中关于应收账款的部分金额。应收账款对公司的资金运作很重要,如果应收账款占公司总资产的比例过高,就会影响公司的正常运作,所以一定要定期注意应收账款。看看应收账款是否都能按照规定时间收回,如果没有就需要查明原因并及时处理。公司可以根据每个合作公司的还款情况来定资信额度,确定以后和合作公司的欠款时间长短和额度。

应收账款除了是企业的一种债权,还具有融资的功能。应收账款保理是企业将赊销形成的未到期应收账款在满足一定条件的情况下,转让给商业银行,以获得银行的流动资金支持,加快资金周转。从理论上来讲,保理可以分为买断型保理(非回购型保理)和非买断型保理(回购型保理)、有追索权保理和无追索权保理、明保理和暗保理、折扣保理和到期保理。应收账款保理分类的特点如表1-4所示。

表1-4 应收账款保理分类明细表

按照保理商是否有追索权	有追索权保理(非买断型)	供应商将债权转让给保理商,供应商向保理商融通货币资金后,如果购货商拒绝付款或无力付款,保理商有权向供应商要求偿还预付的货币资金,如购货商破产或无力支付,只要有关款项到期未能收回,保理商都有权向供应商进行追索,因而保理商具有全部"追索权"
	无追索权保理(买断型)	是指保理商将销售合同完全买断,并承担全部的收款风险
按是否通知购货商保理情况	明保理	指保理商和供应商需要将销售合同被转让的情况通知购货商,并签订保理商、供应商、购货商之间的三方合同
	暗保理	指供应商为了避免让客户知道自己因流动资金不足而转让应收账款,并不将债权转让情况通知客户,货款到期时仍由销售商出面催款,再向银行偿还借款
按是否提供预付账款融资	折扣保理(融资保理)	即在销售合同到期前,保理商将剩余未收款部分先预付给销售商,一般不超过全部合同额的70%~90%
	到期保理	指保理商并不提供预付账款融资,而是在赊销到期时才支付,届时不管货款是否收到,保理商都必须向销售商支付货款

6)预付账款

预付账款是指企业按照购货合同的规定,预先以货币资金或货币等价物支付供应单位的款项。在日常核算中,预付账款按实际付出的金额入账。对购货企业来说,预付账款是一项流动资产。预付账款一般包括预付的货款、预付的购货订金。施工企业的预付账款主要包括预付工程款、预付备料款等。

作为流动资产,预付账款不是用货币抵偿的,而是要求企业在短期内以某种商品、提供劳务或服务来抵偿。期末借方余额反映企业向供货单位预付而尚未收到货物的预付货款。

预付账款属于会计要素中的资产,通俗地说就是暂存别处的钱,在没有发生交易之前,钱还是你的,所以是资产。

7)其他应收款

其他应收款主要包括应收的各种赔款、罚款,如因企业财产等遭受意外损失而向有关保险公司收取的赔款等;应收的出租包装物租金;应向职工收取的各种垫付款项,如为职工垫付的水电费、应由职工负担的医药费;备用金(向企业各职能科室、车间、个人周转使用等拨出的备用金);存出保证金(如租入包装物所支付的押金);关联方资金往来等。资产负债表中的其他应收款的金额是其他应收款账户的期末余额,减去坏账准备账户中有关其他应收款计提的坏账准备期末余额后的金额。

8)存货

存货是指企业在日常活动中持有以备出售的产成品或商品、处在生产过程中的在产品、在生产过程或提供劳务过程中耗用的材料或物料等,包括各类材料、在产品、半成品、产成品或库存商品以及包装物、低值易耗品、委托加工物资等。

资产负债表日,存货应当按照成本与可变现净值孰低计量。存货成本高于其可变现净值的,应当计提存货跌价准备,计入当期损益。其中,可变现净值是指在日常活动中存货的估计售价减去至完工时估计将要发生的成本、估计的销售费用以及相关税费后的金额。报表中列示的存货是存货期末余额减去存货跌价准备的期末余额。

【例 1－6】2022 年 12 月 31 日,丝美公司 A 产品的账面价值(成本)为 56 万元;市场上 A 产品的售价为 52 万元,预计销售 A 产品将发生销售费用及税金 1 万元,A 产品的可变现净值＝52－1＝51(万元),A 产品的成本(56 万元)大于可变现净值(51 万元),应当计提存货跌价准备＝56－51＝5(万元),计提存货跌价准备后,期末 A 产品的账面价值＝51 万元。假设丝美公司期末存货只有 A 产品,则报表中列报的存货项目的金额为 51 万元。

对于制造业企业来说,存货资产是企业的一项重要资产,合理配置存货和科学地管理存货,对制造企业的发展有积极作用,反之,会使制造企业陷入困境中。所以制造企业必须要加强存货管理以降低经营成本,提高存货周转率,实现降本增效。

存货周转率,是企业一定时期营业成本(销货成本)与平均存货余额的比率。用于反映存货的周转速度,即存货的流动性及存货资金占用量是否合理,促使企业在保证生产经营连续性的同时,提高资金的使用效率,增强企业的短期偿债能力。存货周转率是对流动资产周转率的补充说明,是衡量企业投入生产、存货管理水平、销售收回能力的综合性指标。

【例 1－7】丝美公司 2022 年度营业成本为 14 747 518.10 万元,期初存货为 2 822 860.10 万元,期末存货为 2 944 697.30 万元,同期同行业的 B、C 公司存货周转次数分别为 4.78 次和 6.70 次,周转天数分别为 75 天和 54 天。计算 A 公司存货周转率和周转天数,并与同行业对比分析丝美公司的存货的管理效率。

丝美公司存货周转率指标为

存货周转次数＝14 747 518.1÷[(2 822 860.1＋2 944 697.3)÷2]＝5.11(次),

存货周转天数＝360÷5.11＝70(天)。

丝美公司存货转化为现金或应收账款的速度处于 B、C 公司之间。

9) 持有待售的资产

企业主要通过出售而非持续使用一项非流动资产或处置组收回其账面价值的,应当将其划分为持有待售类别。除处置组中包含的流动资产以外,其他流动资产不能划分为持有待售类别。非流动资产或处置组划分为持有待售类别,应当同时满足下列条件:

(1) 根据类似交易中出售此类资产或处置组的惯例,在当前状况下即可立即出售。

(2) 出售极可能发生,即企业已经就一项出售计划作出决议且获得确定的购买承诺,预计出售将在一年内完成。有关规定要求企业相关权力机构或者监管部门批准后方可出售的,此计划应当已经获得批准。

【例 1－8】丝美公司计划将整套钢铁生产厂房和设备出售给 F 公司,丝美公司和 F 公司不存在关联关系,双方已于 2021 年 9 月 15 日签订了转让合同。但丝美公司厂区的污水排放系统存在缺陷,对周边环境造成污染。

情形一:丝美公司并不知晓土地污染情况,2021 年 11 月 6 日,F 公司在对生产厂房和设备进行检查过程中发现存在污染,并要求丝美公司进行补救。丝美公司立即着手采取措施,预计至 2022 年 10 月底环境污染问题能够得到成功整治。在签订转让合同前,买卖双方并不知晓影响交易进度的环境污染问题,属于符合延长一年期限的例外事项,在 2021 年 11 月 6 日发现延期事项后,丝美公司预计将在一年内消除延期因素,因此仍然可以将处置组划分为持有待售类别。

情形二:丝美公司知晓土地污染情况,在转让合同中附带条款,承诺将自 2021 年 10 月 1 日起开展污染清除工作,清除工作预计将持续 8 个月。虽然买卖双方已经签订协议,但在污染得到整治前,该处置组在当前状态下不可立即出售,不符合划分为持有待售类别的条件。

情形三:丝美公司知晓土地污染情况,在协议中标明本公司不承担清除污染义务,并在确定转让价格时考虑了该污染因素,预计转让将于 9 个月内完成。由于卖方不承担清除污染义务,转让价格已将污染因素考虑在内,该处置组于协议签署日即符合划分为持有待售类别的条件。

5. 非流动资产项目解读

1)以公允价值计量且其变动计入其他综合收益的金融资产

一项金融资产如果同时满足两个条件:一是该金融资产的业务模式既以收取合同现金流量为目标又以出售该金融资产为目标;二是该金融资产的合同条款规定,在特定日期产生的现金流量,仅为对本金和以未偿付本金金额为基础的利息的支付。该金融资产就可以分类为以公允价值计量且其变动计入其他综合收益的金融资产,企业应当设置"其他债权投资"科目核算分类为以公允价值计量且其变动计入其他综合收益的金融资产。

2)长期应收款

长期应收款是指企业融资租赁产生的应收款项和采用递延方式分期收款、实质上具有融资性质的销售商品和提供劳务等经营活动产生的应收款项。

3)长期股权投资

长期股权投资是指通过投资取得被投资单位的股份。企业对其他单位的股权投资,通常是长期持有,通过股权投资达到控制被投资单位,或对被投资单位施加重大影响,或为了与被投资单位建立密切关系,以分散经营风险。股权投资通常具有投资大、投资期限长、风险大以及能为企业带来较大的利益等特点。

【例 1-9】2022 年 1 月 1 日,丝美公司以定向增发 1 500 万股普通股(每股面值为 1 元、公允价值为 6 元)的方式取得乙公司 80% 的股权,相关手续于当日完成,取得了乙公司的控制权,该企业合并不属于反向购买。不考虑其他因素,丝美公司该长期股权投资在 2022 年 1 月的报表中列报的金额是 1 500×6=9 000(万元)。

4)投资性房地产

投资性房地产是指为赚取租金或资本增值(房地产买卖的差价),或两者兼有而持有的房地产。投资性房地产应当能够单独计量和出售。投资性房地产主要包括已出租的土地使用权、持有并准备增值后转让的土地使用权和已出租的建筑物。

【例 1-10】2021 年 2 月,丝美公司从其他单位购入一块使用期限为 50 年的土地,并在这块土地上开始自行建造两栋厂房。11 月,丝美公司预计厂房即将完工,与乙公司签订了经营租赁合同,将其中的一栋厂房租赁给乙公司使用。租赁合同约定,该厂房于完工时开始起租。12 月 5 日,两栋厂房同时完工。该块土地使用权的成本为 9 000 000 元,至 2021 年 12 月 5 日,土地使用权已摊销 165 000 元;两栋厂房的实际造价均为 12 000 000 元,能够单独出售。假设两栋厂房分别占用这块土地的一半面积,为简化处理,以占用的土地面积作为土地使用权的划分依据。假设丝美公司采用成本模式进行后续计量,由于丝美公司在购入的土地上建造的两栋厂房中的一栋厂房用于出租,因此应当将土地使用权中的对应部分同时转换为投资性房地产,2021 年 12 月投资性房地产账面原值＝房屋建造成本 12 000 000＋占用土地的成本 9 000 000÷2＝16 500 000(元)。

5) 固定资产

固定资产是指企业为生产产品、提供劳务、出租或者经营管理而持有的使用时间超过 12 个月且价值达到一定标准的非货币性资产,包括房屋、建筑物、机器、机械、运输工具以及其他与生产经营活动有关的设备、器具、工具等。固定资产是企业的劳动手段,也是企业赖以生产经营的主要资产。固定资产在生产过程中可以长期发挥作用,长期保持原有的实物形态,但其价值则随着企业生产经营活动而逐渐地转移到产品成本中去,并构成产品价值的一个组成部分。固定资产在使用过程中因损耗而转移到产品中去的那部分价值的一种补偿方式,叫作折旧。折旧的计算方法主要有平均年限法、工作量法、双倍余额递减法、年数总和法等。报表中列报的固定资产是固定资产原值扣除累计折旧后的净值。

【例 1-11】丝美公司系增值税一般纳税人。2021 年 12 月 10 日购入一台设备并立即投入使用,取得的增值税专用发票上注明的价款为 1 000 万元、增值税税额为 130 万元。该设备的预计使用年限为 10 年,预计净残值为 0,采用平均年限法计提折旧。不考虑其他因素,由于固定资产是当月增加,次月开始计提折旧,因此,丝美公司 2021 年不需要计提折旧,2021 年报表中列报的固定资产原值是 1 000 万元,2022 年应计提的折旧金额＝1 000÷10＝100(万元),丝美公司 2022 年 12 月报表中列报的固定资产的金额是 900 万元。

6) 在建工程

在建工程指企业资产的新建、改建、扩建,或技术改造、设备更新和大修理工程等尚未完工的工程支出。

7) 无形资产

无形资产是指企业拥有或者控制的没有实物形态的可辨认非货币性资产。它们没有物质实体,而是表现为某种法定权利或技术,通常包括专利权、非专利技术、商标权、著作权、土地使用权等。

无形资产摊销是对无形资产原价在其有效期限内摊销的方法。无形资产摊销一般采用直线法。

【例 1-12】丝美公司为增值税一般纳税人,2022 年 7 月 5 日,公司以 100 万元的价格购入一项商标权。假定该商标的使用权为 10 年,丝美公司取得该项商标权的入账价值为 100 万元。由于无形资产是当月增加,当月开始摊销,因此 2022 年该项无形资产累计摊销金额＝$100÷10×\frac{1}{2}$＝5(万元),2022 年 12 月报表中无形资产列报的金额是 95 万元。

6. 流动负债解读

1) 短期借款

短期借款是指企业为维持正常的生产经营所需的资金或为抵偿某项债务而向银行或其他金融机构等外单位借入的、还款期限在一年以下(含一年)的各种借款。短期借款主要有经营周转借款、临时借款、结算借款、票据贴现借款、卖方信贷、预购定金借款和专项储备借款等。

2）应付票据和应付账款

应付票据，指的是企业在商品购销活动和对工程价款进行结算时因采用商业汇票结算方式而发生的，由出票人出票，委托付款人在指定日期无条件支付确定的金额给收款人或者票据的持票人，它包括商业承兑汇票和银行承兑汇票。

应付账款是会计科目的一种，用以核算企业因购买材料、商品和接受劳务供应等经营活动应支付的款项。通常是指因购买材料、商品或接受劳务供应等而发生的债务，这是买卖双方在购销活动中由于取得物资与支付货款在时间上不一致而产生的负债。

应付票据和应付账款的区别：

（1）应付票据是企业出具的、承诺在将来某一时日支付一定款项给持票人的书面凭证，而应付账款没有确切的时间限制。

（2）应付票据是与银行和第三方的往来款；而应付账款是企业之间的往来款项。

（3）应付票据结算方式是以授信合同为依据的，而应付账款是以双方签订的销售合同为依据的。

（4）应付票据的金额和支付时间是确定的；而应付账款的金额和支付时间可以由双方协商确定。

3）预收账款

预收账款是指企业向购货方预收的购货订金或部分货款。企业预收的货款待实际出售商品、产品或者提供劳务时再行冲减。预收账款是以买卖双方协议或合同为依据，由购货方预先支付一部分（或全部）货款给供应方而发生的一项负债，这项负债要用以后的商品或劳务来偿付。

4）其他应付款

其他应付款是财务会计中核算单位之间资金往来的科目，通常情况下，该科目只核算企业应付其他单位或个人的零星款项，如应付经营租入固定资产和包装物的租金、存入保证金、应付统筹退休金等。企业经常发生的应付供应单位的货款在"应付账款"和"应付票据"科目中核算。

7. 非流动负债解读

1）长期借款

长期借款是项目投资中的主要资金来源之一。一个投资项目需要大量的资金，光靠自有资金往往是不够的，需要向外举债。其中，将借款期限在一年以上的划为长期借款。

与长期借款相比，短期借款的财务风险更大，因为短期借款流动性大，还款周期短，若资金周转不及时则会对公司的生产经营产生很大影响。

2）递延收益

递延收益是指尚待确认的收入或收益，也可以说是暂时未确认的收益，它是权责发生制原则在收益确认上的应用。与国际会计准则相比较，在中国会计准则和《企业会计制度》中，递延收益应用的范围非常有限，主要体现在租赁准则和政府补助准则的相关内容中。

【例 1-13】按照国家有关政策，企业购置环保设备可以申请补贴以补偿其环保支出。丝美公司于 2022 年 1 月向政府有关部门提交了 210 万元的补助申请，作为对其购置环保设备的补贴。3 月 15 日，丝美公司收到了政府补贴款 210 万元。4 月 20 日，丝美公司购入不需安装的环保设备一台，实际成本为 480 万元，使用寿命 10 年，采用直线法计提折旧（不考虑

净残值)。本例中不考虑相关税费等其他因素。2022年3月15日实际收到财政拨款,确认递延收益:

　　借:银行存款　　　　　2 100 000.00
　　　贷:递延收益　　　　　2 100 000.00

8. 所有者权益项目解读

所有者权益也称为企业的净资产。所有者权益的来源包括所有者投入的资本和资本增值部分,通常由股本(或实收资本)、资本公积(含股本溢价或资本溢价、其他资本公积)、其他综合收益、盈余公积和未分配利润等构成。

1) 实收资本

实收资本指企业实际收到的投资人投入的资本,是企业注册登记的法定资本总额的来源,它表明所有者对企业的基本产权关系。实收资本的构成比例是企业据以向投资者进行利润或股利分配的主要依据。按投资主体可分为国家资本、集体资本、法人资本、个人资本、港澳台资本和外商资本等。

【例1-14】2018年11月1日,丝美公司接受投资者A、B、C三方的出资组建公司,公司的注册资本为500万元,三方的出资比例分别为50%、30%、20%。三方的投资款于11月1日全部收到并存入建设银行,则2018年12月31日,丝美公司资产负债表中实收资本列报金额为500万元。相关的会计分录如下:

　　借:银行存款——建设银行　　5 000 000.00
　　　贷:实收资本——A　　　　　2 500 000.00
　　　　　　　　——B　　　　　1 500 000.00
　　　　　　　　——C　　　　　1 000 000.00

注册资本与实收资本的区别:一般情况下,注册资本也就是法定的资本,是公司在制作章程时认缴的或者是认购时的总额;而实收资本则是公司在成立时股东实际出资的金额。

2) 资本公积

资本公积是指投资者或者他人投入企业、所有权归属于投资者,并且投入金额上超过法定资本部分的资本。

【例1-15】A公司由甲乙两位投资者投资20万元设立,每人各出资10万元。一年后,A公司注册资本增加到30万元,并引入第三位投资者丙加入。按照投资协议,新投资者需缴入资金11万元,同时享有该公司三分之一的股份,A公司已收到该笔投资,款项存入银行。第三位投资者丙比原股东多出资的1万元计入资本公积账户。

　　借:银行存款　　　　　　　　　110 000.00
　　　贷:实收资本——丙公司　　　100 000.00
　　　　　资本公积——资本溢价　　10 000.00

3) 其他综合收益

其他综合收益是指企业根据会计准则规定未在当期损益中确认的各项利得和损失。

4) 留存收益

留存收益是指企业从历年实现的利润中提取或形成的留存于企业的内部积累,包括盈余公积和未分配利润。

盈余公积分为两种:

一是法定盈余公积。上市公司的法定盈余公积按照税后利润的 10％提取，法定盈余公积累计额已达注册资本的 50％时可以不再提取。

二是任意盈余公积。任意盈余公积主要是上市公司按照股东大会的决议提取。

法定盈余公积和任意盈余公积的区别就在于其各自计提的依据不同。前者以国家的法律或行政规章为依据提取，后者由公司自行决定提取。

盈余公积可以用于弥补亏损、转增资本、分配股利，但是动用盈余公积不仅要符合法定的程序，同时要满足公司法的基本要求。企业以提取的盈余公积弥补亏损时，应当由公司董事会提议，并经股东大会批准。企业将盈余公积转增资本时，必须经股东大会决议批准，转增后留存的法定盈余公积的数额不得少于转增前注册资本的 25％。原则上企业当年没有利润，不得分配股利，如为了维护企业信誉，用盈余公积分配股利，必须符合下列条件：

（1）用盈余公积弥补亏损后，该项公积金仍有结余。

（2）用盈余公积分配股利时，股利率不能太高，不得超过股票面值的 6％。

（3）分配股利后，法定盈余公积金不得低于注册资本的 25％。

未分配利润是指企业实现的净利润经过弥补亏损、提取盈余公积和向投资者分配利润后留存在企业的历年结存的利润。计算公式如下：

企业期末未分配利润＝期初未分配利润＋本期实现的净利润－本期提取的盈余公积－本期给投资者分配的利润。

未分配利润为正数，表明截至报表日企业累计的盈余。它有两层含义：一是留待以后年度处理的利润；二是未指明特定用途的利润。相对于所有者权益的其他部分来说，企业对于未分配利润的使用有较大的自主权。

未分配利润为负数，反映企业累计的亏损额。

【例 1－16】丝美公司 2022 年年初未分配利润为 100 万元，年初盈余公积为 60 万元，本年实现净利润 500 万元，本年按照法定比例 10％提取法定盈余公积＝500×10％＝50（万元），提取任意盈余公积 25 万元，宣告发放现金股利 110 万元。2022 年 12 月 31 日，报表中列报的盈余公积的金额＝60＋50＋25＝135（万元），未分配利润的金额＝100＋500－50－25－110＝415（万元）。

1.1.2　认识利润表

1. 利润表概述

利润表是反映企业一定会计期间（如月度、季度、半年度或年度）生产经营成果的会计报表。企业一定会计期间的经营成果既可能表现为盈利，也可能表现为亏损，因此，利润表也被称为损益表。它全面揭示了企业在某一特定时期实现的各种收入、发生的各种费用、成本或支出，以及企业实现的利润或发生的亏损情况。

2. 利润表的作用

利润表有助于评价企业的获利能力，有助于判断企业的价值，预测企业未来盈利变化的趋势，将利润表信息与资产负债表、现金流量表等其他报表信息相结合，可以提供企业盈利能力分析、营运能力分析的基本资料，更有助于财务报告使用者充分利用报表信息进行更为全面的评价和科学的决策。

3. 利润表的一般格式

利润表是根据"收入－费用＝利润"这一基本关系来编制的,其具体内容取决于收入、费用、利润等会计要素及其内容。我国企业会计准则规定,企业的利润表采用多步式,多步式利润表将利润表的内容进行多项分类,从销售总额开始,分以下几步展示企业的经营成果及其影响因素:

第一步:反映销售净额,即销售总额减销货退回与折让,以及销售税金后的余额。

第二步:反映销售毛利,即销售净额减销售成本后的余额。

第三步:反映销售利润,即销售毛利减销售费用、管理费用、财务费用等期间费用后的余额。

第四步:反映营业利润,即销售利润加上其他业务利润后的余额。

第五步:反映利润总额,即营业利润加(减)营业外收支、会计方法变更对前期损益的累积影响等项目后的余额。

第六步:反映净利润,即利润总额减所得税费用后的余额。

我国《企业会计准则》规定的利润表(适用于执行新金融准则、新收入准则和新租赁准则的企业)如表1-5所示。

表 1-5　利润表

20××年度

编制单位:××股份有限公司　　　　　　　　　　　　　　　　　　　　金额单位:元

项　　目	本期金额	上期金额
一、营业收入		
减:营业成本		
税金及附加		
销售费用		
管理费用		
研发费用		
财务费用		
其中:利息费用		
利息收入		
加:其他收益		
投资收益(损失以"－"号填列)		
其中:对联营企业和合营企业的投资收益		
以摊余成本计量的金融资产终止确认收益		
净敞口套期收益(损失以"－"号填列)		
公允价值变动收益(损失以"－"号填列)		

项　　目	本期金额	上期金额
信用减值损失(损失以"－"号填列)		
资产减值损失(损失以"－"号填列)		
资产处置收益(损失以"－"号填列)		
二、营业利润(亏损以"－"号填列)	—	—
加:营业外收入		
减:营业外支出		
三、利润总额(亏损总额以"－"号填列)	—	—
减:所得税费用		
四、净利润(净亏损以"－"号填列)	—	—
(一)持续经营净利润(净亏损以"－"号填列)		
(二)终止经营净利润(净亏损以"－"号填列)		
五、其他综合收益的税后净额	—	—
(一)不能重分类进损益的其他综合收益	—	—
1.重新计量设定受益计划变动额		
2.权益法下不能转损益的其他综合收益		
3.其他权益工具投资公允价值变动		
4.企业自身信用风险公允价值变动		
(二)将重分类进损益的其他综合收益	—	—
1.权益法下可转损益的其他综合收益		
2.其他债权投资公允价值变动		
3.金融资产重分类计入其他综合收益的金额		
4.其他债权投资信用减值准备		
5.现金流量套期储备		
6.外币财务报表折算差额		
六、综合收益总额	—	—
七、每股收益		
(一)基本每股收益		
(二)稀释每股收益		

法定代表人:　　　　　主管会计工作负责人:　　　　　会计机构负责人:

4. 利润表主要项目解读

1）营业收入

营业收入包括主营业务收入和其他业务收入。主营业务收入是指企业经常性的、主要业务所产生的收入。如制造业销售产品、半成品和提供工业性劳务作业的收入；商品流通企业销售商品的收入；旅游服务业的门票收入、客户收入、餐饮收入等。主营业务收入在企业收入中所占的比重较大，对企业的经济效益有着举足轻重的影响。

其他业务收入是指除上述各项主营业务收入之外的其他业务收入，包括材料销售、外购商品销售、废旧物资销售、下脚料销售，提供劳务性作业收入，房地产开发收入，咨询收入，担保收入等其他业务收入。其他业务收入在企业收入中所占的比重较小。

计算公式：营业收入＝主营业务收入＋其他业务收入。

2）营业成本

营业成本是与营业收入直接相关的，已经确定了归属期和归属对象的各种直接费用。营业成本主要包括主营业务成本和其他业务成本。主营业务成本是企业销售商品以及提供劳务等经常性活动所发生的成本。企业一般在确认销售商品、提供劳务等主营业务收入时，或在月末，将已销售商品、已提供劳务的成本转入主营业务成本。其他业务成本是企业确认的除主营业务活动以外的其他经营活动所发生的支出。其他业务成本包括销售材料的成本、出租固定资产的折旧额、出租无形资产的摊销额、出租包装物的成本或摊销额等。

计算公式：营业成本＝主营业务成本＋其他业务成本。

3）税金及附加

税金及附加是指企业经营活动应负担的相关税费，包括消费税、城市维护建设税、教育费附加、资源税、房产税、城镇土地使用税、车船税、印花税等。

4）期间费用

期间费用包括销售费用、管理费用、财务费用。

销售费用是指企业销售商品和材料、提供劳务的过程中发生的各种费用，包括保险费、包装费、展览费和广告费、商品维修费、预计产品质量保证损失、运输费、装卸费等，以及为销售本企业商品而专设的销售机构（含销售网点、售后服务网点等）的职工薪酬、业务费、折旧费等经营费用。企业发生的与销售商品和材料、提供劳务以及专设销售机构相关的，不满足固定资产准则规定的固定资产确认条件的日常修理费用和大修理费用等固定资产后续支出，也在本科目核算。

管理费用是指企业行政管理部门为组织和管理生产经营活动而发生的各种费用。具体项目包括企业董事会和行政管理部门在企业经营管理中发生的，或者应当由企业统一负担的公司经费、工会经费、待业保险费、劳动保险费、董事会费、聘请中介机构费、咨询费、诉讼费、业务招待费、办公费、差旅费、邮电费、绿化费、管理人员工资及福利费等。

财务费用是指企业为筹集生产经营所需资金等而发生的费用。具体项目有利息净支出（利息支出减利息收入后的差额）、汇兑净损失（汇兑损失减汇兑收益后的差额）、金融机构手续费以及筹集生产经营资金发生的其他费用等。

5）研发费用

研发费用是指研究与开发某项目所支付的费用。我国有关制度对研发费用的规范存在于:《企业会计准则第 6 号——无形资产》和《中华人民共和国企业所得税法》。我国会计准则对研发费用处理分为两大部分:一是研究阶段发生的费用及无法区分研究阶段研发的支出和开发阶段研发的支出全部费用化;二是企业内部研究开发项目开发阶段的支出,能够证明符合无形资产条件的支出资本化,分期摊销。

6) 其他收益

2017 年 5 月 10 日,财政部修订发布了《企业会计准则第 16 号——政府补助》,自 2017 年 6 月 12 日起施行。其他收益是此次修订新增的一个损益类会计科目,应当在利润表中的营业利润项目之上单独列报,计入其他收益的政府补助在该项目中反映。该科目专门用于核算与企业日常活动相关、但不宜确认收入或冲减成本费用的政府补助。

7) 投资收益

投资收益是指企业对外投资所得的收入(所发生的损失为负数),如企业对外投资取得股利收入、债券利息收入以及与其他单位联营所分得的利润等,是对外投资所取得的利润、股利和债券利息等收入减去投资损失后的净收益。

8) 公允价值变动收益

公允价值变动收益是指以公允价值计量且其变动计入当期损益的交易性金融资产的一个科目。在资产负债表日,"交易性金融资产"的公允价值高于其账面价值的差额,应借记"交易性金融资产——公允价值变动",贷记"公允价值变动损益",公允价值低于其账面价值的差额,则做相反的分录。

9) 资产减值损失

资产减值损失是指因资产的可回收金额低于其账面价值而造成的损失。新会计准则规定资产减值范围主要是固定资产、无形资产以及除特别规定外的其他资产减值的处理。

资产减值损失=资产账面价值-资产可收回金额,

资产账面价值=资产账面余额-已提坏账准备。

【例 1-17】2022 年年初丝美公司应收乙公司账款为 100 万元,2 月份乙公司经营不善导致财务状况不佳,丝美公司计提坏账准备 10 万元,计提资产减值损失 10 万元。

3 月份乙公司财务状况不见好转继续下滑,丝美公司预计此项账款的可收回金额为 70 万元。3 月份丝美公司应提减值准备=账面余额-已提坏账准备-可收回金额=100-10-70=20(万元)。

10) 资产处置收益

资产处置收益项目反映企业出售划分为持有待售的(金融工具、长期股权投资和投资性房地产除外)或处置组时确认的处置利得或损失,以及处置未划分为持有待售的固定资产、在建工程、生产性生物资产及无形资产而产生的处置利得或损失。

11) 营业外收入和营业外支出

营业外收入是指与企业日常营业活动没有直接关系的各项利得,是企业财务成果的组成部分。例如,没收包装物押金收入、罚款净收入等。营业外支出是指企业发生的与企业日常生产经营活动无直接关系的各项支出,包括非流动资产处置损失、公益性捐赠支出、非常损失、盘亏损失等。

营业外收入和支出的区别:

(1) 营业外收入:核算债务重组利得和与企业日常活动无关的盘盈利得、捐赠利得等。

（2）营业外支出：核算债务重组损失和公益性捐赠支出、非常损失、盘亏损失、非流动资产毁损报废损失等。

比如说，固定资产的处置利得放在资产处置收益中列报；固定资产的报废毁损放在营业外支出中列报。

12）营业利润、利润总额、净利润

三者之间的关系可以用公式表示如下：

营业利润＝营业收入－营业成本－税金及附加－销售费用－管理费用－研发费用－财务费用－资产减值损失＋公允价值变动收益（－公允价值变动损失）＋投资收益（－投资损失）＋其他收益＋资产处置收益（－资产处置损失）；

利润总额＝营业利润＋营业外收入－营业外支出；

净利润＝利润总额－所得税费用。

营业利润是企业在其全部销售业务中实现的利润，也是企业一定时期获得利润中最主要、最稳定的来源。

利润总额是在营业利润的基础上再加上企业非日常活动产生的利得，减去非日常活动产生的损失。

净利润是指在利润总额中按规定缴纳了所得税后的公司的利润留成，一般也称为税后利润或净收入。净利润是一个企业的最终经营成果，净利润多，企业的经营效益就好；净利润少，企业的经营效益就差。它是衡量一个企业经营效益的主要指标。

？ 思考探究

利润表中为什么要区分营业利润、利润总额、净利润？

利润表是反映企业盈利能力的报表，我们不仅要关注企业盈利的数量，还要关注企业盈利的质量，而且盈利质量往往比盈利数量更重要，所以报表中将利润分为营业利润、利润总额、净利润。

利润总额包括企业日常经营损益（营业利润）和非日常经营损益（营业外收入－营业外支出），营业利润占比越大，说明利润的稳定性和可持续性越强。

利润总额扣除企业应缴纳的企业所得税后形成的净利润是一个企业经营的最终成果。对于企业的投资者来说，净利润是获得投资回报大小的基本因素；对于企业管理者而言，净利润是进行经营管理决策的基础。同时，净利润也是评价企业盈利能力、管理绩效以至偿债能力的一个基本工具，是一项反映和分析企业多方面情况的综合指标。

1.1.3 认识现金流量表

1. 现金流量表概述

现金流量表是反映企业在一定时期现金流入和现金流出动态状况的报表。通过现金流量表可以概括反映经营活动、投资活动和筹资活动对企业现金流入流出的影响，在评价企业的利润实现、财务状况及财务管理方面，能比传统的利润表提供更好的基础。

2. 现金流量表的作用

一个正常经营的企业，在创造利润的同时，还应创造现金收益，通过对现金流入来源分析，就可以对创造现金能力作出评价，并可对企业未来获取现金能力作出预测。现金流量表所揭示的现金流量信息可以从现金角度对企业偿债能力和支付能力作出更可靠、更稳健的评价。企业的净利润是以权责发生制为基础计算出来的,而现金流量表中的现金流量是以收付实现制为基础的。通过对现金流量和净利润的比较分析,可以对收益的质量作出评价。投资活动是企业将一部分财力投入某一对象,以谋取更多收益的一种行为;筹资活动是企业根据财力的需求,进行直接或间接融资的一种行为。企业的投资和筹资活动与企业的经营活动密切相关,因此,对现金流量表中所揭示的投资活动和筹资活动所产生的现金流入和现金流出信息,可以结合经营活动所产生的现金流量信息和企业净收益进行具体分析,从而对企业的投资活动和筹资活动作出评价。

现金流量表提供了一家公司经营是否健康的证据。如果一家公司经营活动产生的现金流无法支付股利与保持股本的生产能力,它得用借款的方式满足这些需要,那么就给出了一个警告,这家公司从长期来看无法维持正常情况下的支出。现金流量表通过显示经营中产生的现金流量的不足以及不得不用借款来支付无法永久支撑的股利水平,揭示公司内在的发展问题。

3. 现金流量表的一般格式

现金流量表主要由三部分组成:反映企业在经营活动中的现金流量;反映企业在投资活动中的现金流量;反映企业在筹资活动中的现金流量。

每个部分又分为现金流量的流入和现金流量的流出。这样现金流量表中的会计信息就比较明晰,且更具易读性,使用起来比较方便。

我国《企业会计准则》规定的一般企业现金流量表的标准格式如表1-6所示。

表1-6 现金流量表

编制单位:××公司　　　　　　　　　　20××年度　　　　　　　　　　单位:元

项　　目	行次	本期金额	上期金额
一、经营活动产生的现金流量:	1		
销售商品、提供劳务收到的现金	2		
收到的税费返还	3		
收到其他与经营活动有关的现金	4		
经营活动现金流入小计	5		
购买商品、接受劳务支付的现金	6		
支付给职工以及为职工支付的现金	7		
支付的各项税费	8		
支付其他与经营活动有关的现金	9		
经营活动现金流出小计	10		
经营活动产生的现金流量净额	11		
二、投资活动产生的现金流量:	12		
收回投资收到的现金	13		

（续表）

项　　目	行次	本期金额	上期金额
取得投资收益收到的现金	14		
处置固定资产、无形资产和其他长期资产收回的现金净额	15		
处置子公司及其他营业单位收到的现金净额	16		
收到其他与投资活动有关的现金	17		
投资活动现金流入小计	18		
购建固定资产、无形资产和其他长期资产支付的现金	19		
投资支付的现金	20		
取得子公司及其他营业单位支付的现金净额	21		
支付其他与投资活动有关的现金	22		
投资活动现金流出小计	23		
投资活动产生的现金流量净额	24		
三、筹资活动产生的现金流量：	25		
吸收投资收到的现金	26		
取得借款收到的现金	27		
收到其他与筹资活动有关的现金	28		
筹资活动现金流入小计	29		
偿还债务支付的现金	30		
分配股利、利润或偿付利息支付的现金	31		
支付其他与筹资活动有关的现金	32		
筹资活动现金流出小计	33		
筹资活动产生的现金流量净额	34		
四、汇率变动对现金及现金等价物的影响	35		
五、现金及现金等价物净增加额	36		
加：期初现金及现金等价物余额	37		
六、期末现金及现金等价物余额	38		

法定代表人：　　　　　　　主管会计工作负责人：　　　　　　会计机构负责人：

（签名并盖章）　　　　　　（签名并盖章）　　　　　　　　　（签名并盖章）

　　为了方便从总体上把握现金流量表，将现金流量表的结构简化，如表 1-7 所示。

表 1-7　现金流量表(简表)

项　　目	行次	本期金额	上期金额
一、经营活动产生的现金流量	1		
二、投资活动产生的现金流量	2		
三、筹资活动产生的现金流量	3		
四、汇率变动对现金及现金等价物的影响	4		
五、现金及现金等价物净增加额	5		
六、期末现金及现金等价物余额	6		

计算公式:

现金及现金等价物净增加额=经营活动产生的现金流量净额+投资活动产生的现金流量净额+筹资活动产生的现金流量净额+汇率变动对现金及现金等价物的影响。

期末现金及现金等价物余额=现金及现金等价物净增加额+期初现金及现金等价物余额。

经营活动、投资活动、筹资活动三项活动产生的现金流量净额占现金及现金等价物增加额的比重可以说明企业资金来源的结构和财务风险水平以及经营活动获取现金能力的高低。

4. 现金流量表重要项目解读

1) 经营活动产生的现金流量净额

经营活动是指企业投资活动和筹资活动以外的所有交易和事项。各类企业由于行业特点不同,对经营活动的认定存在一定差异。对于工商企业而言,经营活动主要包括销售商品、提供劳务、购买商品、接受劳务、支付职工薪酬、支付税费等。经营活动现金流量结构如表 1-8 所示。

表 1-8　经营活动现金流量结构表

项　　目	行次	本期金额	上期金额
一、经营活动产生的现金流量:	1		
销售商品、提供劳务收到的现金	2		
收到的税费返还	3		
收到其他与经营活动有关的现金	4		
经营活动现金流入小计	5		
购买商品、接受劳务支付的现金	6		
支付给职工以及为职工支付的现金	7		
支付的各项税费	8		
支付其他与经营活动有关的现金	9		
经营活动现金流出小计	10		
经营活动产生的现金流量净额	11		

经营活动产生的现金流量净额＝经营活动现金流入小计－经营活动现金流出小计。如果经营活动现金净流量大于零，即经营活动的现金流入量大于现金流出量，意味着企业的经营活动比较正常，具有"自我造血"功能；如果经营活动现金净流量小于或等于零，说明经营活动中产生的现金"入不敷出"或者仅仅能够维持"收支平衡"，倘若长期维持这种状态，企业会面临财务困境。

2）投资活动产生的现金流量净额

投资活动是指企业长期资产的购建以及不包括在现金等价物范围内的投资及其处置活动，包括取得或收回权益性证券的投资，购买或收回债券投资，购建和处置固定资产、无形资产和其他长期资产等。投资活动现金流量结构如表 1-9 所示。

表 1-9 投资活动现金流量结构表

项 目	行次	本期金额	上期金额
二、投资活动产生的现金流量：	12		
收回投资收到的现金	13		
取得投资收益收到的现金	14		
处置固定资产、无形资产和其他长期资产收回的现金净额	15		
处置子公司及其他营业单位收到的现金净额	16		
收到其他与投资活动有关的现金	17		
投资活动现金流入小计	18		
购建固定资产、无形资产和其他长期资产支付的现金	19		
投资支付的现金	20		
取得子公司及其他营业单位支付的现金净额	21		
支付其他与投资活动有关的现金	22		
投资活动现金流出小计	23		
投资活动产生的现金流量净额	24		

投资活动产生的现金流量净额＝投资活动现金流入小计－投资活动现金流出小计。投资活动现金流入主要包括收回和处置投资或长期资产产生的现金流入；投资活动现金流出主要包括构建长期资产或对外投资产生的现金流出。因此，投资活动现金流量金额出现大于零或者小于零的情形对企业有利还是不利，要结合具体项目具体分析。投资活动现金流量金额出现小于零，可能是企业投资收益状况较差，投资没有取得经济效益，并导致现金的净流出，也可能是企业当期有较大的对外投资，因为大额投资一般会形成长期资产，并影响企业今后的生产经营能力，所以这种状况下的投资活动引起的净现金流量小于零对企业的长远发展是有利的。

3）筹资活动产生的现金流量净额

筹资活动是指导致企业资本及借款规模和构成发生变化的活动，包括吸收权益性资本、资本溢价、发行债券、借入资金、支付股利、偿还债务等。筹资活动现金流量结构如表 1-10 所示。

表 1-10　筹资活动现金流量结构表

项　　目	行次	本期金额	上期金额
三、筹资活动产生的现金流量：	25		
吸收投资收到的现金	26		
取得借款收到的现金	27		
收到其他与筹资活动有关的现金	28		
筹资活动现金流入小计	29		
偿还债务支付的现金	30		
分配股利、利润或偿付利息支付的现金	31		
支付其他与筹资活动有关的现金	32		
筹资活动现金流出小计	33		
筹资活动产生的现金流量净额	34		

筹资活动产生的现金流量净额＝筹资活动现金流入小计－筹资活动现金流出小计。筹资活动现金流量净额大于零,说明企业取得投资或借款的资金流入大于偿还债务和分配股利偿还利息支付的现金,对于企业来说是否面临较大的财务风险,需结合企业的发展阶段和资金来源进行具体分析。

4）汇率变动对现金及现金等价物的影响

期末我们一般要对企业持有的外币资产,结合期末的汇率进行调汇。在这个过程中,外币货币性资产的外币金额是不变的,而人民币金额会因为折算发生增或减的变化。这种变化,不是经营活动、投资活动引起的,更不是筹资活动引起的。所以,报表单独列示了一项:汇率变动对现金及现金等价物的影响。

1.1.4　认识所有者权益变动表

1. 所有者权益变动表概述

所有者权益变动表是反映公司本期(年度或中期)内至截至期末所有者权益变动情况的报表。该报表应当全面反映一定时期所有者权益变动的情况。

2007 年以前,公司所有者权益变动情况是以资产负债表附表形式予以体现的。新准则颁布后,要求上市公司于 2007 年起正式对外呈报所有者权益变动表,于是所有者权益变动表成了与资产负债表、利润表和现金流量表并列披露的第四张财务报表。

2. 所有者权益变动表的作用

所有者权益变动表是反映构成所有者权益的各组成部分当期的增减变动情况的报表。通过所有者权益变动表,既能为报表使用者提供所有者权益总量增减变动的信息,也能为其提供所有者权益增减变动的结构性信息,特别是能够让报表使用者理解所有者权益增减变动的根源。所有者权益变动表反映以下内容:①所有者权益总量的增减变动;②所有者权益增减变动的重要结构性信息;③直接计入所有者权益的利得和损失。

3. 所有者权益变动表的一般格式

所有者权益变动表各项目均需填列本年金额和上年金额两栏。

所有者权益变动表以矩阵的形式列示：一方面，列示导致所有者权益变动的交易或事项，即所有者权益变动的来源，对一定时期所有者权益的变动情况进行全面反映；另一方面，按照所有者权益各组成部分（即实收资本、资本公积、盈余公积、未分配利润和库存股）列示交易或事项对所有者权益各部分的影响。我国《企业会计准则》规定的所有者权益变动表如表 1-11 所示。

表 1-11　所有者权益（股东权益）变动表

编制单位：××公司　　　　　　　　　20××年度　　　　　　　　　单位：元

项目	本年金额										
	实收资本（或股本）	其他权益工具			资本公积	减：库存股	其他综合收益	专项储备	盈余公积	未分配利润	所有者权益合计
		优先股	永续债	其他							
一、上年年末余额											
加：会计政策变更											
前期差错更正											
其他											
二、本年年初余额											
三、本年增减变动金额（减少以"－"号填列）											
（一）综合收益总额											
（二）所有者投入和减少资本											
1. 所有者投入的普通股											
2. 其他权益工具持有者投入资本											
3. 股份支付计入所有者权益的金额											
4. 其他											
（三）利润分配											
1. 提取盈余公积											
2. 对所有者（或股东）的分配											

(续表)

项目	本年金额										
	实收资本（或股本）	其他权益工具			资本公积	减:库存股	其他综合收益	专项储备	盈余公积	未分配利润	所有者权益合计
		优先股	永续债	其他							
3. 其他											
（四）所有者权益内部结转											
1. 资本公积转增资本（或股本）											
2. 盈余公积转增资本（或股本）											
3. 盈余公积弥补亏损											
4. 设定受益计划变动额结转留存收益											
5. 其他											
四、本年年末余额											

法定代表人： 主管会计工作负责人： 会计机构负责人：
（签名并盖章） （签名并盖章） （签名并盖章）

表 1-11(续)　所有者权益(股东权益)变动表

编制单位:××公司　　　　　　　　　20××年度　　　　　　　　　单位:元

项目	上年金额										
	实收资本（或股本）	其他权益工具			资本公积	减:库存股	其他综合收益	专项储备	盈余公积	未分配利润	所有者权益合计
		优先股	永续债	其他							
一、上年年末余额											
加:会计政策变更											
前期差错更正											
其他											
二、本年年初余额											
三、本年增减变动金额（减少以"—"号填列）											
（一）综合收益总额											

（续表）

项目	上年金额										
	实收资本（或股本）	其他权益工具			资本公积	减:库存股	其他综合收益	专项储备	盈余公积	未分配利润	所有者权益合计
		优先股	永续债	其他							
（二）所有者投入和减少资本											
1. 所有者投入的普通股											
2. 其他权益工具持有者投入资本											
3. 股份支付计入所有者权益的金额											
4. 其他											
（三）利润分配											
1. 提取盈余公积											
2. 对所有者(或股东)的分配											
3. 其他											
（四）所有者权益内部结转											
1. 资本公积转增资本（或股本）											
2. 盈余公积转增资本（或股本）											
3. 盈余公积弥补亏损											
4. 设定受益计划变动额结转留存收益											
5. 其他											
四、本年年末余额											

法定代表人：　　　　　　主管会计工作负责人：　　　　　　会计机构负责人：
（签名并盖章）　　　　　（签名并盖章）　　　　　　　　　（签名并盖章）

4. 所有者权益变动表重要项目解读

观察所有者权益变动表可以发现,报表从左到右列示了所有者权益的组成项目,这些项目的数据可以从资产负债表中提取,自上而下反映了各项目年初至年末的增减变动过程,也就是引起所有者权益各组成项目发生增减变动的原因。

1) 上年年末余额

根据上一年度资产负债表所有者权益项目期末数填制或者本年资产负债表中年初所有者权益项目填报。

2) 会计政策变更和前期差错更正

会计政策变更和前期差错更正会对所有者权益期初余额产生影响,会计准则在所有者权益变动表上直接将上述两项列示,使会计政策变更和前期差错更正对所有者权益的影响一目了然。

3) 本年年初余额

根据上年年末的余额再加上会计政策变更、前期差错更正、其他三个影响因素的金额就是本年年初余额。

4) 本年增减变动金额

引起本年增减变动主要有以下四个项目:

(1) 综合收益总额:反映当年利润表中综合收益总额。

(2) 所有者投入和减少资本:反映企业当年所有者投入的资本和减少的资本。其中"所有者投入资本"项目,反映企业接受投资者投入形成的实收资本(或股本)和资本溢价或股本溢价,并对应列在"实收资本"和"资本公积"栏。"股份支付计入所有者权益的金额"项目,反映企业处于等待期中的权益结算的股份支付当年计入资本公积的金额,并对应列在"资本公积"栏。

(3) 利润分配:本项目反映当年对所有者(或股东)分配的利润(或股利)金额和按照规定提取的盈余公积金额,并对应列在"未分配利润"和"盈余公积"栏。其中"提取盈余公积"项目,反映企业按照规定提取的盈余公积。"对所有者(或股东)的分配"项目,反映对所有者(或股东)分配的利润(或股利)金额。

(4) 所有者权益内部结转:反映所有者权益各组成部分的增减变动情况,所有者权益内部结转也是所有者权益变动表的重要组成部分,并不影响所有者权益总额。

财务报表分析
的意义和作用

任务 1.2 ▸ 财务报表分析的意义和作用

在当前我国的财务管理工作中,财务报表占有重要地位。财务报表能够提供给使用者所需要的财务信息,但这种信息仅能粗略反映企业的财务状况、经营能力和现金流量情况,不能说明财务状况的好坏和经营能力的高低。为了更好地理解财务报表里列出的各项数据背后所代表的意义,就必须利用一些有效的分析方法,对报表里的数据进行进一步加工、处理、分析,使得财务报表的使用者能够准确判断企业财务状况的好坏、经营能力的高低以及发展前景如何。

财务报表分析用定义来说就是以财务报表为依据,对企业偿债能力、盈利能力、运营能力加以判断分析,进而对企业整体的财务状况质量进行评价,并为报表使用者做出经济决策提供支持的一种分析活动。广义的财务报表分析还可以结合财务报表之外的一些其他信息如政治和经济环境、行业状况等进行企业经营战略制定及实施、管理质量、行业竞争格局及自身竞争优势、未来风险及挑战、发展前景及投资价值等的分析。

随着计算机技术的发展,会计人员传统的记账职能存在被替代的可能性,会计的主要职能由传统的记账逐渐向管理会计和财务分析转变。优秀的财务分析人员不但能通过企业提供的财务数据透析其经营状况,分析其运营能力、盈利能力、偿债能力,而且还能够通过对财务报表的分析,对企业的经营战略制定及实施、经营管理质量、企业竞争能力,以及未来的企业价值和存在的风险等方面做出具体的判断,并对企业的投资前景进行相关的预测,最终为投资决策提供参考依据。如在对财务报表进行分析时所使用的有关企业偿债能力的数据,包括资产负债率、权益乘数、产权比率、长期资本负债率等,这些比率能更明确地反映出企业的偿债能力,而并非在报表中看见的资产总额、负债总额等。

财务报表分析不仅用于对单个企业经营状况的评价,还更有利于对同行业的比较分析。在同行业之间,根据各种指标的对比,能清楚地看出企业之间的差距,可以为财务报表使用者的判断、决策提供重要参考。

综上所述,财务报表分析以企业财务报告以及其他相关资料为主要依据,通过对企业财务状况、经营成果和现金流量进行评价和剖析,反映企业在运营过程中的利弊得失和发展趋势,揭示企业未来的报酬和风险。

在企业经营管理活动中,财务管理的质量直接决定着企业未来的可持续发展能力。财务报表分析既是对已完成的财务活动的总结,又是进行财务预测的前提,在财务管理的循环过程中起着承上启下的作用。

1.2.1　财务报表分析的重要意义

财务报表分析的意义如图1-2所示。

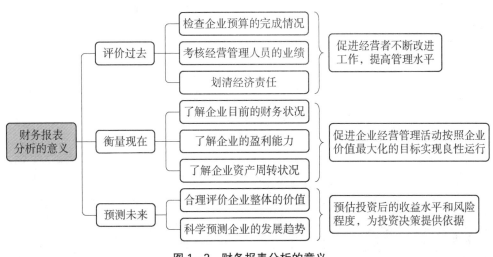

图 1-2　财务报表分析的意义

(1)客观评价企业过去的经营业绩,能促进经营者经营管理水平的提高,可以检查企业预算的完成情况,以及考核经营管理人员的业绩,为建立健全合理的激励机制提供帮助,为改进企业财务管理工作和优化经济决策提供重要的财务信息。通过财务报表分析将影响财务状况和经营成果的主观因素与客观因素、微观因素与宏观因素区分开来,以划清经济责任,正确评价经营者的工作业绩,并据此奖优惩劣,以促使经营者不断改进工作,提高管理水平。

(2)衡量现在的财务状况和经营成果,为实现企业目标服务。通过财务指标的设置和分析,了解企业的盈利能力和资金周转状况,并与同行业相同指标进行对比分析,从各方面揭露矛盾、找出差距,以便采取措施,不断挖掘企业改善财务状况、扩大财务成果的内部潜力,充分认识未被利用的人力资源和物质资源,寻找利用不当的部分及原因,发现进一步提高利用效率的可能性,促进企业经营管理活动按照企业价值最大化的目标实现良性运行。

(3)预测未来的发展趋势,为决策提供依据。投资者及潜在投资者是企业重要的财务报表使用人,通过对企业财务报表的分析,可以揭示企业各种经营管理活动与财务状况之间的内在联系,了解企业偿债能力的强弱、营运能力的大小、获利能力的高低以及发展能力的增减,进而更加合理地评价企业整体的价值,更加科学地预测企业的发展趋势,预估投资后的收益水平和风险程度,从而为投资决策提供依据。

1.2.2　财务报表分析的作用

在企业经营管理活动中,财务报表分析越来越受到人们的重视,它正在向制度化、系统化、电算化和现代化的方向发展。财务分析具有企业面向市场的一个重要的经济信息分析功能,可以预见,在全球化、信息化、网络化和以知识驱动为基本特征的知识经济时代,财务分析可以帮助企业应对变化的市场环境,更好地发挥其经济职能。财务报表分析的作用如图1-3所示。

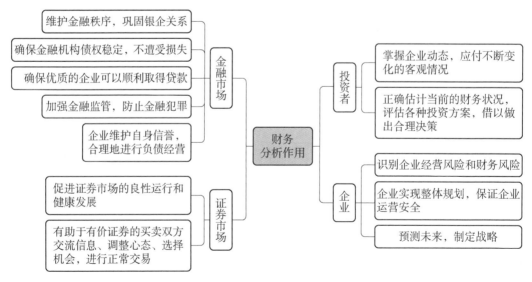

图1-3　财务报表分析的作用

（1）财务报表分析有利于维护金融秩序，巩固银企关系。所谓信用授予者，系指授予资金给企业的单位或个人。按信用授予的期限可分为短期信用和长期信用。在我国，短期信用主要是指银行和其他金融机构给予企业的短期融资，企业按规定日期归还借款并付给借款利息。其他短期信用一般由供应单位提供商品或劳务而形成企业应付账款。长期信用主要是银行和其他金融机构给予企业的长期借款、企业对外发行债券、企业向租赁公司申请租赁等。不论长期还是短期信用，其共同点在于信用授予者与企业已形成债权人与债务人关系。因此，信用授予者极为关心企业的财务状况。为确保债权稳定，不遭受损失，信用授予者在进行授信决策前，必须对企业的财务状况进行严格审查与认真分析。由于银行等信用授予者通过财务报表分析对企业的信用程度、偿债能力和盈利能力等做出了较为准确的判断，保证了银行发放贷款等信用资金的安全性，从而有利于加强金融监管，防止金融犯罪，也有利于企业维护本身信誉，巩固银企关系，合理地进行负债经营，保证金融秩序正常与稳定。

（2）财务报表分析有助于促进证券市场的健康发展。随着社会主义市场经济体制的确立与完善，我国的资本市场机制也在发展中日益成熟与健全。证券市场的股票、债券等各种有价证券的价格变化随时受到企业财务状况、经营成果、投资风险、盈利能力等以及其他一系列反映经营管理水平方面指标变动的影响，因此，企业必须定期公布财务报表及其分析资料等有关经营信息。由于财务报表分析能够及时、真实、可靠地反映企业的经营业绩和发展前景，从而有助于有价证券的买卖双方交流信息、调整心态、选择机会，进行正常交易，这必然对促进证券市场的良性运行和健康发展起到积极的作用。

（3）财务报表分析可以为投资者进行投资决策提供科学依据。企业的投资者也是企业风险的承担者，因为在正常的经营过程中，企业必须先支付债权人的利息，再分配优先股的股利，之后才能分派普通股的股利。随着企业经营情况的起伏变化，投资者特别是普通股股东要承担更多可能发生的风险，本质上具有残余权益的特性。投资者尽管投资目的不同，投资方式各异，但都极为关心企业的投资报酬率。而财务报表分析能够为不同的投资者提供有关企业的经营情况和财务成果等方面的分析资料，特别是企业盈利能力的分析信息能够及时地为投资者进行投资决策提供科学依据。

（4）财务报表分析对加强企业管理、提高经济效益具有重要作用。企业管理者通过对财务报表的日常分析与定期分析，可以深切了解企业财务状况、经营成果以及各种财务经济信息。财会人员应及时向企业各级管理部门提供财务报表及其分析资料，以便企业管理人员特别是领导者随时掌握企业动态，应付不断变化的客观情况，正确估计当前的财务状况，评估各种投资方案，借以做出合理决策。企业管理者通过财务报表对各项主要财务指标的变动情况进行分析时，可以将对外报表分析与内部报表分析结合起来，以确定影响财务指标变动的原因，肯定成绩、总结经验，发现问题、制定措施，不断提高企业管理水平，争取实现更大的经济效益。财务分析可以帮助企业稳定经营。市场经济快速发展，企业在经营活动中将会出现各种风险因素，一旦风险防范不到位，容易让企业面临一定的经济损失。通过加强财务报表分析，可以对企业当前的经营发展状况有一定了解，并找出存在的问题。财务工作人员根据财务报表分析结果，及时对企业经营中各项风险问题做出有效处理，帮助企业实现整体规划，保证企业运营安全。由此可见，在财务报表分析的作用下，可以将企业各项风险控制在合理范畴内，实现企业稳定经营。

财务报表分析
的对象和目的

1.3.1 财务报表分析的对象

财务报表分析的对象是企业的三大基本活动：经营活动、投资活动、筹资活动。经营活动是企业的日常活动，包括销售商品、提供劳务、缴纳税费、经营租赁等与主营业务相关的经济活动。投资活动指企业购买固定资产，进行长期股权投资等。筹资活动指企业通过借款、发行债券或偿还借款、债券等使企业的资本和债务规模发生变化的活动。财务报表是企业三大活动的高度综合，含有大量的有用信息。财务报表分析就是从报表中获取符合报表使用人分析目的的信息，认识企业活动的特点，评价其业绩，发现其问题。因此，财务报表分析的对象是财务报表所反映的企业的基本活动。财务报表分析的对象和内容如图1-4所示。

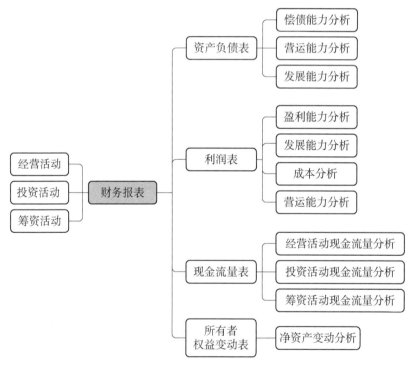

图1-4 财务报表分析的对象和内容

1.3.2 财务报表分析的目的

财务报表分析的目的取决于财务报表分析主体的需求。财务报表分析主体是指投资者、经营者、债权人、其他财务报表使用者等，不同的报表使用者其财务报表分析的目的不同、侧重点也不同。投资者财务报表分析的重点在于公司的盈利性与风险性，债权人财务报表分析的重点在于公司的长短期偿债能力，管理人员财务报表分析的重点在于评价公司经营管理状况,政府监管部门财务报表分析的重点在于公司经营的合法性与舞弊的可能性。财务报表分析的目的如图 1 - 5 所示。

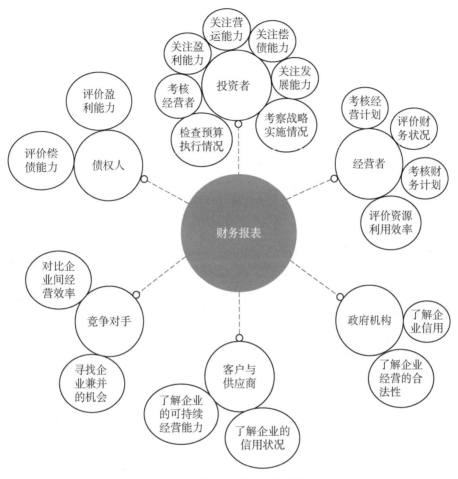

图 1 - 5 财务报表分析的目的

任务 1.4 · 财务报表分析的一般程序

财务报表分析
的一般程序

财务分析是一项比较复杂的工作,必须按科学的程序进行,才能保证分析的效率和效果。财务报表分析的程序亦称财务报表分析的一般步骤,是指进行财务报表分析所应遵循的一般规程。研究财务报表分析程序是进行财务报表分析的基础与关键,它为开展财务报表分析工作、掌握财务报表分析技术指明了方向。

财务报表分析的一般程序如下所述。

1) 确立财务报表分析的目的

财务报表分析的目的是财务分析的出发点,报表分析人必须首先明确分析目的。分析目的因人而异,它决定了后续的分析内容和分析结论。由于不同的财务分析主体有着不同的目的,而同一财务分析主体在不同情况下分析目的也不完全相同,因此,明确了分析目的,才能决定分析范围的大小、需搜集的信息内容和多少、分析方法的选择和应用等一系列问题。

投资分析、信用分析、经营决策分析是财务分析中最为常见的。投资分析的目的是为了选择未来具有优良业绩与成长性的投资对象,回避投资风险;信用分析的目的是分析企业的偿债能力,保证在未来安全地收回本金和利息;经营决策分析的目的是通过对企业的能力分析、生产结构分析、内部投资项目分析、成本费用构成分析等内容来实现的,它们是财务分析的主要内容。

2) 设计分析程序,确定评价标准

财务分析的内容很多,但并不是每一次财务分析都必须完成所有内容,所以,在每一次进行财务分析时,明确了分析目的、内容之后,要根据分析目的确定分析的层次及范围,确定主要的财务评价指标,确定应采用的分析方法,确定比较、评价时采用的标准(同行业、本企业历史或计划预算等)。

确定的财务评价指标、分析的方法、层次及评价标准,都应以需要达到的分析目的为依据,避免盲目扩大分析范围和层次,避免为分析而分析。分析方法应尽量选择能够充分利用报表数据进行分析的数学方法和数学模型,以强化分析结果的客观性、可靠性,并尽量减少分析人员的主观影响。由于每种分析方法都有自身的优点和局限性,因此需要财务分析人员根据分析目的和可能得到的分析资料进行分析方法的比较,选择最优的方法,以得出客观全面的结论。

3) 搜集分析所需要的相关资料

财务分析所依据的最主要的资料是以企业对外报出的财务报表及附注为代表的财务信息。这些信息既包括财务报表资料,也包括非财务报表资料;既有财务信息,也有与分析目的相关联的其他经济信息。财务信息主要包括企业定期的财务报告、企业财务预算、企业内部的成本费用计算资料等,非财务信息主要包括审计报告、企业产品市场状况和行业信息以及宏观经济情况等方面的信息。

财务分析中应充分搜集信息,但并不是越多越好。搜集多少信息,搜集什么信息,应完全服从于分析的目的和范围。对搜集到的相关信息,还应对其进行鉴别、整理、检查和核实,尤其需要核对财务报告数据的真实性,仔细查看审计报告,确定注册会计师是否出具了非标准审计报告。此外,还需要对数据的时间序列进行检查,观察企业是否存在某一年变化的特殊事项,核实事项的可靠性,从而保证分析结论的有效性。在对数据的真实性核查之后,要按照选定的分析方法开始分析。

4) 选择恰当的分析方法

常用的财务分析方法如下:

(1) 垂直分析,又称为纵向分析,实质上是结构分析。可用于确定财务报表结构占比最大的重要项目。首先计算确定财务报表中各项目占总额的比重或百分比。然后通过各项目的占比,分析其在企业经营中的重要性。一般地,项目占比越大,其重要程度越高,对公司总体的影响程度越大。最后,将分析期各项目的比重与前期同项目比重对比,研究各项目的比重变动情况,对变动较大的重要项目展开进一步分析。经过垂直分析法处理后的会计报表通常称为同度量报表、总体结构报表、共同比报表。以利润表为例,巴菲特非常关注销售毛利率、销售费用率、销售税前利润率、销售净利率,这实质上就是对利润表进行垂直分析。

(2)水平分析法,又称横向比法,是将财务报表各项目报告期的数据与上一期的数据进行对比,分析企业财务数据变动情况。可用于分析财务报表年度变化最大的重要项目。水平分析一般不是只对比一两个项目,而是把财务报表报告期的所有项目与上一期进行全面的、综合的对比分析,揭示各方面存在的问题,为进一步全面深入分析企业财务状况打下基础,所以水平分析法是会计分析的基本方法。这种本期与上期的对比分析,既要包括增减变动的绝对值,又要包括增减变动比率的相对值,才可以防止得出片面的结论。每年,巴菲特致股东的信的第一句话就是说伯克希尔公司每股净资产比上一年度增长的百分比。

(3)趋势分析,是一种长期分析,计算一个或多个项目随后连续多个报告期数据与基期比较的定基指数,或者与上一期比较的环比指数,形成一个指数时间序列,以此分析这个报表项目历史长期变动趋势,并作为预测未来长期发展趋势的依据之一。可用于分析财务报表长期变化最大的重要项目。趋势分析法既可用于对会计报表的整体分析,即研究一定时期报表各项目的变动趋势,也可只对某些主要财务指标的发展趋势进行分析。

巴菲特是长期投资,他特别重视公司净资产、盈利、销售收入的长期趋势分析。他每年致股东的信的第一页就是一张表,列示从1965年以来伯克希尔公司每年每股净资产增长率、标准普尔500指标年增长率以及两者的差异。

(4)比率分析,就是将两个财务报表数据相除得出相对比率,以分析两个项目之间的关联关系。比率分析是最基本、最常用、也是最重要的财务分析方法。财务比率一般分为四类:盈利能力比率、营运能力比率、偿债能力比率、增长能力比率。2006年国务院国资委颁布的国有企业综合绩效评价指标体系也是把财务绩效定量评价指标分成这四类。

从巴菲特过去40多年致股东的信来看,巴菲特在这四类比率中最关注的是净资产收益率、总资产周转率、资产负债率、销售收入和利润增长率。财务比率分析的最大作用是,使不同规模的企业财务数据所传递的财务信息可以按照统一的标准进行横向对照比较。财务比率的常用标准有三种:历史标准、经验标准、行业标准。巴菲特经常会与历史水平进行比较。

(5)因素替代法,又称连环替代法,用来计算几个相互联系的驱动因素对综合财务指标的影响程度的大小。可用于分析最重要的驱动因素。比如,销售收入取决于销量和单价两个因素,企业提价往往会导致销量下降,我们可以用因素分析来测算价格上升和销量下降对收入的影响程度。

巴菲特2007年这样分析:1972年他收购喜诗糖果时,年销量为1600万磅(1磅=0.454千克)。2007年增长到3200万磅,35年只增长了1倍,年增长率仅为2%。但销售收入却从1972年的0.3亿增长到2007年的3.83亿美元,35年增长了12倍。销量增长1倍,收入增长12倍,最主要的驱动因素是持续涨价。

(6)综合分析,即多项重要指标结合进行综合分析。企业本身是一个综合性的整体,企业的各项财务活动、各张财务报表、各个财务项目、各个财务分析指标是相互联系的,只是单独分析一项或一类财务指标,就会像盲人摸象一样陷入片面理解的误区。因此我们把相互依存、相互作用的多个重要财务指标结合在一起,从企业经营系统的整体角度来进行综合分析,对整个企业做出系统的全面的评价。

目前使用比较广泛的有杜邦财务分析体系、沃尔评分法、帕利普财务分析体系。最重要、最常用的是杜邦财务分析体系:净资产收益率=销售净利率×资产周转率×权益乘数,这三个比率分别代表公司的销售盈利能力、营运能力、偿债能力,还可以根据其驱动因素进一步细分。

(7) 对比分析,即与最主要的竞争对手进行对比分析。与那些进行广泛分散投资的机构不同,巴菲特高度集中投资于少数超级明星公司,前十大重仓股占投资组合超过 80%,这些超级明星公司各项重要财务指标都远远超过行业平均水平。在长期稳定发展的行业中,那些伟大的超级明星企业也往往都有一个与其实力相比难分高下的对手。比如软饮料行业中的可口可乐与百事可乐,快餐行业中的麦当劳与肯德基,飞机制造行业中的波音与空客。两个超级明星企业旗鼓相当,几乎垄断了行业的大部分市场,这就形成了典型的双寡头垄断格局。因此,把超级明星公司与其竞争对手进行对比分析是最合适的方法。

(8) 前景分析,即对预测未来的长期业绩是财务分析的最终目标。巴菲特进行财务报表分析的目的不是分析所有公司,而是寻找极少数超级明星:"我们始终在寻找那些业务清晰易懂、业绩持续优异、由能力非凡并且为股东着想的管理层来经营的大公司。这种目标公司并不能充分保证我们投资盈利:我们不仅要在合理的价格上买入,而且我们买入的公司的未来业绩还要与我们的预测相符。但是这种'寻找超级明星'的投资方法给我们提供了走向真正成功的唯一机会"。对企业未来发展前景进行财务预测是财务报表分析的最终目标。巴菲特说得非常明确:"我关注的是公司未来 20 年甚至 30 年的盈利能力"。

5) 形成综合评价结论,撰写财务分析报告

企业财务报表分析的最后一步就是对上述分析结果进行归纳整理,对照评价标准给予客观公正的判断与评价,包括对企业过去经营绩效的评判与对企业未来财务前景的评估两个方面,做出综合性的分析结论。分析结论应当体现分析对象定性与定量的内容,既有对财务报表项目内容分析的文字描述,又有对数据分析的配合说明,以便明确存在的问题,提出解决问题的措施与建议。

财务报表分析报告将财务报表分析的基本问题、财务报表分析的结论以及针对问题提出的措施、建议以书面的形式表示出来,为财务报表分析主体及财务报表分析报告的其他受益者提供决策依据。财务报表分析报告是对财务报表分析工作的总结,还可作为历史信息,供后来的财务报表分析者参考,以保证财务报表分析的连续性。

项目小结

财务报表是企业财务根据发生的经济业务,依据《企业会计准则》,将企业发生的经济业务运用专门的会计核算方法处理后所得到的一系列报表,主要包括资产负债表、利润表、现金流量表以及所有者权益变动表等基础报表。

不同的报表反映的内容不一样,财务报表分析就是以财务报表为依据,对企业偿债能力、盈利能力、运营能力、发展能力加以判断分析,进而对企业整体的财务状况质量进行评价,并为报表使用者做出经济决策提供支持的一种分析活动。财务报表分析的目的取决于财务报表分析主体的需求。财务报表分析主体是指投资者、经营者、债权人、其他财务报表使用者等,不同的报表使用者其财务报表分析的目的不同、侧重点也不同。投资者财务报表分析的重点在于公司的盈利性与风险性,债权人财务报表分析的重点在于公司的长短期偿债能力,管理人员财务报表分析的重点在于评价公司经营管理状况,政府监管部门财务报表分析的重点在于公司经营的合法性与舞弊的可能性。

财务分析是一项比较复杂的工作,必须按科学的程序进行,才能保证分析的效率和效果。财务报表分析的一般程序如下:①确立财务报表分析的目的,即明确通过财务分析想要获取什么样的信息;②设计分析程序,确定评价标准;③收集分析所需要的相关资料;④选择恰当的分析方法;⑤形成综合评价结论,撰写财务分析报告。

习题 1

一、多选题

1. 常见的财务报表分析主体有(　　)。

(A) 投资者　　　　　　(B) 企业管理者　　　　(C) 银行　　　　　　　(D) 政府机构

2. 财务报表分析的内容有(　　)。

(A) 偿债能力　　　　　　　　　　　　(B) 资产营运能力

(C) 盈利能力　　　　　　　　　　　　(D) 预测能力

3. 财务报表包括(　　)。

(A) 资产负债表　　　　　　　　　　　(B) 利润表

(C) 现金流量表　　　　　　　　　　　(D) 所有者权益变动表

4. 财务报表分析的对象是企业的(　　)。

(A) 经营活动　　　　(B) 投资活动　　　　(C) 筹资活动　　　　(D) 战略活动

二、简答题

1. 什么是财务报表? 财务报表包括哪些?

2. 编制资产负债表的公式是什么?

3. 编制利润表的公式是什么?

4. 编制现金流量表的公式是什么?

5. 所有者权益变动表的结构是什么?

6. 财务报表分析的意义是什么?

7. 财务报表分析的对象和内容是什么?

8. 财务报表分析的主体有哪些? 这些主体对企业的关注点是什么?

9. 财务报表分析的一般程序是什么?

三、思考题

1. 你打算毕业之后从事什么工作? 你认为财务报表分析与你将来的工作有什么联系? 你打算如何利用财务报表分析来开展你的工作?

2. 收集一家上市公司的报表,阅读报表并结合本章内容写一篇与本章内容相关的心得体会。

项目 2 财务报表的编制

（1）通过学习以真实可靠的交易、事项等会计资料为依据编制财务报表，学生树立诚信观念。

（2）通过会计报表正确披露企业与关联方之间的交易事项，培养学生正确处理国家、企业、个人之间利益关系的能力，做到公平正直，不倾斜、不损人利己、不损公肥私，以身作则，严守法纪。

知识目标

（1）了解财务报告体系。

（2）理解资产负债表、利润表、现金流量表、所有者权益变动表的概念。

（3）理解报表基本格式、编制依据。

能力目标

（1）掌握资产负债表的编制。

（2）掌握利润表的编制。

（3）理解现金流量表的编制。

（4）理解所有者权益变动表的编制。

思维导图

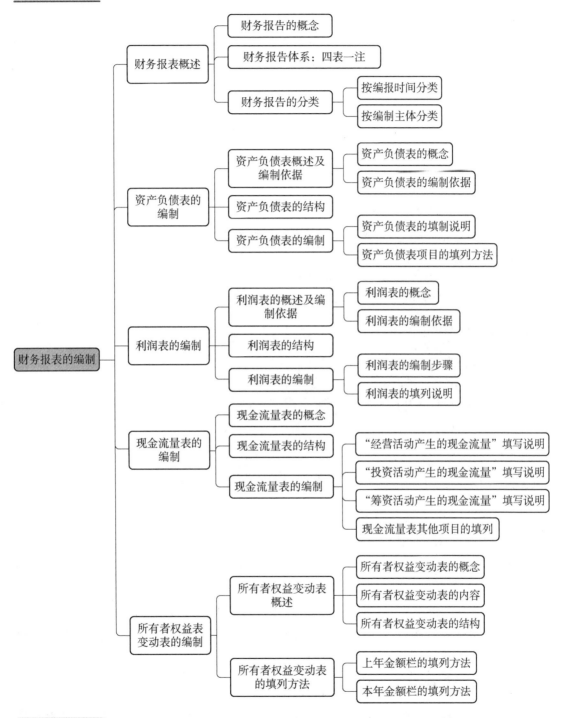

财务报表的编制
- 财务报表概述
  - 财务报告的概念
  - 财务报告体系：四表一注
  - 财务报告的分类
    - 按编报时间分类
    - 按编制主体分类
- 资产负债表的编制
  - 资产负债表概述及编制依据
    - 资产负债表的概念
    - 资产负债表的编制依据
  - 资产负债表的结构
  - 资产负债表的编制
    - 资产负债表的填制说明
    - 资产负债表项目的填列方法
- 利润表的编制
  - 利润表的概述及编制依据
    - 利润表的概念
    - 利润表的编制依据
  - 利润表的结构
  - 利润表的编制
    - 利润表的编制步骤
    - 利润表的填列说明
- 现金流量表的编制
  - 现金流量表的概念
  - 现金流量表的结构
  - 现金流量表的编制
    - "经营活动产生的现金流量"填写说明
    - "投资活动产生的现金流量"填写说明
    - "筹资活动产生的现金流量"填写说明
    - 现金流量表其他项目的填列
- 所有者权益表变动表的编制
  - 所有者权益变动表概述
    - 所有者权益变动表的概念
    - 所有者权益变动表的内容
    - 所有者权益变动表的结构
  - 所有者权益变动表的填列方法
    - 上年金额栏的填列方法
    - 本年金额栏的填列方法

情景导入

　　位于美国得克萨斯州休斯敦市的安然公司。曾是世界上最大的电力、天然气以及电讯公司之一,在 2001 年宣告破产之前,安然拥有约 21 000 名雇员,2000 年披露的营业额达

1010 亿美元之巨。公司连续六年被《财富》杂志评选为"美国最具创新精神公司",然而真正使安然公司在全世界声名大噪的,却是使这个拥有上千亿资产的公司在几周内破产的财务造假丑闻。

2001 年 10 月 16 日,安然公司的命运发生了急遽的转向。当天股市收盘之后,安然发布了第三季度财报。其中有一项是公司一次性冲销了超过 10 亿美元的税后投资坏账,这笔巨额坏账是在安然和两家关联公司的交易中形成的。诡异的是,这两家公司都由安然首席财务官法斯特管理。

证券分析师们当天就此质询安然公司,美国证券交易委员会则第二天就介入对安然的调查。安然的内部交易和财务造假黑幕就此揭开——此前的 3 年中,安然公司虚增盈利 5 亿多美元,少列债务 6 亿多美元,虚增股东权益达数十亿美元。一个多月,安然股价从近 40 美元自由落体式地跌到 4 美元。11 月底,安然申请破产保护。

? 思考探究

安然公司是如何造假的?此前 3 年财务报表虚增盈利和股东权益,少列债务,会计师事务所在审计过程中为何没有予以披露?

(资料来源:2010 年 12 月 23 日《钱江晚报》"安达信倒闭事件"。http://qjwb.thehour.cn/html/2010-12/23/content_653851.htm?div=-1)

思政小课堂

(1) 企业应以安然公司作为前车之鉴,严格依法依规披露公司与关联方之间的交易事项,不以虚增利润方式掩饰公司自身问题而误导投资者。

(2) 财务人员应树立诚信理念,提升业务素质,以真实可靠的交易事项为依据,严防财务造假。

任务 2.1 ▸ 财务报表概述

2.1.1 财务报告的概念

财务报告,是指企业对外提供的反映企业某一特定日期的财务状况和某一会计期间的经营成果、现金流量等会计信息的文件。

财务报告所提供的关于企业财务状况、经营成果和现金流量等有关会计信息,反映企业管理层受托责任履行情况,有助于投资者、债权人、政府管理者和社会公众等报告使用者做出经济决策。

2.1.2 财务报告体系

财务报告包括财务报表和其他应当在财务报告中披露的相关信息和资料。财务报表又称财务会计报表,是指对企业财务状况、经营成果和现金流量的结构性表述,是财务报告的主体和核心内容;其他应当在财务报告中披露的相关信息和资料是对财务报表的补充和说明。

一套完整的财务报表应当至少包括"四表一注",即资产负债、利润表、现金流量表、所有者权益变动表和附注,并且这些组成部分在列报上具有同等的重要程度。

　　(1) 资产负债表,是反映企业某一特定日期财务状况的报表,是对企业特定日期资产、负债和所有者权益的结构性表述。

　　(2) 利润表又称损益表,是反映企业在一定会计期间经营成果的报表。

　　(3) 现金流量表,是反映企业在一定会计期间现金和现金等价物流入和流出的报表。

　　(4) 所有者权益变动表,是反映构成所有者权益的各组成部分当期的增减变动情况的报表。

　　(5) 附注是对资产负债表、利润表、现金流量表和所有者权益变动表等报表中列示项目的文字描述或明细资料,以及对未能在这些报表中列示项目的说明等。

2.1.3　财务报告的分类

　　财务报告按照编报时间分为年度财务报告(简称年报)和中期财务报告(简称中期报告)。年报是指以会计年度为基础编制的财务报告,相应的财务报表为年度财务会计报表。中期报告是指以中期为基础编制的财务报告,中期报告分为月度报告(简称月报)、季度报告(简称季报)和半年度报告(简称半年报),相应的中期财务会计报表为月度、季度和半年度财务会计报表。

　　财务报告按编制主体分为个别财务报告和合并财务报告。个别财务报告指反映母公司所属子公司的财务状况、经营成果、现金流量及其他相关信息和资料的报表。合并财务报告指反映母公司及其全部子公司形成的企业集团整体财务状况、经营成果、现金流量及其他相关信息和资料报表。

任务 2.2　▸　资产负债表的编制

2.2.1　资产负债表概述及编制依据

1. 资产负债表的概念

　　资产负债表是反映企业在某一特定日期的财务状况的报表,是对企业特定日期的资产、负债和所有者权益的结构性表述。它反映企业在某一特定日期所拥有或控制的经济资源、所承担的现时义务和所有者对净资产的要求权。

2. 资产负债表的编制依据

　　资产负债表的编制依据为"资产＝负债＋所有者权益"这一平衡公式。按照各具体项目的性质和功能作为分类标准,依次将某一特定日期的资产、负债、所有者权益的具体项目予以适当的排列编制而成。

2.2.2　资产负债表的结构

　　资产负债表一般由表首、正表、表尾三部分组成。表首部分包括报表名称、编制单位、报表日期、报表编号和计量单位;正表部分是资产负债表的主体,列示了用以说明企业财务状况的各个项目;表尾包括企业负责人、财务负责人和制表人。

资产负债表的正表格式一般有报告式(见表 2-1)和账户式(见表 2-2)两种。报告式资产负债表是上下结构,上半部分列示资产各项目,下半部分列示负债和所有者权益各项目。账户式资产负债表是左右结构,左边列示资产各项目,按流动性大小排列;右边列示负债和所有者权益各项目,负债按偿还先后顺序排列,所有者权益按永久性递减顺序排列。我国企业采用账户式资产负债表,具体格式如表 2-3 所示。

表 2-1　资产负债表(报告式)

编制单位:　　　　　　　　　　年　　月　　日　　　　　　　　　　　单位:元

项　　目	金　　额
资产: 　　流动资产 　　非流动资产 　　资产总计	
负债: 　　流动负债 　　非流动负债 　　负债合计 所有者权益: 　　所有者权益合计 负债及所有者权益总计	

表 2-2　资产负债表(账户式)

编制单位:　　　　　　　　　　年　　月　　日　　　　　　　　　　　单位:元

资产	金额	负债和所有者权益	金额
流动资产		流动负债	
非流动资产		非流动负债	
		负债合计	
		所有者权益	
		所有者权益合计	
资产总计		负债和所有者权益总计	

📄 **小贴士**

不管采取什么格式,资产各项目的合计一定等于负债和所有者权益各项目的合计。

表 2-3　资产负债表

编制单位：　　　　　　　　　　　　　年　　月　　日　　　　　　　　　　　单位：元

资产	期末余额	上年年末余额	负债和所有者权益	期末余额	上年年末余额
流动资产：			流动负债：		
货币资金			短期借款		
交易性金融资产			交易性金融负债		
衍生金融资产			衍生金融负债		
应收票据			应付票据		
应收账款			应付账款		
应收款项融资			预收款项		
预付款项			合同负债		
其他应收款			应付职工薪酬		
其中:应收利息			应交税费		
应收股利			其他应付款		
存货			其中:应付利息		
合同资产			应付股利		
持有待售资产			持有待售负债		
一年内到期的非流动资产			一年内到期的非流动负债		
其他流动资产			其他流动负债		
流动资产合计	—	—	流动负债合计	—	—
非流动资产：			非流动负债：		
债权投资			长期借款		
其他债权投资			应付债券		
长期应收款			其中:优先股		
长期股权投资			永续债		
其他权益工具投资			租赁负债		
其他非流动金融资产			长期应付款		
投资性房地产			长期应付职工薪酬		
固定资产			预计负债		
在建工程			递延收益		
生产性生物资产			递延所得税负债		

（续表）

资产	期末余额	上年年末余额	负债和所有者权益	期末余额	上年年末余额
油气资产			其他非流动负债		
使用权资产			非流动负债合计	—	—
无形资产			负债合计	—	—
开发支出			所有者权益：		
商誉			实收资本		
长期待摊费用			其他权益工具		
递延所得税资产			其中：优先股		
其他非流动资产			永续债		
非流动资产合计	—	—	资本公积		
			减：库存股		
			其他综合收益		
			专项储备		
			盈余公积		
			未分配利润		
			所有者权益合计	—	—
资产总计	—	—	负债和所有者权益总计	—	—

企业负责人：　　　　　　　财务负责人：　　　　　　　制表人：

往来款项的填列

2.2.3 资产负债表的编制

1. 资产负债表的填制说明

资产负债表的各项目均需填列"上年年末余额"和"期末余额"两栏。资产负债表的"上年年末余额"栏内各项数字,应根据上年年末资产负债表的"期末余额"栏内所列数字填列。

1）资产项目的填列说明

（1）"货币资金"项目:根据"库存现金""银行存款""其他货币资金"科目余额合计填列。

（2）"交易性金额资产"项目:根据"交易性金额资产"科目相关明细余额分析填列。

（3）"应收票据"项目:根据"应收票据"科目期末余额减去"坏账准备"科目中相关坏账准备期末余额后的金额填列。

（4）"应收账款"项目:根据"应收账款""预收账款"所属明细科目借方余额合计数,减去"坏账准备"科目中相关坏账准备期末余额后的金额填列。

（5）"预付款项"项目:根据"应付账款""预付账款"所属明细科目借方余额,减去"坏账"

准备"科目中相关坏账准备期末余额后的金额填列。

（6）"其他应收款"项目：根据"应收利息""应收股利""其他应收款"科目期末余额合计数，减去"坏账准备"科目中相关坏账准备期末余额后的金额填列。

（7）"存货"项目：根据"材料采购""原材料""库存商品""周转材料""在途物资""委托加工物资""发出商品""生产成本""委托代销商品""材料成本差异"等科目期末余额合计数，减去"存货跌价准备""受托代销商品款"科目期末余额后的净额填列。

> **小贴士**
>
> 材料采用计划成本核算的，加或减材料成本差异，账户余额为借方则加，余额为贷方则减。

（8）"合同资产"项目：根据"合同资产"科目的相关明细科目期末余额分析填列。

（9）"一年内到期的非流动资产"项目：根据资产负债表日起一年内变现的非流动资产的期末余额分析填列。

（10）"其他流动资产"项目：根据除上述流动资产项目外的其他流动资产分析填列。

（11）"固定资产"项目：根据"固定资产"科目的期末余额减去"累计折旧"和"固定资产减值准备"科目的期末余额后的金额，以及"固定资产清理"科目的期末余额填列。

（12）"在建工程"项目：根据"在建工程"科目的期末余额减去"在建工程减值准备"科目的期末余额后的金额，以及"工程物资"科目的期末余额减去"工程物资减值准备"科目的期末余额后的金额填列。

（13）"无形资产"项目：根据"无形资产"科目的期末余额减去"累计摊销"和"无形资产减值准备"科目期末余额后的净额填列。

（14）"开发支出"项目：根据"研发支出"科目所属的"资本化支出"明细科目期末余额填列。

（15）"长期待摊费用"项目：根据"长期待摊费用"科目的期末余额分析填列。长期待摊费用的摊销年限只剩一年或不足一年的不在此项目填列，而在"一年内到期的非流动资产"项目中填列。

（16）"递延所得税资产"项目：根据"递延所得税资产"科目的期末余额填列。

（17）"其他非流动资产"项目：根据除上述非流动资产以外的其他非流动资产分析填列。

　　2）负债项目的填列说明

（1）"短期借款"项目：根据"短期借款"科目的期末余额填列。

（2）"应付票据"项目：根据"应付票据"科目的期末余额填列。

（3）"应付账款"项目：根据"应付账款"和"预付账款"科目所属的相关明细科目的期末贷方余额合计数填列。

（4）"预收款项"项目：根据"预收账款"和"应收账款"科目所属各明细科目的期末贷方余额合计数填列。

（5）"合同负债"项目：根据"合同负债"的相关明细科目期末余额分析填列。

（6）"应付职工薪酬"项目：根据"应付职工薪酬"科目所属各明细科目的期末贷方余额

分析填列。

（7）"应交税费"项目：根据"应交税费"科目的期末贷方余额填列。

（8）"其他应付款"项目：根据"应付股利""应付利息""其他应付款"科目的期末余额合计数填列。

（9）"一年内到期的非流动负债"项目：根据资产负债表日后一年内到期部分的金额分析填列。

（10）"其他流动负债"项目：根据除上述流动负债以外的其他流动负债分析填列。

（11）"长期借款"项目：根据"长期借款"科目的期末余额扣除"长期借款"科目所属的明细科目中将在资产负债表日起一年内到期、且企业不能自主地将清偿义务展期的长期借款后的金额计算填列。

（12）"应付债券"项目：根据"应付债券"总账科目余额扣除"应付债券"科目所属的明细科目中将在一年内到期、且企业不能自主地将清偿义务展期的应付债券后的金额计算填列。

（13）"递延所得税负债"项目：根据"递延所得税负债"科目的期末余额填列。

（14）"其他非流动负债"项目：根据有关科目的期末余额减去将于一年内（含一年）到期偿还数后的余额分析填列。

3）所有者权益项目的填列说明

（1）"实收资本（或股本）"项目：根据"实收资本（或股本）"科目的期末余额填列。

（2）"资本公积"项目：根据"资本公积"科目的期末余额填列。

（3）"其他综合收益"项目：根据"其他综合收益"科目的期末余额填列。

（4）"专项储备"项目：根据"专项储备"科目的期末余额填列。

（5）"盈余公积"项目：根据"盈余公积"科目的期末余额填列。

（6）"未分配利润"项目：根据"本年利润"科目和"利润分配"科目的余额计算填列。未弥补的亏损在本项目内以"－"号填列。

2. 资产负债表项目的填列方法

1）根据总账科目余额填列

（1）可直接根据有关总账科目的期末余额填列。如"短期借款""资本公积"等项目，根据"短期借款""资本公积"各总账科目的余额直接填列。

（2）需根据几个总账科目的期末余额计算填列。如"货币资金"项目填列时，货币资金＝库存现金（期末余额）＋银行存款（期末余额）＋其他货币资金（期末余额）。

【例2-1】2022年5月31日，万邦公司"库存现金"科目余额为1万元，"银行存款"科目余额为1 009万元，"其他货币资金"科目余额为990万元，则2022年5月31日，万邦公司资产负债中"货币资金"项目"期末余额"的列报金额＝1＋1 009＋990＝2 000（万元）。

任务训练

嘉鑫公司期末"库存现金"科目余额为3.50万元，"银行存款"科目余额为187.64万元，"其他货币资金"科目余额为58.30万元，则该公司本期末资产负债表中"货币资金"项目"期末余额"的列报金额应为多少？

？思考探究

嘉鑫公司的保险柜中有现金3.50万元，同时有一张白条注明"采购员张华借款1万元"。嘉鑫公司出纳人员的这项处理是否恰当?

思政小课堂

　　白条用于抵充现金后,将会造成嘉鑫公司账目金额与实际金额不相符,从而扰乱财务管理,给营私、贪污等行为留下缺口。公司现金的收入付出,必须要有合法的会计凭证并应按规定手续办理。而由于白条不具备合法凭证所规定的条件,因而不能履行支付手续。出纳员擅自留白条(借条)挪用现金,属于违反国家现金管理与财经纪律的行为。

　　2)根据明细账科目余额计算填列

　　(1)应收账款、预收款项、应付账款、预付款项项目的填列。

　　应收账款=应收账款明细科目借方余额+预收账款明细科目借方余额-坏账准备(应收账款计提数)贷方余额。

　　预收款项=应收账款明细科目贷方余额+预收账款明细科目贷方余额。

　　应付账款=应付账款明细科目贷方余额+预付账款明细科目贷方余额。

　　预付款项=应付账款明细科目借方余额+预付账款明细科目借方余额-坏账准备(预付账款计提数)贷方余额。

小贴士

　　收对收、付对付,资产为借、减坏账,负债为贷。

【例2-2】2022年5月31日,万邦公司"应付账款"总账科目贷方余额为1 255万元,其中"应付账款——A公司"明细科目贷方余额为1 260万元,"应付账款——B公司"明细科目借方余额为5万元。"预付账款"总账科目借方余额为5万元,其中"预付账款——C公司"明细科目借方余额为20万元,"预付账款——D公司"明细科目贷方余额为15万元。

　　不考虑其他因素,计算:

　　① 万邦公司5月31日资产负债表中"预付款项"项目期末余额为多少万元?

　　② 万邦公司5月31日资产负债表中"应付账款"项目期末余额为多少万元?

　　答:"预付款项"项目期末余额=5+20=25(万元)。

　　"应付账款"项目期末余额=1 260+15=1 275(万元)。

任务训练

　　嘉鑫公司"应收账款"总账科目借方余额为10 255万元,其中"应收账款——E公司"明细科目借方余额为10 260万元,"应收账款——F公司"明细科目贷方余额为5万元。"预收账款"总账科目贷方余额为750万元,其中"预收账款——G公司"明细科目贷方余额为720万元,"预收账款——H公司"明细科目贷方余额为30万元。

　　不考虑其他因素,计算:

　　① 嘉鑫公司期末资产负债表中"预收款项"项目期末余额为多少万元?

　　② 嘉鑫公司期末资产负债表中"应收账款"项目期末余额为多少万元?

　　(2)"开发支出"项目根据"研发支出"科目中所属的"资本化支出"明细科目期末余额计算填列。

（3）"应付职工薪酬"项目根据"应付职工薪酬"科目中所属的明细科目贷方余额分析填列。

（4）"一年内到期的非流动资产（负债）"项目需根据有关非流动资产和非流动负债的项目的明细科目期末余额计算填列。

3）根据总账科目和明细科目余额分析计算填列

如"长期借款"项目，长期借款＝长期借款（总账科目）余额－长期借款（将明细科目中将在一年内到期且企业不能自主地将清偿义务展期的长期借款列入"一年内到期的非流动负债"）。如"其他非流动资产（负债）"项目，其他非流动资产（负债）＝其他非流动资产（负债）余额－一年内含一年收回（到期偿还）的金额。

【例2-3】2022年12月31日，万邦公司"长期借款"科目余额为180万元，其中从银行借入的30万元借款将于一年内到期，公司不具有自主展期清偿的权利，则：

资产负债表中"长期借款"项目的列报金额为：长期借款＝长期借款总账科目余额－一年内到期金额＝180－30＝150（万元）；

资产负债表中"一年内到期的非流动负债"项目的列报金额为：一年内到期的非流动负债＝30（万元）

任务训练

嘉鑫公司2022年12月31日"长期借款"科目余额为7 056万元，其中56万元借款将于2023年5月7日到期，5 000万元将于2023年8月31日到期，2 000万元将于2025年4月1日到期，公司均不具有自主展期清偿的权利，计算资产负债表中"长期借款"与"一年内到期的非流动负债"项目的列报金额。

4）根据有关科目余额减去其备抵科目余额后的净额填列

如资产负债表中"固定资产""无形资产""在建工程""应收账款"等项目应根据相关科目余额减去其备抵科目余额后的净额填列。

固定资产＝固定资产科目期末余额－累计折旧期末余额－固定资产减值准备期末余额＋固定资产清理期末余额。

无形资产＝无形资产科目期末余额－累计摊销期末余额－无形资产减值准备期末余额。

在建工程＝在建工程期末余额－在建工程减值准备期末余额＋工程物资期末余额－工程物资减值准备期末余额。

【例2-4】2022年12月31日，万邦公司有关科目余额如下，"无形资产"科目借方余额为8 000万元，"累计摊销"科目贷方余额为2 000万元，"无形资产减值准备"科目贷方余额为1 000万元。不考虑其他因素，2022年12月31日，该公司资产负债表中"无形资产"项目期末余额应填列的金额为："无形资产"项目期末余额＝8 000－2 000－1 000＝5 000（万元）。

【例2-5】2022年12月31日，万邦公司有关科目余额如下，"在建工程"科目借方余额800万元，"在建工程减值准备"科目贷方余额80万元，"工程物资"科目借方余额300万元，"工程物资减值准备"科目贷方余额10万元。不考虑其他因素，2022年12月31日，该公司资产负债表中"在建工程"项目期末余额应填列的金额为："在建工程"项目期末余额＝800－80＋300－10＝1 010（万元）。

任务训练

2022 年 12 月 31 日,嘉鑫公司有关科目余额如下:"固定资产"借方科目余额 1000 万元,"累计折旧"科目贷方余额 400 万元,"固定资产减值准备"科目贷方余额 160 万元,"固定资产清理"科目借方余额 70 万元。不考虑其他因素,计算 2022 年 12 月 31 日,该公司资产负债表中"固定资产"项目期末余额应列报的金额。

5) 综合运用上述填列方法分析填列

如"存货"项目需根据相关科目综合分析填列。存货＝原材料期末余额＋生产成本期末余额＋库存商品期末余额＋委托加工物资期末余额＋周转材料期末余额＋材料采购期末余额＋在途物资期末余额＋发出商品期末余额＋受托代销商品期末余额－受托代销商品款期末余额±材料成本差异期末余额等－存货跌价准备期末余额等。

【例 2-6】2022 年 12 月 31 日,万邦公司有关科目余额如下:"工程物资"科目借方余额为 1350 万元,"发出商品"科目借方余额为 900 万元,"生产成本"科目借方余额为 450 万元,"原材料"科目借方余额为 200 万元,"委托加工物资"借方余额为 150 万元,"材料成本差异"科目贷方余额为 25 万元,存货跌价准备科目贷方余额为 75 万元,"受托代销商品"科目借方余额为 620 万元,"受托代销商品款"科目贷方余额为 620 万元。不考虑其他因素,该公司 2022 年 12 月 31 日资产负债表中的"存货"项目应列报的金额为:"存货"项目期末余额＝900＋450＋200＋150－25－75＋620－620＝1600(万元)。

任务训练

2022 年 12 月 31 日,嘉鑫公司"原材料"科目借方余额为 7180 万元,"库存商品"科目借方余额为 1420 万元,"工程物资"科目借方余额为 2170 万元,"生产成本"科目借方余额为 3100 万元,"存货跌价准备"科目贷方余额为 760 万元。不考虑其他因素,计算嘉鑫公司 2022 年 12 月 31 日资产负债表中"存货"项目的列报金额。

【例 2-7】万邦公司 2022 年 12 月 31 日总分类账户余额表如表 2-4 所示,请编制资产负债表,并填列于表 2-5 中。

表 2-4　总分类账户余额表

单位:元

账户名称	借	贷	账户名称	借	贷
库存现金	15 000		短期借款		900 000
银行存款	1 735 080		应付票据		150 000
应收账款	15 000		应付账款		180 000
应收票据	96 000		应付职工薪酬		376 800
坏账准备		1 200	应交税费		262 200
预付账款	30 000		长期借款		1 500 000
在途物资	60 000		实收资本		3 210 000

（续表）

账户名称	借	贷	账户名称	借	贷
原材料	712 920		资本公积		360 000
生产成本	70 800		盈余公积		171 000
库存商品	377 400		本年利润	240 000	
长期待摊费用	126 000		利润分配		1 296 000
固定资产	6 600 000				
累计折旧		1 974 000			
固定资产减值准备		150 000			
无形资产	360 000				
累计折旧		30 000			

表 2-5　资产负债表(简表)

编制单位：　　　　　　　　　　年　　月　　日　　　　　　　　　　单位：元

资产	期末余额	上年年末余额	负债和所有者权益	期末余额	上年年末余额
流动资产：			流动负债：		
货币资金			短期借款		
交易性金融资产			应付票据		
应收票据			应付账款		
应收账款			预收款项		
预付款项			合同负债		
其他应收款			应付职工薪酬		
存货			应交税费		
合同资产			其他应付款		
一年内到期的非流动资产			一年内到期的非流动负债		
其他流动资产			其他流动负债		
流动资产合计			流动负债合计		
非流动资产：			非流动负债：		
固定资产			长期借款		
在建工程			递延所得税负债		
无形资产			其他非流动负债		
开发支出			非流动负债合计		

（续表）

资产	期末余额	上年年末余额	负债和所有者权益	期末余额	上年年末余额
长期待摊费用			负债合计		
递延所得税资产					
其他非流动资产			所有者权益：		
非流动资产合计			实收资本(或股本)		
			资本公积		
			盈余公积		
			未分配利润		
			所有者权益合计		
资产总计			负债和所有者权益总计		

企业负责人：　　　　　财务负责人：　　　　　制表人：

编制结果如表 2-6 所示。

表 2-6　资产负债表(简表)

编制单位：万邦公司　　　　　　　2022 年 12 月 31 日　　　　　　　单位：元

资产	期末余额	上年年末余额	负债和所有者权益	期末余额	上年年末余额
流动资产：			流动负债：		
货币资金	1 750 080		短期借款	900 000	
交易性金融资产			应付票据	150 000	
应收票据	96 000		应付账款	180 000	
应收账款	166 800		预收款项		
预付款项	30 000		合同负债		
其他应收款			应付职工薪酬	376 800	
存货	1 221 120		应交税费	262 200	
合同资产			其他应付款		
一年内到期的非流动资产			一年内到期的非流动负债		
其他流动资产			其他流动负债		
流动资产合计	3 264 000		流动负债合计	1 869 000	
非流动资产：			非流动负债：		
固定资产	4 476 000		长期借款	1 500 000	
在建工程			递延所得税负债		

（续表）

资产	期末余额	上年年末余额	负债和所有者权益	期末余额	上年年末余额
无形资产	330 000		其他非流动负债		
开发支出			非流动负债合计	1 500 000	
长期待摊费用	126 000		负债合计	3 369 000	
递延所得税资产					
其他非流动资产			所有者权益：		
非流动资产合计	4 932 000		实收资本（或股本）	3 210 000	
			资本公积	360 000	
			盈余公积	201 000	
			未分配利润	1 056 000	
			所有者权益合计	4 827 000	
资产总计	8 196 000		负债和所有者权益总计	8 196 000	

企业负责人：×××　　　　　　　财务负责人：×××　　　　　　　制表人：×××

任务2.3 ▸ 利润表的编制

2.3.1 利润表概述及编制依据

1. 利润表的概念

利润表又称损益表、收益表，是反映企业在一定期间经营成果的会计报表。它反映企业在一定会计期间收入、费用、利润（或亏损）的金额和构成情况，为财务报表使用者全面了解企业的经营成果，分析企业的获利能力及盈利增长趋势，做出经济决策提供依据。

2. 利润表的编制依据

利润表的编制根据为"收入－费用＝利润"这一平衡公式。

2.3.2 利润表的结构

利润表的结构包括单步式和多步式。单步式利润表：所有的收入列在一起，所有的费用列在一起，相减得出净损益。多步式利润表：对当期的收入、费用、支出项目按性质加以归类，按利润形成的主要环节列示（营业利润、利润总额、净利润），分步计算当期净损益（我国采用多步式利润表）。

利润表一般分为表头、正表、表尾三部分组成，具体格式如表2-7所示。表首包括报表名称、编制单位、编制日期、报表编号、计量单位。正表是利润表的主体，列示了形成经营成果的各个项目和计算过程。表尾包括企业负责人、财务负责人、制表人。

表 2-7 利润表

编制单位：　　　　　　　　　　　　　　　年　　月　　　　　　　　　　　　　　单位：元

项　　目	本期金额	上期金额
一、营业收入		
减：营业成本		
税金及附加		
销售费用		
管理费用		
研发费用		
财务费用		
其中：利息费用		
利息收入		
加：其他收益		
投资收益（损失以"－"号填列）		
其中：对联营企业和合营企业的投资收益		
以摊余成本计量的金融资产终止确认收益		
净敞口套期收益（损失以"－"号填列）		
公允价值变动收益（损失以"－"号填列）		
信用减值损失（损失以"－"号填列）		
资产减值损失（损失以"－"号填列）		
资产处置收益（损失以"－"号填列）		
二、营业利润（亏损以"－"号填列）		
加：营业外收入		
减：营业外支出		
三、利润总额（亏损总额以"－"号填列）		
减：所得税费用		
四、净利润（净亏损以"－"号填列）		
（一）持续经营净利润（净亏损以"－"号填列）		
（二）终止经营净利润（净亏损以"－"号填列）		
五、其他综合收益的税后净额		
（一）不能重分类进损益的其他综合收益		
1. 重新计量设定受益计划变动额		

（续表）

项　　目	本期金额	上期金额
2. 权益法下不能转损益的其他综合收益		
3. 其他权益工具投资公允价值变动		
4. 企业自身信用风险公允价值变动		
（二）可重分类进损益的其他综合收益		
1. 权益法下可转损益的其他综合收益		
2. 其他债权投资公允价值变动		

企业负责人：　　　　　　　财务负责人：　　　　　　　制表人：

2.3.3　利润表的编制

利润表填列
说明

1. 利润表的编制步骤

1）计算营业利润

营业利润＝营业收入－营业成本－税金及附加－销售费用－管理费用－研发费用－财务费用＋其他收益＋投资收益（或减去投资损失）＋净敞口套期收益（或减去净敞口套期损失）＋公允价值变动收益（或减去公允价值变动损失）－资产减值损失－信用减值损失＋资产处置收益（或减去资产处置损失）。

2）计算利润总额

利润总额＝营业利润＋营业外收入－营业外支出。

3）计算净利润（或净亏损）

净利润＝利润总额－所得税费用。

2. 利润表的填列说明

利润表各项目均需填列“本期金额”和“上期金额”两栏。“上期金额”：应根据上年该期利润表的“本期金额”栏内所列数字填列。“本期金额”：除“基本每股收益”和“稀释每股收益”项目外，应当按照相关科目的发生额分析填列。

1）“营业收入”项目

根据“主营业务收入”和“其他业务收入”科目的发生额分析填列。

【例 2 - 8】2022 年，万邦公司的“主营业务收入”账户发生额 60 000 000 元，“其他业务收入”账户发生额 10 000 000 元，“营业外收入”账户发生额 5 000 000 元，则公司年度利润表应确认的“营业收入”金额为：60 000 000＋10 000 000＝70 000 000（元）。

【例 2 - 9】2021 年，万邦公司的“主营业务收入”账户贷方发生额 50 000 000 元，由于发生质量问题退货，因而“主营业务收入”账户借方发生额 10 000 000 元，“其他业务收入”账户贷方发生额 20 000 000 元，则公司年度利润表应确认的“营业收入”金额为：50 000 000－10 000 000＋20 000 000＝60 000 000（元）。

任务训练

嘉鑫公司 2022 年“主营业务收入”账户贷方发生额 5 000 000 元，借方发生额 480 000 元，

"其他业务收入"账户贷方发生额 3 500 000 元,借方发生额 10 000 元,请计算嘉鑫公司 2022 年利润表应确认的"营业收入"金额。

2)"营业成本"项目

根据"主营业务成本"和"其他业务成本"科目的发生额分析填列。

【例 2 - 10】万邦公司 2022 年度"主营业务成本"账户的借方发生额为 30 000 000 元;2022 年 12 月 18 日,当年 10 月销售给某单位的一批产品由于质量问题被退回,该项销售已确认成本为 150 000 元;"其他业务成本"账户借方发生额为 600 000 元;经计算,该公司 2022 年度利润表中的"营业成本"项目的金额为:30 000 000－150 000＋600 000＝30 450 000(元)

任务训练

嘉鑫公司 2022 年度"主营业务成本"账户借方发生额 2 800 000 元,"其他业务成本"账户借方发生额 2 600 000 元,"营业处支出"账户借方发生额 210 000 元。计算嘉鑫公司 2022 年度利润表中的"营业成本"的项目金额。

3)"税金及附加"项目

根据"税金及附加"科目的发生额分析填列。

4)"销售费用"项目

根据"销售费用"科目的发生额分析填列。

5)"管理费用"项目

根据"管理费用"科目的发生额分析填列。

6)"研发费用"项目

根据"管理费用"科目下的"研发费用"明细科目的发生额以及"管理费用"科目下"无形资产摊销"明细科目的发生额分析填列。

7)"财务费用"项目

根据"财务费用"科目的相关明细科目的发生额分析填列。

8)"其他收益"项目

根据"其他收益"科目的发生额分析填列。

9)"投资收益"项目

根据"投资收益"科目的发生额分析填列。如为投资损失,本项目以"－"号填列。

10)"净敞口套期收益"项目

根据"净敞口套期损益"科目的发生额分析填列。如为套期损失,本项目以"－"号填列。

11)"公允价值变动收益"项目

根据"公允价值变动损益"科目的发生额分析填列。如为净损失,本项目以"－"号填列。

12)"信用减值损失"项目

根据"信用减值损失"科目的发生额分析填列。

13)"资产减值损失"项目

根据"资产减值损失"科目的发生额分析填列。

14)"资产处置收益"项目

根据"资产处置损益"科目的发生额分析填列。如为处置损失,本项目以"－"号填列。

15) "营业利润"项目

根据"营业收入"科目减去"营业成本""税金及附加""销售费用""管理费用""研发费用""财务费用",加上"其他收益""投资收益"(或减去投资损失)"净敞口套期收益"(或减去净敞口套期损失)"公允价值变动收益"(或减去公允价值变动损失),减去"资产减值损失""信用减值损失",加上"资产处置收益"(或减去资产处置损失)科目后的余额填列。如为亏损,本项目以"一"号填列。

【例 2 - 11】万邦公司 2022 年度发生的"营业收入"为 7 000 万元,"营业成本"为 2 925 万元,"税金及附加"为 30 万元,"销售费用"为 100 万元,"管理费用"为 150 万元,"财务费用"为 35 万元,"投资收益"为 25 万元,"营业外收入"为 500 万元,"营业外支出"为 35 万元,则万邦公司 2022 年利润表中"营业利润"项目应列报的金额为:7 000－2 925－30－100－150－35＋25＝3 785(万元)

任务训练

嘉鑫公司 2022 年度各损益类项目发生额如下:"主营业务收入"账户贷方发生额5 000 000 元,借方发生额 480 000 元;"其他业务收入"账户贷方发生额 3 500 000 元,借方发生额 10 000 元;"主营业务成本"账户借方发生额 2 800 000 元,"其他业务成本"账户借方发生额 2 600 000 元,"税金及附加"账户借方发生额 10 000 元,"销售费用"账户借方发生额150 000 元,"管理费用"借方发生额 210 000 元,"财务费用"账户借方发生额 20 000 元,"投资收益"贷方发生额 250 000 元,"营业外支出"账户借方发生额 210 000 元。请计算嘉鑫公司2022 年度利润表中"营业利润"项目应列报的金额。

16) "营业外收入"项目

根据"营业外收入"科目的发生额分析填列。

17) "营业外支出"项目

根据"营业外支出"科目的发生额分析填列。

18) "利润总额"项目

根据"营业利润"科目加上"营业外收入"科目减去"营业外支出"科目后的余额填列。如为亏损,本项目以"一"号填列。

19) "所得税费用"项目

根据"所得税费用"科目的发生额分析填列。

20) "净利润"项目

根据"利润总额"科目减去"所得税费用"科目后的余额填列。如为亏损,本项目以"一"号填列。

思考探究

营业利润、利润总额、净利润这三者有何区别? 你进行财务分析时会更关注哪种利润?原因是什么?

【例 2 - 12】万邦公司 2022 年有关损益类账户的累计发生额资料如表 2 - 8 所示,请依据账户发生额编制利润表,并填入表 2 - 9 中。

表 2-8　损益类账户发生额

单位:元

账户名称	借方发生额	贷方发生额
主营业务收入		4 577 000
主营业务成本	2 001 000	
其他业务收入		1 150 000
其他业务成本	805 000	
税金及附加	1 817 000	
销售费用	161 000	
管理费用	207 000	
财务费用	391 000	
投资收益		1 955 000
营业外收入		230 000
营业外支出	92 000	
所得税费用	394 680	

表 2-9　利润表(简表)

编制单位:　　　　　　　　　　　年　　月　　　　　　　　单位:元

项　　目	本期金额	上期金额
一、营业收入		略
减:营业成本		
税金及附加		
销售费用		
管理费用		
研发费用		
财务费用		
加:投资收益(损失以"一"号填列)		
净敞口套期收益(损失以"一"号填列)		
公允价值变动收益(损失以"一"号填列)		
信用减值损失(损失以"一"号填列)		
资产减值损失(损失以"一"号填列)		
资产处置收益(损失以"一"号填列)		
二、营业利润(亏损以"一"号填列)		

(续表)

项　目	本期金额	上期金额
加:营业外收入		
减:营业外支出		
三、利润总额(亏损总额以"－"号填列)		
减:所得税费用		
四、净利润(净亏损以"－"号填列)		

企业负责人:　　　　　　　财务负责人:　　　　　　　制表人:

编制结果如表 2－10 所示。

表 2－10　利润表(简表)

编制单位:万邦公司　　　　　　　20×2 年 12 月　　　　　　　单位:元

项　目	本期金额	上期金额
一、营业收入	5 727 000	略
减:营业成本	2 806 000	
税金及附加	1 817 000	
销售费用	161 000	
管理费用	207 000	
研发费用		
财务费用	391 000	
加:投资收益(损失以"－"号填列)	1 955 000	
净敞口套期收益(损失以"－"号填列)		
公允价值变动收益(损失以"－"号填列)		
信用减值损失(损失以"－"号填列)		
资产减值损失(损失以"－"号填列)		
资产处置收益(损失以"－"号填列)		
二、营业利润(亏损以"－"号填列)	2 300 000	
加:营业外收入	230 000	
减:营业外支出	92 000	
三、利润总额(亏损总额以"－"号填列)	2 438 000	
减:所得税费用	394 680	
四、净利润(净亏损以"－"号填列)	2 043 320	

企业负责人:×××　　　　　　　财务负责人:×××　　　　　　　制表人:×××

现金及现金等
价物的概念

任务 2.4 ▸ 现金流量表的编制

2.4.1　现金流量表的概念

现金流量表,是指反映企业在一定会计期间现金和现金等价物流入和流出的报表。它是以资产负债表和利润表等会计核算资料为依据,按照收付实现制会计基础要求对现金流量的结构性表述,揭示了企业在一定会计期间获取现金及现金等价物的能力。

现金,是指企业库存现金以及可以随时用于支付的存款。不能随时用于支付的存款不属于现金。现金等价物是指企业持有的期限短、流动性强、易于转换为已知金额的现金、价值变动风险很小的投资。现金等价物通常包括三个月内到期的债券投资等。

2.4.2　现金流量表的结构

现金流量表的基本结构根据"现金流入量－现金流出量＝现金净流量"公式设计。现金流量包括现金流入量、现金流出量、现金净流量。根据企业业务活动的性质和现金流量的功能,现金流量主要可以分为三类,并在现金流量表中列示,即经营活动产生的现金流量,投资活动产生的现金流量和筹资活动产生的现金流量。现金流量表的结构如表 2 - 11 所示。

表 2 - 11　现金流量表

编制单位:　　　　　　　　　　　年　　月　　　　　　　　　　　　单位:元

项　　目	本期金额	上期金额
一、经营活动产生的现金流量		
销售商品、提供劳务收到的现金		
收到的税费返还		
收到其他与经营活动有关的现金		
经营活动现金流入小计		
购买商品、接受劳务支付的现金		
支付给职工以及为职工支付的现金		
支付的各项税费		
支付其他与经营活动有关的现金		
经营活动现金流出小计		
经营活动产生的现金流量净额		
二、投资活动产生的现金流量		
收回投资收到的现金		
取得投资收益收到的现金		

（续表）

项　目	本期金额	上期金额
处置固定资产、无形资产和其他长期资产收回的现金净额		
处置子公司及其他营业单位收到的现金净额		
收到其他与投资活动有关的现金		
投资活动现金流入小计		
购建固定资产、无形资产和其他长期资产支付的现金		
投资支付的现金		
取得子公司及其他营业单位支付的现金净额		
支付其他与投资活动有关的现金		
投资活动现金流出小计		
投资活动产生的现金流量净额		
三、筹资活动产生的现金流量		
吸收投资收到的现金		
取得借款收到的现金		
收到其他与筹资活动有关的现金		
筹资活动现金流入小计		
偿还债务支付的现金		
分配股利、利润或偿付利息支付的现金		
支付其他与筹资活动有关的现金		
筹资活动现金流出小计		
筹资活动产生的现金流量净额		
四、汇率变动对现金及现金等价物的影响		
五、现金及现金等价物净增加额		
加：期初现金及现金等价物余额		
六、期末现金及现金等价物余额		

企业负责人：　　　　　　　　财务负责人：　　　　　　　　制表人：

　　经营活动产生的现金流量是指与销售商品、提供劳务有关的活动产生的现金流量，包括企业投资活动和筹资活动以外的所有交易和事项产生的现金流量。如销售商品收到现金、购买商品支付现金、经营性租赁、制造产品、广告宣传、缴纳税款等。

　　投资活动产生的现金流量是指与非流动资产的取得或处置有关的活动产生的现金流量，包括企业长期资产的购建，但不包括在现金等价物范围内的投资及其处置活动产生的现金流量,如购买股票或债券支付现金、销售长期投资收回现金、购建或处置固定资产、无形资产等。

筹资活动产生的现金流量是指导致企业资本及债务规模和构成发生变动的活动产生的现金流量。如向银行借入款项收到现金、归还银行借款支付现金、吸收投资、发行股票、分配利润等。

2.4.3 现金流量表的编制

现金流量表的编制可以依据本期影响现金流量的经济业务确定,或者根据本期全部经济业务,通过对利润表和资产负债表全部项目进行调整。

1. "经营活动产生的现金流量"填写说明

1) 销售商品、提供劳务收到的现金

反映企业销售商品、提供劳务实际收到的现金(含销售收入和应向购买者收取的增值税税额)。主要包括:本期销售商品、提供劳务本期收到的现金,前期销售商品、提供劳务本期收到的现金,本期预收的商品款和劳务款等,本期发生销货退回而支付的现金应扣除。

(1) 以本期实际发生的业务为出发点计算填列——依据:会计凭证、会计账户。

销售商品、提供劳务收到的现金=当期销售商品收取现金+当期收现的应收账款、应收票据、预收账款-当期销货退回而支付的现金+当期收回前期核销的坏账损失。

【例2-13】昌运公司1月销售业务如下:

① 销售产品价款为100000元,增值税销项税额为13000元,货款及增值税已收到并存入银行;

② 销售产品价款为500000元,销项税额为65000元,货款及增值税均未收到;

③ 收回上年的应收账款7000元存入银行;

④ 收到商品的预收款50000元存入银行;

⑤ 将未到期的应收票据向银行贴现,面值为292500元,贴现利息22500元,实际收到贴现收入270000元存入银行账户;

⑥ 销售商品退回,企业以银行存款退回商品款120000元。

销售商品、提供劳务收到的现金=①(100000+13000)+③7000+④50000+⑤270000-⑥120000=320000(元)。

(2) 以本期资产负债表和利润表为出发点调整填列(分析填列)——依据:资产负债表、利润表、会计账簿。

涉及利润表中的"营业收入"项目,资产负债表中的"应交税费(销项税额部分)""应收账款""应收票据"和"预收账款"等项目,通过对上述项目进行分析,能够计算确定销售商品、提供劳务收到的现金。

销售商品、提供劳务收到的现金=利润表中"营业收入"金额+应交增值税(销项税额)全部发生额+应收账款(期初余额-期末余额)+应收票据(期初余额-期末余额)+预收账款(期末余额-期初余额)±其他纳税调整项目。

【例2-14】昌运公司3月有关资料如下:

① 应收账款项目:年初数90万元,年末数110万元;

② 应收票据项目:年初数80万元,年末数50万元;

③ 预收款项项目:年初数 93 万元,年末数 125 万元;

④ 营业收入 10 000 万元;

⑤ 应交税费——应交增值税(销项税额)1 300 万元;

⑥ 其他资料:收到客户用 13.56 万元商品(货款 12 万元,增值税 1.56 万元)抵偿前期欠账款 15 万元。

要求:根据上述资料计算"销售商品、提供劳务收到的现金"项目金额。

销售商品、提供劳务收到的现金=(10 000+1 300)+(90-110)+(80-50)+(125-93)-15=11 327(万元)。

任务训练

昌运公司 5 月报表有关信息如下:

(1) 利润表中"营业收入"项目金额为 1 875 000 元;

(2) 资产负债表中有关项目数据如表 2-12 所示。

表 2-12 资产负债表(部分)

单位:元

项　　目	期末金额	年初金额
应收票据	99 000	369 000
应收账款	897 300	448 650
预收款项	0	0

(3) 其他资料:增值税销项税额 318 750 元。

请计算:销售商品、提供劳务收到的现金。

2) 收到其他与经营活动有关的现金

反映与经营活动有关的其他现金流入。如:罚款收入、流动资产损失中由个人赔偿的现金收入、收到的经营租赁的租金、收到的押金、收到退还的其他应收款等。本项目可根据"库存现金""银行存款""营业外收入"等科目的记录分析填列。

3) 购买商品、接受劳务支付的现金

反映企业购买商品、接受劳务支付的现金(包括支付的增值税进项税额)。主要包括:本期购买商品、接受劳务本期支付的现金,本期支付前期购买商品、接受劳务的未付款项和本期预付款项。本期发生购货退回而收到的现金应从购买商品、接受劳务支付的款项中扣除。

(1) 以本期的经济业务为出发点计算填列——依据:会计凭证、会计账簿。

购买商品、接受劳务支付的现金=当期购买商品、接受劳务等支付的现金+当期支付应付账款、应付票据、预付账款-当期因购货退出而收到的现金。

【例 2-15】昌运公司 7 月发生如下业务:

① 购买材料价款为 30 000 元,进项税额为 3 900 元,以银行存款支付;

② 购买材料价款为 40 000 元,进项税额为 5 200 元,货款与增值税尚未支付;

③ 用银行汇票支付材料价款及增值税,收到银行转来银行汇票多余款收账通知,退回余款 34 000 元,材料价款 100 000 元,其相应的增值税为 13 000 元;

④ 以银行存款预付购材料货款 37 000 元；

⑤ 以银行存款支付到期的应付票据，到期值为 98 500 元；

⑥ 购买的工程物资 750 600 元（含增值税），款项已用银行存款支付。

购买商品、接受劳务支付的现金＝①（30 000＋3 900）＋③（100 000＋13 000）＋④37 000＋⑤98 500＝282 400（元）。

（2）以本期资产负债表和利润表为出发点调整填列（分析填列）——依据：资产负债表、利润表、会计账簿。

涉及利润表中的"营业成本"项目，资产负债表中的"应交税费（进项税额部分）""应付账款""应付票据""预付账款"和"存货"等项目，通过对上述项目进行分析，能够计算确定购买商品、接受劳务支付的现金。

购买商品、接受劳务支付的现金＝利润表中"营业成本"的金额＋应交增值税（进项税额）的发生额＋应付账款（期初余额－期末余额）＋应付票据（期初余额－期末余额）＋存货（期末余额－期初余额）＋预付账款（期末余额－期初余额）－列入生产成本、制造费用的折旧、工资及福利费等。

【例 2‐16】昌运公司 2022 年有关资料如下：

① 应付账款项目：年初数 180 万元，年末数 216 万元；

② 应付票据项目：年初数 72 万元，年末数 36 万元；

③ 预付款项项目：年初数 144 万元，年末数 162 万元；

④ 存货项目：年初数 180 万元，年末数 144 万元；

⑤ 营业成本 7 200 万元；

⑥ 应交税费——应交增值税（进项税额）1 080 万元；

⑦ 其他资料：用固定资产偿还应付账款 18 万元，生产成本中直接工资项目含有本期发生的生产工人工资费用 180 万元，工程项目领用本企业产品 18 万元。

要求：根据上述资料计算"购买商品、接受劳务支付的现金"项目金额。

购买商品、接受劳务支付的现金＝（7 200＋1 080）＋（180－216）＋（72－36）＋（162－144）＋（144－180）－（18＋180）＋18＝8 082（万元）。

任务训练

昌运公司某年报表有关信息如下：

（1）利润表中"营业成本"项目金额为 2 250 000 元。

（2）资产负债表有关项目金额如表 2‐13 所示。

表 2‐13　资产负债表（部分）　　　　　　　　　　　　　　　　　单位：元

项　　目	期末余额	年初余额
存货	7 454 100	7 740 000
应付票据	300 000	600 000
应付账款	2 861 400	2 861 400
预付款项	300 000	300 000

（3）其他资料：本期增值税进项税额 127 398 元；存货中生产成本、制造费用的组成：职工薪酬 974 700 元，折旧费 240 000 元。

请计算：购买商品、接受劳务支付的现金。

4）支付的职工薪酬

反映现金及现金等物支付的职工薪酬、不包括退休人员工资（在"支付的其他与经营活动有关的现金"项目填列），在建工程人员、无形资产研发人员工资（在"购建固定资产、无形资产和其他长期资产支付的现金"项目填列）。

【例 2 - 17】 昌运公司发生如下业务：

① 公司本年实际支付工资、奖金共 1 720 000 元，其中，在建工程人员工资 720 000 元；

② 支付离退休人员工资 483 000 元；

③ 支付在岗职工困难补助 130 000 元；

④ 支付职工养老保险 570 000 元。

支付给职工以及为职工支付的现金＝①（1 720 000－720 000）＋③130 000＋④570 000＝1 700 000（元）

5）支付的各项税费

反映实际向税务部门等政府机关缴纳的税费。不包括计入固定资产价值的耕地占用税（在"购建固定资产、无形资产和其他长期资产支付的现金"项目填列），支付的增值税进项税额（在"购买商品、接受劳务支付的现金"项目填列），本期退回的税金（在"收到其他与经营活动有关的现金"项目填列）。

6）支付的其他与经营活动有关的现金

反映不包括在以上项目中的其他经营活动的现金支出。如经营租赁支付的租金、罚款支出、支付的差旅费、业务招待费、广告费等。

2. "投资活动产生的现金流量"填写说明

1）收回投资收到的现金

反映企业转让或到期收回除现金等价物以外的企业的其他权益工具、债务工具和合营中的权益等投资收到的现金。

> **小贴士**
>
> 转让权益工具（如股票）反映实际收到的所有现金（包括本金及收益）；转让、收回债务工具（如债券）只反映收回的本金（不包括收到的利息）。

【例 2 - 18】 昌运公司出售股票，该股票的投资成本为 35 000 元，出售收入为 30 000 元，已存入银行；企业出售一项长期股权投资，该投资本金为 450 000 元，转让收入为 480 000 元，已存入银行；企业出售某项债权投资，本金为 360 000 元，收回全部投资金额 420 000 元，其中 60 000 元是债券利息。

收回投资收到的现金＝30 000＋480 000＋360 000＝870 000（元）。

2）取得投资收益收到的现金

反映企业除现金等价物以外的企业的其他权益工具、债务工具和合营中的权益等投资分回的现金股利和利息收入。

> **小贴士**
>
> 持有的股权投资按持有期间分得的现金股利(不含出售时收到的收益)填列;持有的债权投资按出售、到期收回时收到的利息填列。

【例 2－19】昌运公司出售某项债权投资,本金为 360 000 元,收回全部投资金额 420 000元,其中 60 000 元是债券利息;企业在持有长期股权投资期间,实际分得的现金股利为90 000 元,已存入银行。

取得投资收益收到的现金＝60 000＋90 000＝150 000(元)

3) 处置固定资产、无形资产和其他长期资产收回的现金净额

反映处置所得现金减去处置时以现金支付的费用的余额。

【例 2－20】昌运公司出售一台不再使用的设备,收到价款 300 000 元,设备原价 450 000元,已提折旧 150 000 元。支付拆卸费用 2 000 元,运输费用 800 元。

处置固定资产、无形资产和其他长期资产收回的现金净额＝300 000－2 800＝297 200(元)。

4) 短期投资、长期债券投资、长期股权投资支付的现金

反映企业取得除现金等价物以外的企业的其他权益工具、债务工具和合营中的权益等投资所支付的现金。包括实际支付的买价、支付税金、手续费、佣金等交易费用。

【例 2－21】昌运公司发生如下业务:

(1) 购入短期股票投资 140 000 元,以银行存款支付;

(2) 购入并准备长期持有债券,票面金额为 200 000 元,票面利率为 8%,企业实际支付的金额为 240 000 元,以银行存款支付;

(3) 购入股票投资,实际支付的买价为 256 000 元,另支付手续费 4 000 元,均以银行存款支付。

投资所支付的现金＝140 000＋240 000＋(256 000＋4 000)＝640 000(元)。

5) 购建固定资产、无形资产和其他长期资产支付的现金

购买固定资产、无形资产和其他长期资产支付的价款、税费等支出,建造固定资产、自行研发资本化无形资产支付的材料费、人员工资等支出。不包括融资租赁固定资产的租金、支付的借款利息等资本化部分。

【例 2－22】昌运公司发生如下与固定资产有关的业务:

(1) 购入不需安装的设备,价款 100 000 元,增值税税额为 13 000 元,包装费及运费为2 000 元,价税及包装费、运费均以银行存款支付,设备已交付使用;

(2) 购入在建工程用材料一批,价款 90 000 元,增值税发票列明的增值税额为 11 700元,已用支票支付;

(3) 在建工程领用工程物资共 101 700 元;

(4) 支付在建工程人员工资 37 000 元;

(5) 计算工程应负担的长期借款利息 150 000 元,该项借款利息已用银行存款支付;

(6) 工程完工并交付使用,固定资产价值总额 288 700 元。

购建固定资产、无形资产和其他长期资产支付的现金＝(100 000＋13 000＋2 000)＋(90 000＋11 700)＋37 000＝253 700(元)

3. "筹资活动产生的现金流量"填写说明

1）取得借款收到的现金

反映企业举借各种短期、长期借款，发行债券所收到的现金。

2）吸收投资收到的现金

反映发行股票、吸收投资收到的现金净额。

3）偿还借款本金支付的现金

反映归还短期、长期借款本金，债券本金支付的现金。

4）偿还借款利息支付的现金

反映归还短期、长期借款利息，债券利息支付的现金。

5）分配利润支付的现金

反映企业当期实际支付的现金股利、分配给投资者的利润。

4. 现金流量表其他项目的填列

1）现金及现金等价物净增加额

根据经营活动产生的现金流量净额、投资活动产生的现金流量净额、筹资活动产生的现金流量净额合计数填列。若企业无现金等价物，则该项目等于资产负债表"货币资金"（期末数－期初数）。

2）期初现金及现金等价物余额

若企业无现金等价物，则该项目等于资产负债表"货币资金"期初余额。

3）期末现金及现金等价物余额

以上两项求和；若企业无现金等价物，则该项目等于资产负债表"货币资金"期末余额。

20×2年公司实现净利润15 000元；应收账款减少2 000元，存货增加4 000元，应付账款减少7 000元。净利润中包括折旧费用8 000元。处置电脑一批，取得收入8 000元；以14 000元购买了一辆新的维修卡车。该公司以两年期票据向银行借款18 000元。以现金支付6 000元的股息。以发行优先股支付7 000元的长期应付票据。期初现金余额为10 000元，期末余额为30 000元。在表2-14中编制万邦公司截至20×2年12月的年度现金流量表。

表2-14 现金流量表

编制单位：　　　　　　　　　　年　　月　　　　　　　　　　单位：元

项　　目	本期金额	上期金额
一、经营活动产生的现金流量		
销售商品、提供劳务收到的现金		
收到的税费返还		
收到其他与经营活动有关的现金		
经营活动现金流入小计		
购买商品、接受劳务支付的现金		
支付给职工以及为职工支付的现金		
支付的各项税费		

（续表）

项　　目	本期金额	上期金额
支付其他与经营活动有关的现金		
经营活动现金流出小计		
经营活动产生的现金流量净额		
二、投资活动产生的现金流量		
收回投资收到的现金		
取得投资收益收到的现金		
处置固定资产、无形资产和其他长期资产收回的现金净额		
处置子公司及其他营业单位收到的现金净额		
收到其他与投资活动有关的现金		
投资活动现金流入小计		
购建固定资产、无形资产和其他长期资产支付的现金		
投资支付的现金		
取得子公司及其他营业单位支付的现金净额		
支付其他与投资活动有关的现金		
投资活动现金流出小计		
投资活动产生的现金流量净额		
三、筹资活动产生的现金流量		
吸收投资收到的现金		
取得借款收到的现金		
收到其他与筹资活动有关的现金		
筹资活动现金流入小计		
偿还债务支付的现金		
分配股利、利润或偿付利息支付的现金		
支付其他与筹资活动有关的现金		
筹资活动现金流出小计		
筹资活动产生的现金流量净额		
四、汇率变动对现金及现金等价物的影响		
五、现金及现金等价物净增加额		
加：期初现金及现金等价物余额		
六、期末现金及现金等价物余额		

企业负责人：　　　　　　　财务负责人：　　　　　　　制表人：

编制结果如表 2-15 所示。

表 2-15 现金流量表

编制单位:万邦公司   202×年12月   单位:元

项 目	本期金额	上期金额
一、经营活动产生的现金流量		
销售商品、提供劳务收到的现金	25 000.00	
收到的税费返还		
收到其他与经营活动有关的现金		
经营活动现金流入小计	25 000.00	
购买商品、接受劳务支付的现金	11 000.00	
支付给职工以及为职工支付的现金		
支付的各项税费		
支付其他与经营活动有关的现金		
经营活动现金流出小计	11 000.00	
经营活动产生的现金流量净额	14 000.00	
二、投资活动产生的现金流量		
收回投资收到的现金		
取得投资收益收到的现金		
处置固定资产、无形资产和其他长期资产收回的现金净额	8 000.00	
处置子公司及其他营业单位收到的现金净额		
收到其他与投资活动有关的现金		
投资活动现金流入小计	8 000.00	
购建固定资产、无形资产和其他长期资产支付的现金	14 000.00	
投资支付的现金		
取得子公司及其他营业单位支付的现金净额		
支付其他与投资活动有关的现金		
投资活动现金流出小计	14 000.00	
投资活动产生的现金流量净额	−6 000.00	
三、筹资活动产生的现金流量		
吸收投资收到的现金		
取得借款收到的现金	18 000.00	

（续表）

项　　目	本期金额	上期金额
收到其他与筹资活动有关的现金		
筹资活动现金流入小计	18 000.00	
偿还债务支付的现金		
分配股利、利润或偿付利息支付的现金	6 000.00	
支付其他与筹资活动有关的现金		
筹资活动现金流出小计	6 000.00	
筹资活动产生的现金流量净额	12 000.00	
四、汇率变动对现金及现金等价物的影响		
五、现金及现金等价物净增加额	20 000.00	
加：期初现金及现金等价物余额	10 000.00	
六、期末现金及现金等价物余额	30 000.00	

企业负责人：×××　　　　　　　财务负责人：×××　　　　　　　制表人：×××

任务 2.5 ▶ 所有者权益变动表的编制

2.5.1　所有者权益变动表概述

1. 所有者权益变动表的概念

所有者权益变动表，是指反映构成所有者权益各组成部分当期增减变动情况的报表。它是对资产负债表的补充及对所有者权益增减变动情况的进一步说明。

2. 所有者权益变动表的内容

在所有者权益变动表上，企业至少应当单独列示反映下列项目的信息：

（1）净利润。

（2）直接计入所有者权益的利得和损失。

（3）会计政策变更和差错更正的累积影响金额。

（4）所有者投入资本和向所有者分配利润等。

（5）提取的盈余公积。

（6）实收资本、其他权益工具、资本公积、其他综合收益、专项储备、盈余公积、未分配利润的期初和期末余额及其调节情况。

3. 所有者权益变动表的结构

所有者权益变动表结构为纵横交叉的矩阵式结构，具体格式如表 2-16 所示。纵向结构按所有者权益增减变动时间及内容分为"上年年末余额""本年年初余额""本年增减变动金额"和"本年年末余额"四栏。横向采用比较式结构,分为"本年金额"和"上年金额"两栏,每栏的具体结构按照所有者权益构成内容逐项列示,即实收资本(或股本)＋其他权益工具＋资本公积－库存股＋其他综合收益＋未分配利润＝所有者权益合计。

2.5.2 所有者权益变动表的填列方法

所有者权益变动表的填列方法是根据上年度所有者权益变动表和本年已编制的资产负债表、利润表及相关会计政策、前期差错更正和会计科目记录等资料的基础上分析计算后填列。各项目具体填列方法如下。

1. 上年金额栏的填列方法

所有者权益变动表"上年金额"栏内各项数据,应根据上年度所有者权益变动表"本年金额"栏内所列数据填列。

上年度所有者权益变动表规定的各个项目的名称和内容同本年度不一致的,应对上年度所有者权益变动表各项目的名称和数据按照本年度的相关规定进行调整,填入所有者权益变动表的"上年金额"栏内。

2. 本年金额栏的填列方法

所有者权益变动表"本年金额"栏内各项目金额一般应根据资产负债表所有者权益项目金额或"实收资本(或股本)""其他权益工具""资本公积""库存股""其他综合收益""专项储备""盈余公积""利润分配""以前年度损益调整"等科目及其明细科目的发生额分析填列(见表2-16)。

项目小结

财务报告,是指企业对外提供的反映企业某一特定日期的财务状况和某一会计期间的经营成果、现金流量等会计信息的文件,包括财务报表和其他应当在财务报告中披露的相关信息和资料。

资产负债表,是反映企业在某一特定日期的财务状况的报表,是对企业特定日期的资产、负债和所有者权益的结构性表述,它的编制依据为"资产＝负债＋所有者权益"这一平衡公式。我国企业采用账户式资产负债表。根据总账科目余额、明细账科目余额计算、总账科目和明细科目余额分析计算、科目余额减去其备抵科目余额后的净额、综合分析等五种方式填列。

利润表,又称损益表、收益表,是反映企业一定期间经营成果的会计报表,它的编制依据为"收入－费用＝利润"这一平衡公式。我国采用多步式利润表,分步计算营业利润、利润总额、净利润。

现金流量表,是指反映企业在一定会计期间现金和现金等价物流入和流出的报表,它的基本结构是根据"现金流入量－现金流出量＝现金净流量"这一公式设计的。现金流量可以分为经营活动产生的现金流量、投资活动产生的现金流量和筹资活动产生的现金流量。

所有者权益变动表,是指反映构成所有者权益各组成部分当期增减变动情况的报表,它的结构为纵横交叉的矩阵式结构。

编制单位：

表 2 - 16　所有者权益变动表

年

单位：元

项目	本年金额										上年金额									
	实收资本	其他权益工具			资本公积	减:库存股	其他综合收益	专项储备	盈余公积	未分配利润	所有者权益合计	实收资本	其他权益工具			资本公积	减:库存股	其他综合收益	专项储备	盈余公积	未分配利润	所有者权益合计
		优先股	永续债	其他									优先股	永续债	其他							
一、上年年末余额																						
加:会计政策变更																						
前期差错更正																						
其他																						
二、本年年初余额																						
三、本年增减变动金额（减少以"—"号填列)																						
（一）综合收益总额																						
（二）所有者投入和减少的资本																						
1. 所有者投入的普通股																						
2. 其他权益工具持有者投入的资本																						
3. 股份支付计入所有者权益的金额																						

（续表）

项目	本年金额											上年金额										
	实收资本	其他权益工具			资本公积	减：库存股	其他综合收益	专项储备	盈余公积	未分配利润	所有者权益合计	实收资本	其他权益工具			资本公积	减：库存股	其他综合收益	专项储备	盈余公积	未分配利润	所有者权益合计
		优先股	永续债	其他									优先股	永续债	其他							
4. 其他																						
（三）利润分配																						
1. 提取盈余公积																						
2. 对所有者（或股东）的分配																						
3. 其他																						
（四）所有者权益内部结转																						
1. 资本公积转增资本																						
2. 盈余公积转增资本																						
3. 盈余公积弥补亏损																						
4. 设定受益计划变动额结转留存收益																						

（续表）

项目	本年金额											上年金额										
	实收资本	其他权益工具			资本公积	减：库存股	其他综合收益	专项储备	盈余公积	未分配利润	所有者权益合计	实收资本	其他权益工具			资本公积	减：库存股	其他综合收益	专项储备	盈余公积	未分配利润	所有者权益合计
		优先股	永续债	其他									优先股	永续债	其他							
5. 其他综合收益结转留存收益																						
6. 其他																						
（五）专项储备																						
1. 本年提取																						
2. 本年使用																						
（六）其他																						
四、本年年末余额																						

企业负责人：　　　　　财务负责人：　　　　　制表人：

习题 2

一、单选题

1. 下列各项中,不属于资产负债表列示项目的是(　　)。

(A) 实收资本　　　　　　　　　　　(B) 其他应收款

(C) 投资收益　　　　　　　　　　　(D) 长期借款

2. 某企业 2020 年 6 月 1 日借入 3 年期的长期借款 500 万元,不考虑其他因素,2022 年 12 月 31 日编制资产负债表时,该笔借款数据应填列于报表(　　)项目中。

(A) 长期借款　　　　　　　　　　　(B) 一年内到期的非流动负债

(C) 短期借款　　　　　　　　　　　(D) 其他非流动负债

3. 下列各项中,属于利润表项目的是(　　)。

(A) 本年利润　　　　　　　　　　　(B) 利润分配

(C) 未分配利润　　　　　　　　　　(D) 营业利润

4. 我国企业编制资产负债表时采用的列示方式是(　　)。

(A) 账户式　　　(B) 报告式　　　(C) 单步式　　　(D) 多步式

5. 下列各项中,不属于现金及现金等价物的是(　　)。

(A) 银行活期存款　　　　　　　　　(B) 三个月内到期的国债

(C) 两个月内出售的股票　　　　　　(D) 库存现金

二、多选题

1. 下列各项中,在所有者权益变动表中列示的项目有(　　)。

(A) 实收资本　　　　　　　　　　　(B) 资本公积

(C) 盈余公积　　　　　　　　　　　(D) 未分配利润

2. 下列关于利润表的表述中,正确的有(　　)。

(A) 利润表反映企业一定会计期间的经营成果

(B) 利润表反映企业某一特定时点的财务状况

(C) 利润表是静态报表

(D) 利润表是动态报表

3. 以下属于资产负债表中流动资产项目的有(　　)。

(A) 预收款项　　　　　　　　　　　(B) 预付款项

(C) 存货　　　　　　　　　　　　　(D) 交易性金融资产

4. 下列各项业务,影响筹资活动现金流量的有(　　)。

(A) 归还借款　　　(B) 购买设备　　　(C) 分配利润　　　(D) 销售原材料

5. 以下项目的变动会影响利润表营业利润的有(　　)。

(A) 营业收入　　　(B) 营业成本　　　(C) 营业外收入　　　(D) 营业外支出

三、实训题

1. A 公司 2022 年 12 月 31 日总分类账户余额如表 2 - 17 所示,请根据总分类账户在表 2 - 18 中编制 A 公司的资产负债表。

表 2-17 总分类账户余额表

单位：元

账户名称	借	贷	账户名称	借	贷
库存现金	11 500		短期借款		690 000
银行存款	1 330 228		应付票据		115 000
应收账款	11 500		应付账款		138 000
应收票据	73 600		应付职工薪酬		288 880
坏账准备		920	应交税费		201 020
预付账款	23 000		长期借款		1 150 000
在途物资	46 000		实收资本		2 461 000
原材料	546 572		资本公积		276 000
生产成本	54 280		盈余公积		131 100
库存商品	289 340		本年利润	184 000	
长期待摊费用	96 600		利润分配		993 600
固定资产	5 060 000				
累计折旧		1 513 400			
固定资产减值准备		115 000			
无形资产	276 000				
累计折旧		23 000			

表 2-18 资产负债表（简表）

编制单位：　　　　　　　　　　年　　月　　日　　　　　　　　　　单位：元

资　　　产	期末余额	上年年末余额	负债和所有者权益（或股东权益）	期末余额	上年年末余额
流动资产：			流动负债：		
货币资金			短期借款		
交易性金融资产			应付票据		
应收票据			应付账款		
应收账款			预收款项		
预付款项			合同负债		
其他应收款			应付职工薪酬		
存货			应交税费		
合同资产			其他应付款		
一年内到期的非流动资产			一年内到期的非流动负债		

(续表)

资　产	期末余额	上年年末余额	负债和所有者权益（或股东权益）	期末余额	上年年末余额
其他流动资产			其他流动负债		
流动资产合计			流动负债合计		
非流动资产：			非流动负债：		
固定资产			长期借款		
在建工程			递延所得税负债		
无形资产			其他非流动负债		
开发支出			非流动负债合计		
长期待摊费用			负债合计		
递延所得税资产					
其他非流动资产			所有者权益（或股东权益）：		
非流动资产合计			实收资本（或股本）		
			资本公积		
			其他综合收益		
			专项储备		
			盈余公积		
			未分配利润		
			所有者权益（或股东权益）合计		
资产总计			负债和所有者权益（或股东权益）总计		

企业负责人：　　　　　　　财务负责人：　　　　　　　制表人：

2. B公司 2022 年 12 月 31 日总分类账户余额如表 2-19 所示，请根据总分类账户在表 2-20 中编制 B 公司的资产负债表。

表 2-19　总分类账户余额表

单位：元

账户名称	借	贷	账户名称	借	贷
库存现金	7 475		短期借款		1 564 000
银行存款	840 121		应付票据		52 900
应收账款	149 960		应付账款		100 280
应收票据	69 000		应付职工薪酬		282 440

（续表）

账户名称	借	贷	账户名称	借	贷
坏账准备		7 360	应交税费		15 870
预付账款	12 880		长期借款		1 150 000
在途物资	46 000		实收资本		2 254 000
原材料	128 800		资本公积		230 000
生产成本	5 267		盈余公积		28 750
库存商品	290 950		本年利润		276 000
长期待摊费用	54 947		利润分配	69 000	
固定资产	5 188 800				
累计折旧		1 495 000			
固定资产减值准备		115 000			
无形资产	736 000				
累计折旧		27 600			

说明：应收账款——C公司　225 400（借方）；应收账款——D公司　75 440（贷方）；应付账款——E公司　131 100（贷方）；应付账款——F公司　30 820（借方）；预付账款——G公司　16 100（借方）；预付账款——H公司　3 220（贷方）。

表 2 - 20　资产负债表（简表）

编制单位：　　　　　　　　　　　年　　月　　日　　　　　　　　　　　单位：元

资　　产	期末余额	上年年末余额	负债和所有者权益（或股东权益）	期末余额	上年年末余额
流动资产：			流动负债：		
货币资金			短期借款		
交易性金融资产			应付票据		
应收票据			应付账款		
应收账款			预收款项		
预付款项			合同负债		
其他应收款			应付职工薪酬		
存货			应交税费		
合同资产			其他应付款		
一年内到期的非流动资产			一年内到期的非流动负债		
其他流动资产			其他流动负债		
流动资产合计			流动负债合计		
非流动资产：			非流动负债：		

（续表）

资　产	期末余额	上年年末余额	负债和所有者权益（或股东权益）	期末余额	上年年末余额
固定资产			长期借款		
在建工程			递延所得税负债		
无形资产			其他非流动负债		
开发支出			非流动负债合计		
长期待摊费用			负债合计		
递延所得税资产					
其他非流动资产			所有者权益（或股东权益）：		
非流动资产合计			实收资本（或股本）		
			资本公积		
			其他综合收益		
			专项储备		
			盈余公积		
			未分配利润		
			所有者权益（或股东权益）合计		
资产总计			负债和所有者权益（或股东权益）总计		

企业负责人：　　　　　　　财务负责人：　　　　　　　制表人：

3. C 公司 2022 年有关损益类账户的累计发生额资料如表 2-21 所示，请依据账户发生额在表 2-22 中编制 C 公司的利润表。

表 2-21　损益类账户发生额

单位:元

账户名称	借方发生额	贷方发生额
主营业务收入		7 761 000
主营业务成本	3 393 000	
其他业务收入		1 950 000
其他业务成本	1 365 000	
税金及附加	3 081 000	
销售费用	273 000	
管理费用	351 000	

（续表）

账户名称	借方发生额	贷方发生额
财务费用	663 000	
投资收益		3 315 000
营业外收入		390 000
营业外支出	156 000	
所得税费用	669 240	

表 2-22 利润表（简表）

编制单位：   年   单位：元

项　　目	本期金额	上期金额
一、营业收入		略
减：营业成本		
税金及附加		
销售费用		
管理费用		
研发费用		
财务费用		
加：投资收益（损失以"－"号填列）		
净敞口套期收益（损失以"－"号填列）		
公允价值变动收益（损失以"－"号填列）		
信用减值损失（损失以"－"号填列）		
资产减值损失（损失以"－"号填列）		
资产处置收益（损失以"－"号填列）		
二、营业利润（亏损以"－"号填列）		
加：营业外收入		
减：营业外支出		
三、利润总额（亏损总额以"－"号填列）		
减：所得税费用		
四、净利润（净亏损以"－"号填列）		

企业负责人：　　　　　　财务负责人：　　　　　　制表人：

4. D公司 2022 年 5 月有关损益类账户的累计发生额资料如表 2-23 所示，请依据账户发生额在表 2-24 中编制 D公司的利润表。

表 2 - 23　损益类账户发生额

账户名称	借方发生额	贷方发生额
主营业务收入	54 000	2 332 800
主营业务成本	1 166 400	27 000
其他业务收入		108 000
其他业务成本	64 800	
税金及附加	70 200	
销售费用	162 000	
管理费用	86 400	16 200
财务费用	10 800	
投资收益	27 000	162 000
营业外收入		156 600
营业外支出	118 800	

表 2 - 24　利润表(简表)

编制单位:　　　　　　　　　　年　　月　　　　　　　　　　　　单位:元

项　　目	本期金额	上期金额
一、营业收入		略
减:营业成本		
税金及附加		
销售费用		
管理费用		
研发费用		
财务费用		
加:投资收益(损失以"一"号填列)		
净敞口套期收益(损失以"一"号填列)		
公允价值变动收益(损失以"一"号填列)		
信用减值损失(损失以"一"号填列)		
资产减值损失(损失以"一"号填列)		
资产处置收益(损失以"一"号填列)		
二、营业利润(亏损以"一"号填列)		
加:营业外收入		

(续表)

项　　目	本期金额	上期金额
减:营业外支出		
三、利润总额(亏损总额以"－"号填列)		
减:所得税费用		
四、净利润(净亏损以"－"号填列)		

企业负责人:　　　　　　　财务负责人:　　　　　　　制表人:

项目 3　财务报表分析方法

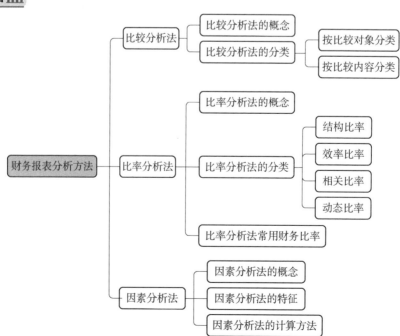

情景导入

贵州茅台(600519)长期位居沪深两市第一高价股行列,绩优蓝筹的市场形象早已深入人心。贵州茅台的财务报表,有国内大所立信会计师事务所标准无保留意见的审计背书,很有特点和个性,不乏出人意料的财务数据。比如:货币资金为资产的最主要形式,没有短期借款,也没有长期借款,未分配利润占权益总额的一半以上,毛利率在90%以上,税金及附加远超过营业成本,财务费用为负数,筹资活动现金净流量为负数,股本和资本公积等所有者权益零变动,盈余公积和未分配利润远远超过股本和资本公积的金额。

贵州茅台与我们对财务报表的正常期待有较大出入,难免会让人有"我可能读了假报表"的疑问。那么应该用什么方法来对贵州茅台进行财务分析,以判断其报表的真实性呢?

(资料来源:此案例改编自 2023 年 3 月 31 日贵州茅台《2022 年年度报告》。https://www.moutaichina.com/maotaigf/tzzgx/cwbg/index.html)

思政小课堂

(1) 通过财务分析方法,揭示数字背后的"秘密",识别失实数据,提高对数据的敏感度,增加风险防范意识。

(2) 透过报表看经营,找准公司基准和榜样,对比财务数据,分析寻找管理薄弱点,改善经营,努力赶超先进。

任务 3.1 ▸ 比较分析法

比较分析法的
分类

3.1.1 比较分析法的概念

比较分析法是通过同类财务指标在不同时期或不同情况下的数量比较,来揭示指标间差异或趋势的一种方法。比较分析法是财务分析中最基本、最常用的方法。

3.1.2 比较分析法的分类

1. 按比较对象分类

根据比较对象的不同,比较分析法分为预算差异分析法、趋势分析法和横向比较法。

(1) 预算差异分析法,是指实际指标与预算(计划、标准或定额)指标相比较。这种分析主要揭示实际与预算(计划、标准或定额)之间的差异,了解该项指标的完成情况,为改进工作提供方向。

(2) 趋势分析法,是指实际指标与历史指标相比较。这种分析可以了解公司不同历史时期有关指标的变动情况,判断引起变化的主要原因,揭示公司经营活动的发展趋势和管理水平。

(3) 横向比较法,是指本公司指标与国内外同行业先进公司指标或同行业平均水平相比较。这种分析能够找出本公司与国内外先进公司、行业平均水平的差距,吸收先进企业的经验,找出自身不足的原因并克服缺点,推动本公司改善经营管理,努力赶超先进水平。

2. 按比较内容分类

根据比较内容的不同,比较分析法分为比较会计要素的总量法、比较结构百分比法和比较财务比率法。

1)比较会计要素的总量

比较会计要素的总量是指对报表项目的总金额(如净利润、总资产等)进行比较,该比较方法主要用于时间序列分析,例如比较同一公司利润的逐年变化趋势,揭示其增长潜力;或者用于同行业公司之间的比较,揭示公司的相对规模和竞争地位。创美公司 2022 年与 2021 年比较利润表如表 3-1 所示。

表 3-1 创美公司 2022 年与 2021 年比较利润表

单位:万元

项　　目	2021 年	2022 年	差异额	差异率/%
一、营业收入	38 000.00	41 000.00	3 000.00	7.89
减:营业成本	27 000.00	32 000.00	5 000.00	18.52
税金及附加	1 560.00	1 680.00	120.00	7.69
销售费用	312.00	360.00	48.00	15.38
管理费用	1 160.00	1 350.00	190.00	16.38
财务费用	50.00	50.00	0.00	—
资产减值损失	0.00	0.00	0.00	—
加:公允价值变动收益(损失以"—"号填列)	0.00	0.00	0.00	—
投资收益(损失以"—"号填列)	78.00	78.00	0.00	—
二、营业利润(亏损以"—"号填列)	7 996.00	5 638.00	−2 358.00	−29.49
加:营业外收入	105.00	105.00	0.00	—
减:营业外支出	14.00	15.00	1.00	7.14
三、利润总额(亏损以"—"号填列)	8 087.00	5 728.00	−2 359.00	−29.17
减:所得税费用	2 021.75	1 432.00	−589.75	−29.17
四、净利润(净亏损以"—"号填列)	6 065.25	4 296.00	−1 769.25	−29.17

创美公司 2022 年与 2021 年相比净利润减少了 176 925 万元,下降了 29.17%。通过利润表各项目比较分析发现,尽管 2022 年度营业收入增长了 7.89%,但营业成本增加的幅度更大,增加了 18.52%。另外,税金及附加、管理费用、销售费用及营业外支出均有不同程度增加,最终导致净利润较大幅度减少。

2)比较结构百分比

比较结构百分比是指把利润表和资产负债表转换成百分比报表。编制结构百分比利润表时,一般以营业收入为 100%,显示利润表各项目的比重;而编制结构百分比资产负债表时,分别以资产总计和负债与所有者(股东)权益总计为 100%,显示资产负债表各项目的比重。通过编制结构百分比报表,可以发现有显著问题的项目,揭示进一步分析的方向。创美公司 2022 年与 2021 年利润表结构百分比如表 3-2 所示。

表 3-2   创美公司利润表结构百分比

项　　目	2021 年	2022 年
一、营业收入	100.00	100.00
减:营业成本	71.05	78.05
税金及附加	4.11	4.10
销售费用	0.82	0.88
管理费用	3.05	3.29
财务费用	0.13	0.12
资产减值损失	0.00	0.00
加:公允价值变动收益(损失以"-"号填列)	0.00	0.00
投资收益(损失以"-"号填列)	0.21	0.19
二、营业利润(亏损以"-"号填列)	21.04	13.75
加:营业外收入	0.28	0.26
减:营业外支出	0.04	0.04
三、利润总额(亏损以"-"号填列)	21.28	13.97
减:所得税费用	5.32	3.49
四、净利润(净亏损以"-"号填列)	15.96	10.48

创美公司 2022 年净利润占营业收入的比重为 10.48%,较 2021 年的 15.96% 减少了 5.48%。变动的主要原因是 2022 年营业成本相比于 2021 年上升幅度较大,营业成本占营业收入的比重由 71.05% 上升至 78.05%。若将公司前几年的数据列入表中,即可分析公司利润表各项目的变动趋势。

3) 比较财务比率

财务比率反映各会计要素的内在联系。财务比率的比较是最重要的财务分析。它们是相对数,排除了规模的影响,在不同比较对象之间建立了可比性。

采用比较分析法时,应当注意以下问题:第一,用于对比的各个时期的指标,在计算口径上必须一致;第二,应剔除偶发性项目的影响,使作为分析的数据能反映正常的生产经营状况;第三,应运用例外原则,对某项有显著变动的指标作重点分析,研究其产生的原因,以便采取对策,趋利避害。

比率分析法的
分类

任务 3.2 ▸ 比率分析法

3.2.1 比率分析法的概念

比率分析法是通过计算各种比率指标来确定财务活动变动的程度,用相对数来揭示同一期财务报表中不同项目的关联关系,借以计量、考察、评价企业的偿债能力、盈利能力、营运能力等的一种分析方法。

3.2.2 比率分析法的分类

依据比率分析法的内容和要求的不同,可以分为结构比率、效率比率、相关比率、动态比率四种形式。

1. 结构比率

结构比率又称构成比率,用以计算某项财务指标的各构成部分分别占总体的百分比,反映部分(个体)与总体的关系,用以分析构成内容的变化,判断总体中各组成部分安排是否合理,协调各项财务活动。

$$结构比率 = \frac{个体数值}{总体数值}。$$

一般地,在公司财务分析中,资产负债表的"总体"是资产总额或负债与所有者(股东)权益总额,"个体"是表中的各构成项目;利润表的"总体"是营业收入。利用结构比率,可以考察总体中某部分所占比重是否合理,从而达到充分揭示公司财务状况和经营业绩的构成及发展变化情况的目的。

【例 3 - 1】表 3 - 3 为创美公司相关财务数据,请计算并在该表中填写公司的资产负债表结构变动表。

创美公司的资产负债表结构变动表如表 3 - 3 所示。

表 3 - 3　创美公司的资产负债表结构变动表　　　　　　　　　单位:万元

资　　产	期末余额	上年年末余额	期末结构/%	期初结构/%
流动资产:				
货币资金	20 994.00	8 679.00	17.38	10.57
交易性金融资产	973.00	0.00	0.81	0
应收账款	18 730.00	12 873.00	15.50	15.68
存货	15 778.00	13 052.00	13.06	15.90
其他流动资产	3 277.00	2 828.00	2.71	3.44
流动资产合计	59 752.00	37 432.00	49.46	45.60

（续表）

资 产	期末余额	上年年末余额	期末结构/%	期初结构/%
长期待摊费用	15 197.00	13 957.00	12.58	17.00
固定资产	42 939.00	20 033.00	35.54	24.40
在建工程	1 534.00	9 978.00	1.27	12.15
无形资产	1 384.00	690.00	1.15	0.84
合计	120 806.00	82 090.00	100.00	100.00

负债及股东权益	期末	上年年末余额	期末结构/%	期初结构/%
流动负债：				
短期借款	37 225.00	13 766.00	30.81	16.77
应付账款	5 238.00	2 578.00	4.34	3.14
应付职工薪酬	508.00	478.00	0.42	0.58
应交税费	461.00	51.00	0.38	0.06
其他应付款	7 654.00	2 878.00	6.34	3.51
流动负债合计	51 086.00	19 751.00	42.29	24.06
非流动负债合计	320.00	640.00	0.26	0.78
负债合计	51 406.00	20 391.00	42.55	24.84
所有者权益（或股东权益）：				
实收资本（或股本）	24 803.00	16 535.00	20.53	20.14
资本公积	17 484.00	25 752.00	14.47	31.37
盈余公积	7 888.00	6 017.00	6.53	7.33
未分配利润	19 225.00	13 395.00	15.91	16.32
所有者权益（或股东权益）合计	69 400.00	61 699.00	57.45	75.16
合计	120 806.00	82 090.00	100.00	100.00

2. 效率比率

效率比率，是某项财务活动中投入与产出，所费与所得的比率，用以考察经营成果，评价经济效益，从不同角度分析比较企业获利能力的高低。如利润率类指标。

3. 相关比率

相关比率，是典型的财务比率，就是将两个性质不同但又相互联系的财务指标的数额相除后得出的比率，用以反映有关经济活动的相互关系，并据此对公司财务状况和经营成果进行分析。如周转率类指标。

4. 动态比率

动态比率，指将不同时期或不同时日的同类财务指标进行动态分析，以揭示公司财务状况或经营成果的变动趋势。

动态比率最为常见的是定基动态比率、环比动态比率。定基动态比率＝分析期数值÷基期数值×100%；环比动态比率＝分析期数值÷前期数值×100%。表3-4为创美公司营业收入动态比率分析表。

表3-4 创美公司营业收入动态比率分析表

	2018年	2019年	2020年	2021年	2022年
营业收入/万元	33 500	34 700	36 000	38 300	41 800
逐年递增额/万元	—	1 200	1 300	2 300	3 500
累计增加额/万元	—	1 200	2 500	4 800	8 300
定基动态比率/%	—	103.58	107.46	114.33	124.78
环比动态比率/%	—	103.58	103.75	106.39	109.14

创美公司2019年至2022年各年营业收入与2018年的基期数据相比较，定基动态比率和环比动态比率均在逐年提高，其中2022年增长最快。

采用比率分析法时，应当注意以下问题：第一，对比项目的相关性（比率指标的分子与分母必须具有经济相关性）；第二，对比口径的一致性（分子与分母必须在计算时间、范围等方面保持口径一致），如净资产收益率；第三，衡量标准的科学性。

3.2.3 比率分析法常用的财务比率

比率分析法常用的财务比率如表3-5所示，具体计算详见后续章节，此处不再赘述。

表3-5 比率分析法常用的财务比率

财务比率		计 算 公 式
偿债能力	流动比率	流动比率＝(流动资产÷流动负债)×100%
	速动比率	速动比率＝(速动资产÷流动负债)×100%＝(流动资产－存货)÷流动负债×100%
	现金比率	现金比率＝(现金资产÷流动负债)×100%＝(货币资金＋交易性金融资产)÷流动负债×100%
	资产负债率	资产负债率＝(负债总额÷资产总额)×100%
	产权比率	产权比率＝(负债总额÷所有者权益总额)×100%
	权益乘数	权益乘数＝(资产总额÷所有者权益总额)×100%
	长期资本负债率	长期资本负债率＝[非流动负债÷(非流动负债＋股东权益)]×100%
	利息保障倍数	利息保障倍数＝(息税前利润÷利息支出)×100%
	债务保障倍数	债务保障倍数＝(营业利润÷负债总额)×100%
	……	

（续表）

财务比率		计 算 公 式
盈利能力	营业毛利率	营业毛利率＝(营业毛利÷营业收入)×100%
	营业利润率	营业利润率＝(营业利润÷营业收入)×100%
	营业净利率	营业净利率＝(净利润÷营业收入)×100%
	成本费用利润率	成本费用利润率＝(利润总额÷成本费用总额)×100%
	总资产报酬率	总资产报酬率＝(息税前利润÷总资产平均余额)×100%
	净资产收益率	净资产收益率＝(净利润÷平均净资产)×100%
	总资产净利率	净利率＝(净利润÷总资产平均余额)×100%
	每股收益	每股收益＝归属于普通股股东的净利润÷发行在外的普通股加权平均数
	每股股利	每股股利＝现金利÷发行在外的普通股股数
	市盈率	市盈率＝每股市价÷每股收益
	……	
营运能力	应收账款周转率	应收账款周转率＝营业收入÷应收账款平均余额
	存货周转率	存货周转率＝营业成本÷存货平均余额
	流动资产周转率	流动资产周转率＝营业收入÷流动资产平均余额
	固定资产周转率	固定资产周转率＝营业收入÷固定资产平均余额
	总资产周转率	总资产周转率＝营业收入÷总资产平均余额
	……	

思考探究

以上财务比率中,哪些是效率比率,哪些是相关比率?

任务3.3 ▸ 因素分析法

因素分析法的
计算步骤

3.3.1 因素分析法的概念

因素分析法是依据分析指标和影响因素的关系,从数量上确定各因素对指标的影响程度。采用这种方法的出发点是:当有若干因素对分析指标产生影响作用时,假定其他各因素都无变化,依次确定每一个因素单独变化所产生的影响。

3.3.2 因素分析法的特征

(1)因素分解的关联性。确定构成经济指标的因素,必须客观上存在因果关系,具有实际的经济意义,分析各影响因素的变动能反应分析指标产生差异的原因,否则就失去了存在价值。

(2)因素替代的顺序性。替代因素时,必须按照各因素的依存关系,排列成一定的顺序并依次替代,不可随意颠倒,否则就会得出不同的计算结果。替代顺序在前的因素对经济指标的影响不受其他因素影响或影响较小,而排列在后的因素中含有其他因素共同作用的影响,因而一般将对分析指标影响较小的并能明确责任的因素放在前面是较多见的。

（3）顺序替代的连环性。因素分析法在计算每一个因素变动的影响时,都是在前一次计算的基础上进行的,并采用连环比较的方法确定因素变化的影响结果。

（4）计算结果的假定性。由于因素分析法计算的各因素变动的影响数据会因替代顺序的不同而有差异,因而计算结果不免带有假定性。为此,分析时应力求使这种假定合乎逻辑,并具有实际经济意义。这样,计算结果的假定性才不会妨碍分析的有效性。

3.3.3 因素分析法的计算方法

若 $F = A \times B \times C$,因素分析法的计算如下:

基期:$F_0 = A_0 \times B_0 \times C_0$;

报告期:$F_1 = A_1 \times B_1 \times C_1$。

基期:$F_0 = A_0 \times B_0 \times C_0$;①

第一次替代:$A_1 \times B_0 \times C_0$;②

第二次替代:$A_1 \times B_1 \times C_0$;③

第三次替代:$A_1 \times B_1 \times C_1$。④

②－① → A 变动对 F 的影响:$(A_1 - A_0) \times B_0 \times C_0$;

③－② → B 变动对 F 的影响:$A_1 \times (B_1 - B_0) \times C_0$;

④－③ → C 变动对 F 的影响:$A_1 \times B_1 \times (C_1 - C_0)$。

【注意】若将各因素替代的顺序改变,则因素的影响程度也就不同。

【例 3 - 2】创美公司 2022 年 3 月份原材料耗费总额实际数为 4 620 元,而计划数是 4 500元,实际比计划增加了 120 元。原材料的耗费由产品产量、单位产品材料消耗量和材料单价三个因素构成,依次分析三个因素对材料费用总额的影响程度。假定三个因素的数值如表3 - 6 所示。

表 3 - 6　材料耗费总额的对比表

项　　目	计量单位	计划数	实际数
产品产量	件	100	110
单位产品材料消耗量	千克	9	7
材料单价	元	5	6
材料耗费总额	元	4 500	4 620

运用因素分析法,计算各因素变动对材料耗费总额的影响程度如下:

计划指标:$100 \times 9 \times 5 = 4\,500$(元);①

第一次替代:$110 \times 9 \times 5 = 4\,950$(元);②

第二次替代:$110 \times 7 \times 5 = 3\,850$(元);③

实际指标:$110 \times 7 \times 6 = 4\,620$(元)。④

产品产量增加对材料耗费总额的影响(②－①):$4\,950 - 4\,500 = 450$(元);

单位产品材料消耗量降低对材料耗费总额的影响(③-②):3 850-4 950=-1 100(元);

材料单价提高对材料耗费总额的影响(④-③):4 620-3 850=770(元)

三个因素的综合影响:450-1 100+770=120(元)。

任务训练

顺达公司为一家上市公司,已公布的公司2022年财务报告显示,该公司2022年净资产收益率较2021年大幅降低,引起了市场各方的广泛关注。净资产收益率指标主要受销售净利率、总资产周转率(次数)、权益乘数三个因素影响。为此,公司财务分析师详细搜集了公司2022年和2021年的有关财务指标,具体见表3-7所示。

表3-7　顺达公司财务指标

项　　目	2021年	2022年
销售净利率/%	13	15
总资产周转率/次	0.7	0.9
权益乘数	1.8	1.9

提示:净资产收益率=销售净利率×总资产周转率×权益乘数

要求:(1)计算公司2021年、2022年净资产收益率。

(2)利用因素分析法依次测算销售净利率、总资产周转率和权益乘数的变动对公司2022年净资产收益率的影响。

项目小结

(1)比较分析法是通过同类财务指标在不同时期或不同情况下的数量上的比较,来揭示指标间差异或趋势的一种方法,是财务分析中最基本、最常用的方法。比较分析法根据比较对象的不同,分为预算差异分析法、趋势分析法和横向比较法;根据比较内容的不同,分为比较会计要素的总量法、比较结构百分比法和比较财务比率法。

(2)比率分析法是通过计算各种比率指标来确定财务活动变动程度的方法。依据比率分析法的内容和要求的不同,可以分为结构比率、效率比率、相关比率、动态比率四种形式。

(3)因素分析法是依据分析指标和影响因素的关系,从数量上确定各因素对指标的影响程度。因素分析法具有因素分解的关联性、因素替代的顺序性、顺序替代的连环性、计算结果的假定性四种特征。因素分析法的计算方法主要为连环替代法。

习题3

一、单选题

1. A公司对公司的销售收入进行分析,通过分析得到2020年、2021年、2022年销售收入的环比动态比率分别为110%、115%和95%。若该公司以2020年作为基期,2022年作为分析期,则其定基动态比率为(　　　)。

(A) 126.5% (B) 120.18% (C) 104.5% (D)109.25%

2. 下列比率指标的不同类型中,流动比率属于( )。

(A) 结构比率 (B) 动态比率 (C) 相关比率 (D) 效率比率

3. 下列指标中,属于效率比率的是( )。

(A) 速动比率 (B) 净资产收益率 (C) 权益乘数 (D) 总资产周转率

4. 下列各项中,不属于财务分析中因素分析法特征的是( )。

(A) 因素分解的关联性 (B) 因素替代的顺序性

(C) 分析结果的准确性 (D) 顺序替代的连环性

5. 以下哪种财务分析方法是最基本、最常用的方法?( )。

(A) 比较分析法 (B) 比率分析法 (C) 因素分析法 (D) 效率比率法

二、多选题

1. 根据比较对象的不同,比较分析法可以分为( )。

(A) 预算差异分析法 (B) 趋势分析法

(C) 横向比较法 (D) 因素分析法

2. 比率分析法的类别主要有( )。

(A) 结构比率 (B) 效率比率 (C) 相关比率 (D) 动态比率

3. 以下属于动态比率的有( )。

(A) 定基动态比率 (B) 环比动态比率

(C) 效率比率 (D) 结构比率

4. 根据比较内容的不同,比较分析法可以分为( )。

(A) 比较会计要素的总量法 (B) 比较结构百分比法

(C) 比较环比比率法 (D) 比较财务比率法

5. 以下说法中,正确的是( )。

(A) 比较分析法是通过同类财务指标在不同时期或不同情况下的数量上的比较,来揭示指标间差异或趋势的一种方法

(B) 比率分析法是通过计算各种比率指标来确定财务活动变动程度的方法

(C) 因素分析法是依据分析指标和影响因素的关系,从数量上确定各因素对指标的影响程度

(D) 因素分析法的特征包括因素分解的关联性、因素替代的顺序性、顺序替代的连环性、计算结果的准确性

三、实训题

1. B公司相关财务数据如表3-8所示,请利用比较分析法计算分析,并在该表中填写B公司的利润变动表。

表3-8 利润变动表　　　　金额单位:元

项目	2022年	2021年	利润增减额	利润增减率
一、营业收入	2 673 231.60	2 205 671.25		
营业成本	2 241 085.80	1 538 830.50		

（续表）

项目	2022 年	2021 年	利润增减额	利润增减率
税金及附加	27 517.50	35 609.10		
销售费用	21 135.60	37 193.70		
管理费用	65 630.55	99 217.65		
财务费用	45 695.40	63 419.25		
研发费用	27 751.05	15 549.30		
资产减值损失	—	—		
公允价值变动收益	—	—		
投资收益	23 310.90	150 610.50		
汇兑收益	—	—		
二、营业利润	267 726.60	566 462.25		
加:营业外收入	1 037.25	2 735.25		
减:营业外支出	272.10	3 355.80		
三、利润总额	268 491.75	565 841.70		
减:所得税费用	46 706.25	85 682.40		
四、净利润	221 785.50	480 159.30		

2. B 公司相关财务数据见表 3-9 所示,请计算并在该表中填写 B 公司的利润结构表。

表 3-9 利润结构表   金额单位:元

项目	2022 年	2021 年	2022 年结构比率/%	2021 年结构比率/%
一、营业收入	2 673 231.60	2 205 671.25		
营业成本	2 241 085.80	1 538 830.50		
税金及附加	27 517.50	35 609.10		
销售费用	21 135.60	37 193.70		
管理费用	65 630.55	99 217.65		
财务费用	45 695.40	63 419.25		
研发费用	27 751.05	15 549.30		
资产减值损失	—	—		
公允价值变动收益	—	—		
投资收益	23 310.90	150 610.50		
汇兑收益				

（续表）

项目	2022 年	2021 年	2022 年结构比率/%	2021 年结构比率/%
二、营业利润	267 726.60	566 462.25		
加:营业外收入	1 037.25	2 735.25		
减:营业外支出	272.10	3 355.80		
三、利润总额	268 491.75	565 841.70		
减:所得税费用	46 706.25	85 682.40		
四、净利润	221 785.50	480 159.30		

3. C公司近5年营业收入情况如表3-10所示,请计算该公司2019—2022年定基动态比率与环比动态比率并填写于该表中。

表 3-10　C公司营业收入动态比率分析表

	2018 年	2019 年	2020 年	2021 年	2022 年
营业收入/万元	36 980	42 010	43 112	48 210	53 860
定基动态比率/%	—				
环比动态比率/%	—				

4. D公司为一家上市公司,该公司2022年和2021年的有关财务指标,如表3-11所示,净资产收益率受销售净利率、总资产周转率、权益乘数三个因素影响,请利用因素分析法依次测算三个因素的变动对D公司净资产收益率的影响。

表 3-11　D公司财务指标

项　　目	2021 年	2022 年
销售净利率/%	21	17
总资产周转率/次	0.5	0.6
权益乘数	2.1	2

提示:净资产收益率=销售净利率×总资产周转率×权益乘数。

项目 4　偿债能力分析

素质目标

（1）通过同业比较分析、历史比较分析，识别企业的偿债能力，审视财务报表数据的真实性，培养学生坚守职业道德的意识，树立客观公正、坚持标准的道德理想。

（2）通过偿债能力的计算，揭露校园贷陷阱，认清校园贷本质和危害，树立正确消费观，保持理性消费，不盲目攀比，不贪图享受。

知识目标

（1）了解偿债能力评价指标的内涵。

（2）了解偿债能力评价指标分析的意义。

（3）理解影响偿债能力指标的因素。

能力目标

（1）掌握短期偿债能力指标的计算。

（2）掌握短期偿债能力指标的评价方法。

（3）掌握长期偿债能力指标的计算。

（4）掌握长期偿债能力指标的评价方法。

思维导图

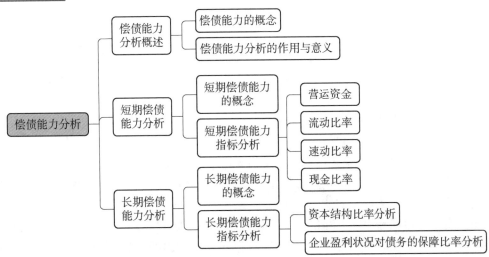

情景导入

在资本市场上流传这样一句话:现金为王。辅仁药业高估值企业资本运作失败,陷入资金链断裂危机,无法偿付债务。一方面,企业旗下的重要资产宋河酒业市场表现不佳,到2020年年底,宋河酒业涉诉422起,到期的抵押借款共有12笔,待偿金额约为19.715亿元。另一方面,并购副作用,医药行业的特殊性决定了药物研发需要大量的资金投入且回报周期长,很有可能在5~10年的研发期后,药品不能上市,就没有了经济收益。同时,投资的P2P短融网爆雷。一系列的问题,使企业陷入资金链断裂的危机,偿债能力出现问题。

若是这家公司的账上货币资金超18亿元,我们是不是可以认为其具有充裕的现金流,将其视为优质公司,并重点关注和投资? 然而,事实上,2020年公司的账上确实显示有18亿,而企业却无法发放6 200万的分红,原本的18亿神秘消失,引发分红式"爆雷",如此荒诞的桥段在现实中上演。

💡思考探究

公司的钱去哪儿了? 如何衡量与预测企业资金链断裂的危机?

(资料来源:此案例改编自2021年12月14日搜狐新闻《辅仁药业——河南前首富二十年药业帝国一朝梦断》,http://news.sohu.com/a/506880165_100155957)

思政小课堂

(1) 在投资一个公司之前,我们是要看他有赚钱的能力还是要看他有偿债的能力?

(2) 18亿的消失,警醒我们要审视财务报表数据的真实性,谨防财务造假。作为财务人员,需要增强法治意识和树立担当意识。

任务4.1 · 偿债能力分析概述

4.1.1 偿债能力的概念

企业是一个经济实体,其最终目标是通过生产经营实现盈利。企业在生产经营过程中,为了扩大规模,促进企业的进一步发展,往往会利用银行借款、商业信用、融资租赁和发行债券等方式进行生产经营和管理。举债经营的前提必须是能够按时偿还本金和利息,否则就会使企业陷入困境甚至危及企业的生存。导致企业破产的最根本、最直接的原因是企业不能偿还到期债务。因此,通过偿债能力分析,债权人和债务人双方都能认识到风险的存在和风险的大小,债权人可以做出是否贷款的决策,债务人可以了解自己的财务状况和偿债能力的大小,进而为下一步的资金安排或资金筹措做出决策分析。

偿债能力(debt-paying ability)是指企业对到期债务清偿的能力或现金保证程度,企业用其资产偿还长期债务与短期债务的能力。

企业有无支付现金的能力和偿还债务能力,是企业能否生存和健康发展的关键。企业偿债能力是反映企业财务状况和经营能力的重要标志。企业偿债能力,从静态来看,就是用企业资产清偿企业债务的能力；从动态来看，就是用企业资产和经营过程创造的收益偿还债务的能力。

企业的偿债能力按其债务到期时间的长短分为短期偿债能力和长期偿债能力。

4.1.2　偿债能力分析的作用与意义

偿债能力是反映一个企业的财务灵活性及其偿还债务能力的财务指标。企业偿债能力的强弱关乎企业的生死存亡，是企业健康发展的基本前提，也是投资者、债权人以及企业相关利益者非常关心的问题，企业全部的经营活动——融资、投资以及经营等均影响企业的偿债能力。

通过对企业的偿债能力进行分析，可以了解企业的财务状况，了解企业所承担的财务风险程度。偿债能力的强弱涉及企业不同利益主体的切身利益，不同利益主体对财务报表的使用目的不同，他们站在不同的角度，对偿债能力分析的目的也有区别。

（1）站在债权人角度：目的在于做出正确的借贷决策，保证其资金安全。

偿债能力的强弱对企业的资金本金、利息或其他的经济利益能否按期收回有着直接的影响。若企业的偿债能力较弱，则可能导致本金与利息收回的延迟，甚至可能无法收回，因此，企业偿债能力分析有利于债权人进行正确的借贷决策。

（2）站在投资者角度：目的在于做出正确的投资决策。

企业偿债能力的强弱会直接影响企业盈利能力的高低和投资机会的多少，它的下降一般预示着企业盈利能力降低和投资机会减少。因此，企业偿债能力分析有利于投资者进行正确的投资决策。

（3）站在企业角度：目的在于评估企业的财务状况，对企业发展前景予以风险评估。

对企业债务偿还能力进行分析，能够体现出企业偿债能力的高低，进而判断出企业目前的财务经营状况。通过对企业偿债能力的真实判断和客观分析，可以挖掘出企业目前财务数据内的生产经营价值，使企业更好地了解自身资本结构中存在的不足，并提供有力的决策支持，帮助企业在进行决策判断时获得更为全面准确的数据信息，使企业经营管理者以及相关利益人能够直接观察到企业目前的经营状况，并对其融资结构进行全新调整。

现代企业在生产经营过程中，往往需要通过各类融资渠道维持投资能力，拓宽经营范围，灵活经营活动。所以在对企业进行偿债能力分析时，需要客观真实地对企业融资情况进行判断，反映出企业真实的资金使用能力，并对企业当前的财务状况、现金流等各个方面进行科学整理和分析，使企业在未来融资方向上获得更为准确的数据支持，能够提前预知未来的融资前景，帮助企业积极结合当前的财务状况，合理安排各项生产经营活动，进而对融资行为进行有效控制，降低风险，同时使资产在使用上发挥出更大的价值，提高资本利用率。

（4）站在经营性关联企业角度：目的在于开展稳定的业务往来。

企业偿债能力的强弱往往反映其履行合同的能力。企业偿债能力的下降会对资金的周转和货款的及时兑付产生影响。因此，对企业偿债能力进行分析有利于经营性关联企业对其财务状况进行正确的评估。

任务4.2 · 短期偿债能力分析

4.2.1 短期偿债能力的概念

什么是短期偿债能力？短期偿债能力指企业用流动资产偿还流动负债的现金保障程度。一个企业的短期偿债能力大小，要看流动资产、流动负债的数量和质量状况。短期偿债能力是企业任何利益相关者都应该重视的问题。

流动资产指可以在一年或超过一年的一个营业周期内变现或耗用的资产，主要包括货币资金、交易性金融资产、应收账款、预付款项、存货、一年内到期的非流动资产及其他流动资产等。

流动负债指可以在一年或超过一年的一个营业周期内偿还的债务，主要包括短期借款、应付账款、预收款项、应付职工薪酬、应交税费、应付利息、1年内到期的非流动负债及其他流动负债等。

流动资产的质量是指其"流动性"，即转换成现金的能力，包括是否能不受损失（或少受损失）地转换为现金以及转换需要时间的长短。对于流动资产的质量从以下三个方面进行分析：

（1）资产转变成现金是经过正常交易程序变现的。

（2）流动性的强弱主要取决于资产转换成现金的时间和资产预计出售价格与实际出售价格的差额。流动资产转换成现金的时间越短，流动资产质量越强；实际出售的价格越高，流动资产的质量越好。

（3）流动资产的流动性期限是否在一年以内或超过一年的一个正常营业周期之内。

流动负债的质量是指其债务偿还风险的大小。一般说来，企业的所有债务都是要偿还的，但是并非所有债务都需要在到期时立即偿还，流动负债的债务偿还风险大小取决于偿债的强制度和紧迫度。确定流动负债的质量从三个方面进行分析：

（1）流动负债质量的好坏取决于偿还时间的强制程度。偿还时间强制性越强，质量越差。

（2）流动负债质量的好坏取决于偿还时间的弹性程度，偿还时间弹性越强，质量越好。

（3）流动负债的支付期限是否在一年之内或超过一年的一个正常营业周期之内。

一般来说，将流动资产与流动负债的数量进行对比，可以初步看出企业的短期偿债能力。在对比分析中采用的指标主要有营运资金、流动比率、速动比率和现金比率。但在评价这些指标时，必须同时关注流动资产和流动负债的质量状况。

短期偿债能力
指标

4.2.2 短期偿债能力指标分析

1. 营运资金

营运资金是指企业在某一时点所拥有的流动资产与流动负债的差额，表示流动资产超过流动负债的剩余部分，也称净营运资本。

计算公式：营运资金＝流动资产－流动负债。

营运资金反映的是流动资产可用于归还和抵补流动负债后的余额。当营运资金为正时,流动资产大于流动负债,表明企业短期偿债能力较强,不能偿债的风险较小;当营运资金为零或负值时,表明企业的流动资产已无力偿还全部短期负债,企业营业资金短缺,说明企业短期偿债能力较弱,不能偿债的风险加大。

? 思考探究

营运资金是否越多越好?

(1)对于短期债权人而言,希望营运资金越多越好,这样可以提高其债权的保障程度。

(2)对于企业经营者而言,营运资金并不是越多越好。虽然营运资金越多可以提高其短期偿债能力,降低财务风险,但是,如果营运资金过多,企业就有部分资金闲置,不能充分发挥其效益,会影响获利能力。因此,营运资金应保持适当的数额。

📄 小贴士

营运资金是一个绝对数指标,它是否适合公司生产经营的实际需要,取决于公司生产经营规模的大小,一般只对本企业进行动态比较,如年末与年初的数额相比较,本年与以前年度的数额进行比较等。因此,指标多少才算适当并没有一个统一的标准。注意:不能直接用营运资金进行不同规模、不同类型企业之间的比较。

一般来讲,零售商的营运资金较多,因为他们除了流动资产外没有什么可以偿债的资产;信誉好的餐饮企业营运资金很少,有时甚至是负数,因为其稳定的收入可以偿还同样稳定的流动负债;制造业一般为正的营运资金,但其数额差别很大。

例:某知名炸鸡店 A 和学校食堂炸鸡摊 B,A 有营运资金 2 000 万元,B 有营运资金 10 万元,但是 A 需要偿还的流动负债是 500 万元,而 B 只需要偿还 1 万元。A 需要从流动资产中抽出 $\frac{1}{4}$ 来偿还,而 B 只需要拿出流动资产的 $\frac{1}{10}$ 来偿还,很明显 B 的短期偿债能力更强。

【例 4-1】建科公司 2020—2022 年有关资料的计算结果如表 4-1 所示。

表 4-1 建科公司短期偿债能力

单位:百万元

项 目	2020 年年末	2021 年年末	2022 年年末
货币资金	673	879	329
交易性金融资产	23	17	25
应收账款	422	361	525
应收票据	298	478	394
其他应收款	23	43	37
存货	305	503	487
流动资产合计	3 765	4 301	3 816
流动负债合计	2 907	1 945	2 683

计算该公司 2020—2022 年的营运资金如下:

2020 年营运资金=流动资产－流动负债=3 765－2 907=858(百万元);

2021年营运资金＝流动资产－流动负债＝4 301－1 945＝2 356(百万元)；

2022年营运资金＝流动资产－流动负债＝3 816－2 683＝1 133(百万元)。

从建科公司2022年末营运资金来看,公司在短期内有一定的偿债能力,因为流动资产抵补流动负债后还有一定剩余。

从动态上分析,建科公司2022年营运资金与2021年相比下降较多,公司的短期偿债能力也有所下降,但与2020年相比较仍然有较大的增加。

任务训练

丰泰公司2022年年末的流动资产是1 000万元,流动负债是500万元,2022年年初的流动资产是1 200万元,流动负债是800万元。

(1)计算丰泰公司2022年年初和年末的营运资金；

(2)丰泰公司2022年年末的营运资金比2022年年初_____(填"增加"或"减少")_____万元,说明它的短期偿债能力_____(填"上升"或"下降")。

2. 流动比率

流动比率是指流动资产与流动负债的比率,它表示企业在某一时点每1元流动负债有多少流动资产作为偿还保证,反映了企业流动资产在短期债务到期时可变现用于偿还流动负债的能力。

计算公式:流动比率＝(流动资产÷流动负债)×100%。

该指标是衡量企业资产流动性最常用的指标之一。流动比率是衡量企业短期偿债能力的重要指标,它比营运资金指标更能表现企业的短期偿债能力,因为营运资金只反映流动资产与流动负债的绝对数差异,而流动比率还考虑到流动资产规模与流动负债规模之间的关系,从而使得指标更具有可比性。

通常认为,流动比率越高,企业的短期偿债能力越强,短期债权人利益的安全程度也越高。

❓ 思考探究

流动比率多少为合适? 是否越高越好?

流动比率多少为最佳很难确定。一般认为,适当或合理的流动比率为2,它表示企业财务状况稳定可靠,除了满足日常生产经营的流动资金需要外,还有足够的财力偿还短期债务。

但流动比率的合理性标准是个相对数。在分析一个企业的流动比率时,要将其与该行业的平均流动比率进行对比,因为有些行业流动比率低于2是正常的,但在另一些行业则要求流动比率要大于2。本教材以制造业企业为主,合理的流动比率被确认为2。

部分行业流动比率如表4-2所示。

表4-2 部分行业流动比率表

行业	参照标准	行业	参照标准	行业	参照标准	行业	参照标准
汽车	1.1	房地产	1.2	制药	1.3	建材	1.25
化工	1.2	家电	1.5	啤酒	1.75	计算机	2
电子	1.45	商业	1.65	机械	1.8	玻璃	1.3
食品	>2	饭店	>2				

不同国家的金融环境也会导致不同的流动比率,如日本企业更多依靠短期贷款并可以续贷,因而其流动比率一般要比美国的低;同一国家不同行业的平均流动比率也有明显区别,如美国的纺织业流动比率接近2.5,而食品业的流动比率只有1.1。从经济发展趋势看,最近几十年发生了新的变化,流动比率有不断下降的趋势,许多成功的企业该指标小于2。

从短期债权人立场上说,短期偿债能力的强弱意味着本金与利息能否按时收回,自然希望流动比率越高越好。流动比率越高,说明企业的短期偿债能力越强,债权人的权益就越有保障,若比率过低,则可能难以如期偿还债务。

对企业的供应商和客户来说,短期偿债能力的强弱意味着企业履行合同能力的强弱,偿债能力的下降,可能会使企业正常的交易活动无法进行,从而损害供应商和客户的利益。

但从经营者和所有者角度看,在其他情况正常的条件下,过高的流动比率通常意味着企业企业闲置资产的持有量过多,从而不能充分、有效地利用资金,这必然造成企业流动资产的周转率下降,导致机会成本的增加和获利能力的降低,同时还表明企业采取了一种保守的财务政策,未能充分利用企业现有的负债筹资能力;而太低,又意味着企业承受的财务风险过大。因此,对企业经营者和所有者来说,流动比率不是越高越好,要在风险和收益中权衡,找到平衡点。

📖 小贴士

流动比率高,仅仅说明企业有足够的可变现资产用来还债,并不等于企业已有足够的现金用来偿债。因为流动资产增多也可能是由于存货的积压或应收账款的增多且收账期长造成的,在这种情况下,如果现金不足,仍会出现偿债困难。

所以,应用流动比率指标,要考虑流动资产的质量和结构。在整个流动资产中,变现能力最强的是货币资金,其次是交易性金融资产。各种应收款项已经完成销售,进入款项待收阶段,因此其变现能力大于尚未进入销售过程的存货资产。在应收款项中,应收票据不仅可以转让、贴现和抵押,而且由于其法律契约的性质,使之变现能力必然强于应收账款和其他应收款。企业决定以预付账款方式购买商品,通常是以商品的市场销路极为畅销为前提的,为此,预付账款的流动性或变现能力通常被视为强于存货资产。

【例4-2】承上例(表4-1),计算建科公司2020年、2021年、2022年的流动比率。

2020年流动比率=(流动资产÷流动负债)×100%
　　　　　　　=(3 765÷2 907)×100%=1.30;

2021年流动比率=(流动资产÷流动负债)×100%
　　　　　　　=(4 301÷1 945)×100%=2.21;

2022年流动比率=(流动资产÷流动负债)×100%
　　　　　　　=(3 816÷2 683)×100%=1.42。

从计算结果的数值来看,建科公司2022年的流动比率为1.42,说明该公司每1元流动负债有1.42元的流动资产作为偿还保证,这明显低于公认的流动比率标准2,从而说明该公司的流动比率较低。

从动态上分析,建科公司2022年流动比率比2021年低,说明该公司的短期偿债能力有所下降,但比2020年略高。

任务训练

小王同学毕业以后在学校美食城开了一家小超市,2022年年初超市的流动资产为120万元,流动负债为80万元,2022年年末的流动资产为100万元,流动负债原有50万元,然而小王迷上了炒股,为了补仓,他以超市名义先后在6家网贷平台借款,至今利滚利欠下80万元借款,要求他在3个月内还清。同行业流动比率平均水平如表4-3所示。

表4-3 同行业流动比率平均水平表

2021年	参照标准	2022年	参照标准
流动比率	1.8	流动比率	1.3

（1）计算该超市年初和年末的流动比率;

（2）该超市2022年年末的流动比率比2022年年初_____（填"高"或"低"），说明它的短期偿债能力_____（填"上升"或"下降"）;与2022年同行业平均水平相比_____,与2021年同行业平均水平相比_____,说明_____。

思政小课堂

请同学们认清网贷的本质和危害,树立正确的消费观,不盲目攀比,不贪图享受,热爱学习,保持理性消费。

3. 速动比率

速动比率又称酸性测试比率,它是速动资产与流动负债的比率,表明企业每1元流动负债有多少速动资产作为偿还保证。流动比率是用于评价流动资产总体变现能力的指标,若要进一步考察企业当前的偿债能力,还需要运用速动比率指标。

计算公式:速动比率＝（速动资产÷流动负债）×100%。

一般认为,速动资产是指流动资产减去变现能力差且不稳定的存货、预付账款、其他流动资产等的余额。在计算速动比率时,之所以应从流动资产中剔除存货部分,是因为存货的流动速度较慢,变现能力较差,存货也有可能已经过时,部分存货还可能已经抵押给某债权人,不能用于偿债;至于剔除预付账款、其他流动资产等,是因为它们的数额具有偶然性,几乎不具有变现能力。

速动资产＝货币资金＋交易性金融资产＋应收账款＋应收票据＋其他应收款。

但在实务中,由于考虑到预付账款等的发生数额较少,为方便计算起见,一般仅剔除存货。

计算公式:速动比率＝（速动资产÷流动负债）×100%
$$＝（流动资产－存货）÷流动负债×100\%。$$

？ 思考探究

流动比率和速动比率有什么区别?

流动比率和速动比率的分母都为流动负债,但是速动资产＝流动资产－存货,所以流动比率大于等于速动比率。

一般情况下,速动比率越高,说明企业偿还流动负债的能力越强。与流动比率相比,对短期偿债能力的分析考核更加稳妥可信。

同流动比率一样,多高水平的速动比率才算合理并无一定的标准。通常认为适当或合理的流动比率为 2,速动比率标准等于 1 时较为适当。如果速动比率小于 1,可能使企业面临很大的偿债风险;如果速动比率大于 1,可能企业偿还债务的安全性较高,但却会因企业现金及应收账款占用过多而大大增加企业的机会成本。但速动比率的标准不能绝对化,如零售企业大量采用现金结算,应收账款很少,因而可以保持低于 1 的速动比率,可见速动比率一定要结合不同企业的性质和具体情况进行分析。

部分行业的速动比率参考标准具体如表 4-4 所示。

表 4-4 部分行业速动比率表

行业	参照标准	行业	参照标准	行业	参照标准	行业	参照标准
汽车	0.85	房地产	0.65	制药	0.9	建材	0.9
化工	0.9	家电	0.9	啤酒	0.9	计算机	1.25
电子	0.95	商业	0.45	机械	0.9	玻璃	0.45
食品	>1.5	饭店	>2				

> **小贴士**
>
> 影响速动比率可信度的重要因素是应收账款的变现能力。在速动资产中可能包括了流动性较差的应收账款,使速动比率所反映的短期偿债能力受到怀疑,特别是速动资产含有大量不良应收账款时,必然会减弱企业的短期偿债能力。除此之外,季节性的变化,可能使得财务报表上的应收账款不能反映平均水平。所以在分析速动比率指标时,还应该结合应收账款的周转率分析应收账款的质量。

【例 4-3】承【例 4-1】(见表 4-1),计算建科公司 2020 年、2021 年、2022 年的速动比率。

2020 年速动比率 =(速动资产÷流动负债)×100%
　　　　　　　 =(流动资产−存货)÷流动负债×100%
　　　　　　　 =(3 765−305)÷2 907×100% = 1.19;
2021 年速动比率 =(速动资产÷流动负债)×100%
　　　　　　　 =(流动资产−存货)÷流动负债×100%
　　　　　　　 =(4 301−503)÷1 945×100% = 1.95;
2022 年速动比率 =(速动资产÷流动负债)×100%
　　　　　　　 =(流动资产−存货)÷流动负债×100%
　　　　　　　 =(3 816−487)÷2 683×100% = 1.24。

从计算结果的数值来看,建科公司 2022 年的速动比率为 1.24,说明该公司每 1 元流动负债有 1.24 元的速动资产作为偿还保证,高于公认的速动比率标准 1,从表面上看,短期偿债能力比较强,但是 2022 年的速动比率比 2021 年低,说明公司的短期偿债能力较上一年有所下降。

所以,我们在分析时还是要结合该行业的平均水平及该企业指标值的变动情况进行比较,综合考虑速动资产的质量才能加以说明。

任务训练

丰泰公司2022年年末的流动资产是1000万元,流动负债是500万元,2022年年初的流动资产是1200万元,流动负债是800万元。年初和年末的存货分别为500万元和400万元。同行业速动比率平均水平如表4-5所示。

表4-5 同行业速动比率表

2021年	参照标准	2022年	参照标准
速动比率	0.9	速动比率	1.1

(1)计算丰泰公司年初和年末的速动比率;

(2)丰泰公司2022年年末的速动比率比2022年年初_____(填"高"或"低"),说明它的短期偿债能力_____(填"上升"或"下降");与2022年同行业平均水平相比_____,与2021年同行业平均水平相比_____,说明_____。

4. 现金比率

现金比率是指现金类资产与流动负债的比率,它表明企业每1元流动负债有多少现金类资产作为偿还保证,最能反映企业直接偿付流动负债的能力。

计算公式:现金比率=(现金资产÷流动负债)×100%
=(货币资金+交易性金融资产)÷流动负债×100%。

现金比率越高,企业的短期偿债能力越强,表明企业可以立即用于支付债务的现金类资产越多,对到期流动负债的偿还越有切实的保障。现金比率反映了企业随时可以偿债的能力或对流动负债的随时支付能力。

思考探究

流动比率、速动比率和现金比率存在怎样的关系?

流动比率、速动比率和现金比率三者之间的关系如图4-1所示。

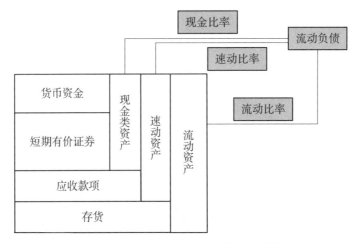

图4-1 流动比率、速动比率和现金比率的关系图

流动比率≥速动比率≥现金比率,三者都是:比率越高,企业的短期偿债能力越强。

> **小贴士**
>
> 现金比率是最保守的短期偿债能力比率。在通常情况下,现金比率的重要性不大,因为不太可能要求企业用现金和交易性金融资产来偿还所有流动负债,企业也没有必要一直保持足够还债的现金资产。
>
> 当发现企业的应收账款和存货的变现能力存在问题时,现金比率就显得十分重要,它说明企业在最坏的情况下的短期偿债能力。当企业的流动性不得不依赖现金和有价证券,而不是依赖应收账款和存货的变现时,那就意味着企业已处于财务困境,所以,只有在企业已处于财务困境时,现金比率才是一个适当的比率。或者,在企业已将应收账款和存货作为抵押品的情况下,以该指标评价企业短期偿债能力是比较适当的选择。
>
> 就正常情况下的企业而言,该比率过高,表明企业通过负债方式所筹集的流动资金没有得到充分的利用,没有把现金投入到经营中赚取更多的利润;但该比率过低,说明企业的支付能力存在一定的问题,时间久了会影响企业的信用。特别是企业有财务危机时,企业现金比率偏低会出现非常严重的风险。
>
> 目前,现金比率多少为最佳并没有一个统一的标准,只能作为流动比率和速动比率的补充指标。

【例 4-4】 承【例 4-1】(见表 4-1),计算建科公司 2020 年、2021 年、2022 年的现金比率。

2020 年现金比率＝(现金资产÷流动负债)×100%

　　　　　　＝(货币资金＋交易性金融资产)÷流动负债×100%

　　　　　　＝(673＋23)÷2 907×100%＝24%;

2021 年现金比率＝(现金资产÷流动负债)×100%

　　　　　　＝(货币资金＋交易性金融资产)÷流动负债×100%

　　　　　　＝(879＋17)÷1 945×100%＝46%;

2022 年现金比率＝(现金资产÷流动负债)×100%

　　　　　　＝(货币资金＋交易性金融资产)÷流动负债×100%

　　　　　　＝(329＋25)÷2 683×100%＝13%。

从计算结果的数值来看,建科公司 2022 年的现金比率为 13%,说明该公司每 1 元流动负债有 0.13 元的现金资产作为偿还保证,与 2021 年、2020 年相比,现金比率降低了很多,这种变化说明公司的短期偿债能力大大下降,直接支付能力较弱。

任务训练

丰泰公司 2022 年年末的货币资金是 100 万元,流动负债是 500 万元,2022 年年初的货币资金是 150 万元,流动负债是 800 万元。同行业现金比率平均水平如表 4-6 所示。

表 4-6　同行业现金比率平均水平表

2021 年	参照标准	2022 年	参照标准
现金比率	0.15	现金比率	0.18

（1）计算丰泰公司年初和年末的现金比率；

（2）丰泰公司 2022 年年末的速动比率比 2022 年年初_____（填"高"或"低"），说明它的短期偿债能力_____（填"上升"或"下降"）；与 2022 年同行业平均水平相比_____，与 2021 年同行业平均水平相比_____，说明_____。

任务4.3 ▶ 长期偿债能力分析

4.3.1　长期偿债能力的概念

偿债能力是指企业对债务的承担能力和对外偿还债务的保障能力，包括长期债务和短期债务。长期偿债能力评价是通过财务指标分析方法对企业长期偿债能力进行定量的描述并做出判断。

由于企业借入资金的目的不是希望借入资金所形成的资产直接来保证负债的偿还，而是通过借入资金的运营实现盈利与增值来保障负债的偿还，因此，企业的长期偿债能力主要取决于以下两个因素：

（1）资本结构，即在企业的（长期）资金来源中，来自自有资本的部分与来自（长期）负债的部分两者之间的比例关系。资本结构不同，企业的长期偿债能力也不同。同时，不同的资本结构，其资金成本也有差异，进而会影响企业价值。

（2）企业的盈利状况。只有企业在生产经营过程中产生"盈余"（利润），才能将它从企业正常的生产经营过程中"抽取"出来用于各种支付，包括长期债务的偿付。当然，更准确地说，是这些"盈余"所得到的现金决定企业在长期中的支付能力，但从长期来看，"盈余"实现与现金收到之间的时间差异一般可以不那么严格地追究。

通过长期偿债能力的分析，一方面可以揭示企业资本结构中存在的问题，企业经营者应当及时加以调整，进而优化资本结构，提高企业价值；另一方面通过长期偿债能力分析可以揭示企业所承担的财务风险程度，预测企业筹资前景，为企业进行各种理财活动提供参考。

按照现行财务分析的基本思路，用于评价长期偿债能力的基本财务指标一般有资产负债率、产权比率、权益乘数、利息保障倍数、债务保障倍数等。这些指标不仅关系到企业能否持续经营，而且还关系到公司债权人的债权保障程度和贷款风险的大小。

4.3.2　长期偿债能力指标分析

根据影响长期偿债能力的两个因素，我们分别从资本结构比率和企业盈利状况上对债务的保障比率进行分析。

长期偿债能力指标

1. 资本结构比率分析

资本结构比率分析主要是利用资产负债表的相关资料对长期偿债能力进行分析，最常用的指标分别是资产负债率、产权比率、权益乘数、长期资本负债率等。

1）资产负债率

资产负债率是企业某时点的负债总额与资产总额的比率。它反映了企业总资产中有多少是通过举债得到的，表明了总资产对偿还全部债务的保障程度。

计算公式:资产负债率＝(负债总额÷资产总额)×100%。

💡 **思考探究**

是不是资产负债率越低越好?

在回答这个问题之前,我们先了解一下企业的资金来源有哪些? 资金的使用成本有哪些?

对于一个企业来说,资金来源主要是吸收所有者向企业投入资金和企业向银行等金融机构借款这两种形式,即股权筹资和债务筹资。资金使用成本又称为资金占用费,是指企业支付给资金提供者(股东、债权人)的资金使用报酬,如支付给股东的股利、支付给银行的贷款利息,以及支付给其他债权人的各种利息费用,它构成了资金成本的主要内容。

相较于股权筹资,债务筹资的优点是资本成本低、筹资弹性大、筹资速度快,而且负债经营可以获得杠杆收益以及避税等好处。一定程度上的负债经营有利于增加公司的价值,因此企业可以适当举债经营,利用财务杠杆,提高资金的使用效益。可见,资产负债率并不是越低越好。

一般而言,企业的资产负债率越低,表明企业通过负债这种方式获得的资产占比少,说明企业运用外部资金的能力相对较弱;而资产负债率越高,说明企业通过负债这种方式获得的资产占比高,企业偿债风险就比较大。因此,在评价资产负债率时,需要在收益与风险之间权衡利弊,充分考虑所在行业、企业内外部各种因素,以及外部市场环境,做出正确合理的判断。

经验研究表明,资产负债率存在显著的行业差异,要结合行业的平均水平具体分析。一般情况下,企业的资产负债率维持在 40%～60% 为佳。

【例 4-5】 根据表 4-7 所示的相关资料,计算新汇公司 2020 年年末、2021 年年末、2022 年年末的资产负债率。

表 4-7 新汇公司资产负债表(部分)

单位:万元

项　　目	2020 年年末	2021 年年末	2022 年年末
负债总额	4 000	8 800	10 000
所有者权益总额	6 500	9 000	14 000
资产总额	10 500	17 800	24 000

2020 年年末资产负债率＝(负债总额÷资产总额)×100%
＝(4 000÷10 500)×100%＝38.10%;

2021 年年末资产负债率＝(负债总额÷资产总额)×100%
＝(8 800÷17 800)×100%＝49.44%;

2022 年年末资产负债率＝(负债总额÷资产总额)×100%
＝(10 000÷24 000)×100%＝41.67%。

从计算结果来看,新汇公司近三年的资产负债率维持在较合理的水平,说明新汇公司长期偿债能力较好。

任务训练

表 4-8 静海公司资产负债表(部分)

单位:万元

项　　目	2021 年年末	2022 年年末
负债总额	1 460	1 500
所有者权益总额	400	500
资产总额	1 860	2 000

(1) 请根据表 4-8 所示的相关数据,计算静海公司 2021 年年末和 2022 年年末的资产负债率。

(2) 静海公司 2022 年年末的资产负债率比 2021 年年末的_____(填"高"或"低"),说明它的长期偿债能力_____。

2) 产权比率

产权比率,也称债务权益比率或净资产负债率,是企业某一时点的负债总额与所有者权益的比率。它反映了债权人所提供资金与所有者提供资金的对比关系,表明了所有者权益对债务的保障程度,揭示了企业资本结构的合理程度以及资金成本的高低。

计算公式:产权比率=(负债总额÷所有者权益总额)×100%。

一般来说,股东资本大于借入资本较好,但也不能一概而论。从股东来看,在通货膨胀加剧时期,企业多借债可以把损失和风险转嫁给债权人;在经济繁荣时期,多借债可以获得额外的利润;在经济萎缩时期,少借债可以减少利息负担和财务风险。产权比率高,是高风险、高报酬的财务结构;产权比率低,是低风险、低报酬的财务结构。

该指标同时也表明债权人投入的资本受到股东权益保障的程度,或者说是企业清算时对债权人利益的保障程度。我国公司法规定债权人的索偿权优先于股东。

如果认为资产负债率在 40%~60% 为佳,那么意味着产权比率应当维持在 0.7~1.5。

【例 4-6】承**【例 4-7】**(见表 4-7)计算新汇公司 2020 年年末、2021 年年末、2022 年年末的产权比率。

2020 年年末产权比率=(负债总额÷所有者权益总额)×100%
　　　　　　　　　=(4 000÷6 500)×100%=61.53%;

2021 年年末产权比率=(负债总额÷所有者权益总额)×100%
　　　　　　　　　=(8 800÷9 000)×100%=97.78%;

2022 年年末产权比率=(负债总额÷所有者权益总额)×100%
　　　　　　　　　=(10 000÷14 000)×100%=71.43%。

从计算结果来看,新汇公司近三年的产权比率均维持在小于 1 的范围内,说明新汇公司净资产对于负债的保障程度较高,长期偿债能力较好。

任务训练

(1) 请根据表 4-8 所示的相关数据,计算静海公司 2021 年年末和 2022 年年末的产权比率。

（2）静海公司2022年年末的产权比率比2021年年末的_____（填"高"或"低"），说明它的长期偿债能力_____。

3）权益乘数

权益乘数是资产总额和所有者权益总额的比率。该指标衡量的是：以自有资本为基础，企业形成了多少"放大性倍数"的资产用于生产经营。显然，该比率越高，说明企业资产总额中负债占比越高，财务风险就越大，财务杠杆效应越明显，其长期偿债能力也越弱。

计算公式：权益乘数＝（资产总额÷所有者权益总额）×100％。

产权比率和权益乘数是资产负债率的另外两种表现形式。

? 思考探究

资产负债率、权益乘数、产权比率这三个指标有什么样的关系？

我们知道，资产负债表的会计恒等式是资产总额＝负债总额＋所有者权益总额，因此通过公式演算我们可以得出：

权益乘数＝资产总额÷所有者权益总额
　　　　＝（负债总额＋所有者权益总额）÷所有者权益总额
　　　　＝1＋产权比率
　　　　＝1÷（1－资产负债率）；

资产负债率＝产权比率÷权益乘数。

【例4－7】承【例4－7】（见表4－7）计算新汇公司2020年年末、2021年年末、2022年年末的权益乘数。

2020年年末权益乘数＝（资产总额÷所有者权益总额）×100％
　　　　　　　　　　＝（10 500÷6 500）×100％＝161.54％；

2021年年末权益乘数＝（资产总额÷所有者权益总额）×100％
　　　　　　　　　　＝（17 800÷9 000）＝197.78％；

2022年年末权益乘数＝（资产总额÷所有者权益总额）×100％
　　　　　　　　　　＝（24 000÷14 000）＝171.43％。

任务训练

（1）根据表4－8所示的相关数据，计算静海公司2021年年末和2022年年末的权益乘数。

（2）静海公司2022年年末的权益乘数比2021年年末的_____（填"高"或"低"），说明它的长期偿债能力_____。

4）长期资本负债率

长期资本负债率是指企业长期债务与长期资本的比率，在实务界也称为长期资本化比率。长期资本负债率反映企业的长期资本结构，由于流动负债的数额经常变化，资本结构管理大多使用长期资本结构，即非流动负债占长期资本的百分比。一般情况下，长期资本负债率越大，说明企业的财务风险越大。

计算公式：长期资本负债率＝[非流动负债÷（非流动负债＋股东权益）]×100％。

非流动负债是资产负债表中的长期借款、应付债券、长期应付款、预计负债、递延收益、递延所得税负债、其他非流动负债项目的金额合计。

【例4-8】根据表4-9所示的相关资料,计算新汇公司2020年年末、2021年年末、2022年年末的长期资本负债率。

表4-9 新汇公司资产负债表(部分)

单位:万元

项目	2020年年末	2021年年末	2022年年末
非流动负债总额	500	550	800
所有者权益总额	6 500	9 000	14 000

2020年年末长期资本负债率＝[非流动负债÷(非流动负债+股东权益)]×100%
＝[500÷(500+6 500)]×100%＝7.14%;

2021年年末长期资本负债率＝[非流动负债÷(非流动负债+股东权益)]×100%
＝[550÷(550+9 000)]×100%＝5.76%;

2022年年末长期资本负债率＝[非流动负债÷(非流动负债+股东权益)]×100%
＝[800÷(800+14 000)]×100%＝5.41%。

新汇公司三年的长期资本负债率都较低,说明净资产对于长期负债的保障程度较高,公司的长期偿债能力比较好。

任务训练

表4-10 静海公司资产负债表(部分)

单位:万元

项 目	2021年年末	2022年年末
非流动负债总额	200	350
所有者权益总额	400	500

(1)根据表4-10所示的相关数据,计算静海公司2021年年末和2022年年末的长期资本负债率。

(2)静海公司2022年年末的长期资本负债率比2021年年末的_____(填"高"或"低"),说明它的长期偿债能力_____。

2. 企业盈利状况对债务的保障比率分析

企业盈利状况对债务的保障比率分析主要是利用利润表的相关资料对长期偿债能力进行分析,最常用的指标分别是利息保障倍数和债务保障倍数。

1)利息保障倍数

利息保障倍数也称为已获利息倍数,是企业当期的息税前利润总额对利息支出的比率。它反映了企业以当期经营所得利润偿还债务利息的能力。

计算公式:利息保障倍数＝(息税前利润÷利息支出)×100%。

其中,息税前利润＝利润总额+利息支出＝净利润+所得税费用+利息支出。

该指标是用以衡量偿付债务利息的能力,比值越高,长期偿债能力越强。该指标的值至少应当大于 1。

当该指标大于 1 时,说明企业在经营活动中所获得的收益偿还利息的能力较强,但是对于企业和所有者来说,如果很高的利息保障倍数不是由高利润带来的,说明企业的财务杠杆程度很低,未能充分利用举债经营的优势;当该指标低于 1 时,说明企业实现的经营成果不足以支付当期利息费用,这意味着企业付息能力非常低、财务风险非常高,需要引起高度重视。

但该指标也存在局限性:第一,偿债能力应包括归还本金和利息的能力,而该指标仅衡量了支付利息的能力,只是体现了企业举债经营的基本条件,作为衡量长期偿债能力指标是不全面的;第二,企业利息不是用权责发生制基础下的利润支付而需要以现金支付,利息保障倍数高也不能完全说明企业有足够的现金支付利息费用。

【例 4-9】根据表 4-11 所示的相关资料,计算新汇公司 2019 年、2020 年、2021 年、2022 年的利息保障倍数。

表 4-11　新汇公司利润表(部分)

单位:万元

项　　　目	2019 年	2020 年	2021 年	2022 年
利润总额①	161	158	136	95
利息支出②	45	43	29	34.8
息税前利润③＝①＋②	206	201	165	129.8

2019 年利息保障倍数＝(息税前利润÷利息支出)×100%
　　　　　　　　＝(206÷45)×100%＝457.78%;

2020 年利息保障倍数＝(息税前利润÷利息支出)×100%
　　　　　　　　＝(201÷43)×100%＝467.44%;

2021 年利息保障倍数＝(息税前利润÷利息支出)×100%
　　　　　　　　＝(165÷29)×100%＝568.97%;

2022 年利息保障倍数＝(息税前利润÷利息支出)×100%
　　　　　　　　＝(129.80÷34.8)×100%＝372.99%。

由上述计算得新汇公司利息保障倍数统计表,如表 4-12 所示。

表 4-12　新汇公司利息保障倍数统计表

项　　　目	2019 年	2020 年	2021 年	2022 年
利息保障倍数/%	457.78	467.44	568.97	372.99

从理论的角度分析,只要利息保障倍数大于 1,新汇公司就能偿还债务利息,该指标越高,债权人利益的保障程度就越高,说明公司拥有的偿还利息的缓冲资金较多。但是,从新汇公司 4 年的数据看,该公司的利息保障倍数变动较大,2022 年下降至 4 年来的最低点,主要原因是税前利润减少,而公司的利息费用却大幅增加,从而造成公司财务风险增加。

根据表 4-12,绘制新汇公司利息保障倍数趋势分析图,如图 4-2 所示。

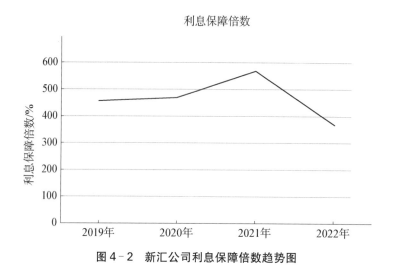

图4-2 新汇公司利息保障倍数趋势图

由图4-2可知,新汇公司的利息保障倍数的曲线波动幅度非常大,呈跳跃式,2022年达到最低点,说明2022年存在大量偿还利息或者进行基本建设等经济活动,需要重点关注,以降低公司的财务风险,增强公司的长期偿债能力。

任务训练

表4-13 静海公司利润表相关数据

单位:万元

项　目	2021年	2022年
利润总额	45	30
利息支出	50	80
息税前利润		
利息保障倍数		

(1)根据表4-13所示的相关资料,计算静海公司2021—2022年的息税前利润和利息保障倍数。

(2)静海公司2022年的利息保障倍数比2021年的_____(填"高"或"低"),说明它的长期偿债能力_____。

2)债务保障倍数

债务保障倍数是营业利润与负债总额的比率,它是用来衡量企业通过经营所得的"盈余"对其债务进行保障(用于以后偿付)的能力。一般情况下,债务保障倍数越大,说明企业偿还债务的能力越强。但是也要综合考虑企业的"盈余"转化为资金的能力。

计算公式:债务保障倍数＝(营业利润÷负债总额)×100%。

【例4-10】新汇公司2022年营业利润为388万元,2022年末负债总额为1 000万元,计算新汇公司的债务保障倍数。

债务保障倍数＝（营业利润÷负债总额）×100%

　　　　　　　＝（388÷1 000）×100%＝38.8%。

　　按照新汇公司2022年的盈利状况，需要约2.6年（1÷38.8%）就能在不影响正常经营的情况下偿还债务，说明公司对其长期债务有保障能力。

任务训练

　　静海公司2022年营业利润为230万元，2022年末负债总额1500万元，计算静海公司的债务保障倍数，并评价静海公司的长期偿债能力。

小贴士

　　在考察公司长期偿债能力时，除了要考虑上述指标，还需要关注一些表外因素，这些表外因素对公司偿债能力的影响重大而且较为深远。

　　常见的表外因素有或有负债，包括债务担保、未决诉讼、产品质量保证等。或有负债是指过去的交易或事项形成的潜在义务，其存在须通过未来不确定事项的发生或不发生予以证实。债务担保是指企业以本企业的资产为其他企业向银行或其他金融机构借款提供担保的事项。如果到期日其他单位偿还了借款，企业即解除了担保责任，但若被担保单位到期不能清偿借款，担保企业则负有偿还担保债务的责任。这种债务担保在会计报表中并未得到反映，但在考虑偿债能力时要考虑这一因素。未决诉讼，是公司作为原告或者被告的未做最后判决的民事诉讼。法院未做最后判决之前，公司在民事诉讼中的责任尚未确定，存在着以企业财产承担责任的可能，在进行公司偿债能力分析时也应考虑这一因素。

　　对于公司涉及金融衍生工具业务的，还需要考虑金融衍生工具的影响。金融衍生工具包括远期合同、期货合同、互换、期权等，金融衍生工具的本质是一种尚未履行的契约，是对未来可能发生的权利和义务的一种约定，因此它的交易时间和金额具有不确定性。如果财务报表没有及时准确地反映金融衍生工具的交易情况和损益程度，那么报表使用者不能利用该信息分析与之相关的潜在风险。因此，报表使用者在分析公司的长期偿债能力时，要注意考察公司的金融工具记录，综合起来对公司偿债能力作出判断。

　　除此之外，还需要考虑公司的重大投资项目。由于重大投资项目涉及金额较大、周期较长，因此重大投资项目的成败也会对企业的长期偿债能力产生重大影响。

项目小结

　　偿债能力是指企业对到期债务清偿的能力或现金保证程度。企业用其资产偿还长期债务与短期债务的能力，是反映企业财务状况和经营能力的重要标志。

　　企业的偿债能力按其债务到期时间的长短分为短期偿债能力和长期偿债能力。

　　短期偿债能力是指企业用流动资产偿还流动负债的现金保障程度。短期偿债能力的指标有营运资金、流动比率、速动比率和现金比率。流动比率≥速动比率≥现金比率，四个指标都是值越高，短期偿债能力越强。

　　长期偿债能力是指通过财务指标分析方法对企业长期偿债能力进行定量的描述并做出

判断。长期偿债能力的指标有资产负债率、产权比率、权益乘数、长期资本负债率、利息保障倍数和债务保障倍数,其中利息保障倍数越高,长期偿债能力越好,资产负债率、产权比率、权益乘数、长期资本负债率和债务保障倍数越高,长期偿债能力越差。

习题 4

一、单选题

1. A 公司资产负债表有关数据如下:"流动资产"360 000 元,"长期资产"4 800 000 元,"流动负债"为 205 000 元,"长期负债"780 000 元,则公司资产负债率为(   )。

    (A) 15.12%　　　　(B) 19.09%　　　　(C) 16.25%　　　　(D) 20.52%

2. B 公司 2022 年年末资产总额为 1 960 000 元,负债总额为 903 000 元,则公司产权比率为(   )。

    (A) 0.72　　　　(B) 0.91　　　　(C) 1.38　　　　(D) 0.85

3. C 公司的利息保障倍数不仅反映了 C 公司的盈利能力,而且反映了公司的(   )。

    (A) 营运能力　　　　　　　　　　(B) 短期偿债能力

    (C) 长期偿债能力　　　　　　　　(D) 经营能力

4. D 公司现在的流动比率为 2,下列哪项经济业务会引起流动比率降低?(   )。

    (A) 用银行存款偿还应付账款　　　(B) 发行股票收到银行存款

    (C) 以固定资产抵偿长期债务　　　(D) 用现金购买固定资产

5. E 公司流动资产大于流动负债,则月末公司用现金偿还一笔应付账款会使(   )。

    (A) 营运资金减少　　(B) 营运资金增加　　(C) 流动比率提高　　(D) 流动比率降低

6. F 公司流动资产小于流动负债,则月末公司用现金偿还一笔应付账款会使(   )。

    (A) 营运资金减少　　(B) 营运资金增加　　(C) 流动比率提高　　(D) 流动比率降低

7. G 公司年初流动比率为 2.0,速动比率为 1.2;年末流动比率为 2.3,速动比率为 0.9。公司发生这种情况的原因可能是(   )。

    (A) 存货增加　　(B) 应收账款增加　　(C) 应付账款增加　　(D) 预收账款增加

8. 在 H 公司速动比率是 0.9 的情况下,会引起该比率提高的经济业务是(   )。

    (A) 银行提取现金　　(B) 赊购商品　　(C) 收回应收账款　　(D) 发行长期债券

二、多选题

1. 下列项目中,属于速动资产的有(   )。

    (A) 现金　　(B) 应收账款　　(C) 交易性金融资产　　(D) 无形资产

2. 公司流动比率为 2,会使该比率下降的经济业务有(   )。

    (A) 收回应收账款,资金存入银行账户　　(B) 赊购一批商品

    (C) 以现金偿还应付账款　　　　　　　(D) 从银行取得短期借款

3. 公司流动比率过高,意味着公司存在以下哪几种可能?(   )。

    (A) 存在闲置现金　　　　　　　　(B) 存在存货积压,周转期长

    (C) 短期偿债能力差　　　　　　　(D) 应收账款周转期长

4. 下列对流动比率的表述中,正确的有(   )。

    (A) 流动比率越高越好

（B）不同企业的流动比率有不同的衡量标准

（C）流动比率需要用速动比率加以补充和说明

（D）流动比率高意味着企业一定具有短期偿债能力

三、计算题

1. 已知 I 公司、J 公司 2022 年年末部分资产负债表内容如表 4-14 所示。

表 4-14 资产负债表（部分）

单位：万元

项　　目	I 公司	J 公司
货币资金	7 600	38 000
交易性金融资产	22 800	32 300
应收账款	26 600	45 600
存货	95 000	36 100
流动负债合计	121 600	121 600

（1）分别计算 I 公司和 J 公司的流动比率和速动比率；

（2）比较 I 公司、J 公司的短期偿债能力。

2. 已知 K 公司 2022 年年末部分资产负债表内容如表 4-15 所示。

表 4-15 K 公司资产负债表（部分）

单位：万元

项　　目	金额	项　　目	金额
货币资金	996.00	短期借款	996.00
交易性金融资产	664.00	应付账款	664.00
应收款项	730.40	长期借款	1 328.00
存货	1 593.60	应付债券	664.00

（1）计算 K 公司年末的流动比率和速动比率；

（2）假设 K 公司同行业的各项比率的行业平均水平如表 4-16 所示，对公司偿债能力状况给出简要评价。

表 4-16 同行业水平分析表

比率名称	同行业水平分析
流动比率	1.5
速动比率	1.2

3. 已知 L 公司年末资产负债表有关项目数据如下：流动负债 100 万元，货币资金 60 万元，交易性金融资产 5 万元，应收账款 32 万元，存货 65 万，假设无其他流动资产。

计算公司的营运资本、流动比率、速动比率、现金比率。

4. 已知 M 公司的资产包括:货币资金 15 万元,交易性金融资产 31 万元,应收票据 15 万元,存货 30 万元,固定资产 71 万元,无形资产 10 万元,流动负债为 40 万元。

   计算公司的营运资本、流动比率、速动比率、现金比率。

5. 已知 N 公司资产负债表中的存货为 18 万元,流动负债为 20 万元,速动比率为 1.5,假设该公司的流动资产由速动资产和存货构成。

   计算该公司的流动比率。

6. 已知 O 公司资产负债表和利润表有关项目数据如下:(1)负债总额为 4 000 万元;(2)所有者权益总额为 3 500 万元;(3)净利润为 950 万元;(4)所得税为 170 万元;(5)利息费用为 250 万元。

   计算该公司的资产负债率、权益乘数、产权比率、利息保障倍数。

7. 已知 P 公司年末负债总额为 260 万元,资产总额为 650 万元,无形资产净值为 65 万元,流动资产为 312 万元,流动负债为 208 万元,年利息费用为 26 万元,净利润为 130 万元,所得税费用为 30 万元。

   计算该公司的年末资产负债率、年末产权比率、年利息保障倍数、年末流动比率。

8. 已知 Q 公司资产负债表内容如表 4-17 所示。

表 4-17　Q 公司资产负债表

单位:元

资　　产	年初数	年末数	负债和所有者权益	年初数	年末数
流动资产:			流动负债		
货币资金	9 100.00	6 562.50	短期借款	15 750.00	27 518.75
应收款项净额	26 250.00	32 812.50	应付账款	14 000.00	18 418.75
存货	28 000.00	32 812.50	流动负债合计	29 750.00	45 937.50
流动资产合计	63 350.00	72 187.50	长期负债	33 250.00	32 812.50
固定资产净值	64 750.00	72 187.50	所有者权益		
			股本	19 687.50	19 687.50
			资本公积	23 625.00	23 843.75
			盈余公积	11 287.50	11 331.25
			未分配利润	10 500.00	10 762.50
			所有者权益合计	65 100.00	65 625.00
资产总计	128 100.00	144 375.00	负债与所有者权益	128 100.00	144 375.00

Q 公司利润表数据如下:利息费用 7 875 元,利润总额 32 900 元。

请根据上述资料,计算下列动态和静态指标:

①流动比率;②速动比率;③资产负债率;④利息保障倍数。

项目 5 盈利能力分析

（1）通过同业比较分析，渗透责任意识以及职业道德等方面的教育，引导学生用发展的眼光看待事物，树立正确的是非观，贯彻诚信的社会主义核心价值观。

（2）通过盈利能力的分析，探讨企业责任，关注和理解企业经营管理中的现实问题，塑造会计从业人员的使命感和社会责任感，树立积极的社会主义核心价值观。

知识目标

（1）了解盈利能力评价指标的内涵。

（2）了解盈利能力评价指标分析的意义。

（3）理解影响盈利能力指标的因素。

能力目标

（1）掌握销售盈利能力指标的计算。

（2）掌握销售盈利能力指标的评价方法。

（3）掌握资本盈利能力指标的计算。

（4）掌握资本盈利能力指标的评价方法。

思维导图 📊

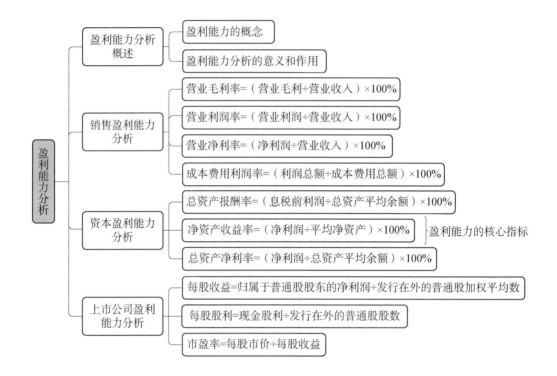

情景导入

宜华生活"拔电源"式财务造假 十六年 A 股生涯终黯然离场

宜华生活在 2016—2020 年长达 4 年的年报中,设置"双系统"数据造假,对营收和利润进行虚增。2016—2020 年度营收虚增额度分别为 22.98 亿元、21.4 亿元、20.12 亿元和 6.41 亿元,分别占当期披露营收的 40.32%、26.68%、27.18%和 12.22%,总计营收虚增额度高达 70.91 亿元。

在这几年中,宜华生活的利润虚增比例则更高。公告称,2016—2020 年,公司按照境内销售实际虚增利润,和按照外销平均毛利率估算境外销售虚增利润,分别虚增利润 7.73 亿元、8.68 亿元、9.06 亿元和 2.3 亿元,分别占当期披露利润增额的 88.24%、98.67%、192.78%和 99.37%。4 年时间虚增利润高达 27.77 亿元,部分年度虚增利润,甚至超过实际利润。

除此之外,宜华生活还采用财务不记账、虚假记账、伪造银行凭证等方法虚增银行存款,以及与其控股股东宜华集团的其他控股公司存在关联方交易,财务舞弊金额高达 400 亿元。

❓思考探究

从 2004 年上市,到 2022 年退市,宜华生活在股市沉浮十八载,最终却以如此不体面的方式退席、离场。企业的盈利能力所蕴含的企业利益观究竟是什么?

(资料来源:2022 年 5 月 21 日投资 AB 面 https://baijiahao.baidu.com/s? id=1733413030882506886&wfr=spider&for=pc)

思政小课堂

（1）企业利益观的思想基础是企业奉行的道德准则，我们分析企业盈利能力的前提是，必须把握企业盈利能力形成和提升的道德基础。

（2）企业必须强调盈利行为和盈利能力的正义性、合法性和公平性。

任务5.1 ▸ 盈利能力分析概述

5.1.1　盈利能力的概念

企业盈利能力，是指企业在一定时期内，通过各种经营活动来获取利润的能力，体现企业运用其所能支配的经济资源开展各种经营活动、从中赚取利润的能力。也就是企业投资人通过获取投资收益，或者债权人获取本息的资金来源，直接体现企业的经营效果，并且也是保证单位职工基本福利的重要来源。盈利是企业从事生产经营活动的根本目的，是企业赖以生存和发展的物质基础，它既关系企业投资者和债权人的利益，也是评价企业经营者业绩的重要内容。因此，盈利能力分析是企业会计报表分析的重要组成部分，也是评价企业经营管理水平的重要依据。

对于投资人来说，投资的目的就是获取更多的利润，盈利能力强则企业利润多，才能带来投资者利益的增长。

5.1.2　盈利能力分析的意义和作用

不同的利益相关者，站在不同的角度，对盈利能力分析有着各自不同的要求和目的。因此，盈利能力分析对于不同利益相关者而言具有不同的意义和作用。

对于企业经营管理者来说，利润是企业财务结构和管理业绩的重要衡量指标，分析企业的盈利能力具有十分重要的意义。通过盈利能力指标与标准、基期、同行业平均水平相比较，可以衡量企业经营管理者的管理水平和效果，并评价其工作业绩；进一步通过对盈利能力的深入分析，可以发现经营管理中存在的重大问题，进而采取措施加以解决，做出正确的经营决策，提高企业的盈利能力，促进企业持续稳定地发展。

对于投资人来说，投资的目的就是获取更多的利润，盈利能力强则企业利润多，才能带来投资者利益的增长。因此，投资者对盈利能力进行分析是为了判断企业盈利能力的大小、盈利能力的稳定性和持久性，以及未来盈利能力的变化趋势。投资者和潜在投资者都十分关注企业未来的持续盈利能力，所以企业的盈利能力分析对于投资者也至关重要。

对于债权人来说，企业的盈利能力是用于衡量其投入资金安全性的依据。无论是企业短期债务还是长期债务，也无论是定期支付的利息还是到期的本金，它们都需要企业用稳定的盈利能力来做保障。利润是企业偿还负债的来源，企业只有获得利润，才能偿还资金来源中的负债。换句话说，偿债能力的强弱最终取决于企业的盈利能力。因此，债权人进行获利能力分析的目的就是确保其债权的安全性。

对于政府机构来说,企业纳税是政府财政收入的重要来源,企业利润越多则缴纳的税款就越多。政府部门会以对国计民生贡献大、盈利能力强、实现利润多的企业作为一部分扶持的对象。因为对企业征收的税收等财政收入是行使社会管理职能,推动社会进步的资金保证,所以政府机构也非常重视企业的盈利能力。

总之,盈利能力分析能够用以了解、认识和评价一个企业过去的经营业绩、管理水平,以及通过对过去的评价,预测其未来的发展前景。因此,盈利能力分析成了企业及其利益相关者群体极为关注的一个重要内容。

销售盈利能力
分析

任务5.2 ▸ 销售盈利能力分析

销售盈利能力分析是企业通过业务经营活动所形成,它表现为与收入相关的和与成本费用相关的盈利能力。销售盈利能力分析是通过计算企业生产及销售过程中的产出、耗费和利润之间的比例关系,来评价企业的盈利能力。在这个过程中,只研究利润与相关收入或成本费用之间的比例关系,不需要考虑企业的投资或筹资等问题。反映销售盈利能力的基本指标有营业毛利率、营业利润率、营业净利率、成本费用利润率。

5.2.1 营业毛利率

营业毛利率又称销售毛利率,是指企业一定时期内营业毛利与营业收入的比值,它表示每1元营业收入中获取的毛利额。营业毛利率的计算公式为

$$营业毛利率=(营业毛利÷营业收入)×100\%。$$

其中,营业毛利=营业收入-营业成本。

由公式可以看出,企业的营业毛利率反映企业商品生产、销售的盈利能力,是企业创造利润的起点。毛利是企业利润形成的基础,企业如果没有足够多的毛利做保障,可能会陷入收不抵支的境地。营业毛利率越大,说明营业收入中营业成本占比越小,营业成本控制的好,企业的盈利能力也就越高;反之,则盈利能力越低。

> ❓ **思考探究**
>
> 影响营业毛利率的因素有哪些?
>
> (1) 销售商品的价格:由于营业收入是数量和销售单价的乘积,所以售价的高低直接影响营业收入的多少;
>
> (2) 产品的成本:购货成本或生产成本的上升下降会影响企业的营业成本;
>
> (3) 企业的销售结构:企业销售产品的品种繁多,并且每种产品的边际利润通常不同,故而企业生产或经营商品的品种结构必然影响毛利的高低。
>
> 因此,就单个产品而言,售价上升或成本下降是提高营业毛利率的主要手段,但就整个企业而言,销售结构是影响营业毛利率的主要因素。为了提高毛利率,除了提高售价和减少成本以外,最主要是调整和优化品种结构。

小贴士

对营业毛利率指标进行分析时要注意,该指标具有明显的行业特点。

一般来说,营业周期短、固定费用低的行业的营业毛利率水平比较低,如饮食和商品零售行业;营业周期长、固定费用高的行业,则要求有较高的营业毛利率,以弥补其巨大的固定成本,如工业企业。因此,在分析营业毛利率时,应将该指标与本企业历史水平、同行业平均水平及先进水平进行比较,以正确评价企业的盈利能力。

【例5-1】达旺公司2020—2022年营业的有关数据如表5-1所示。

表5-1 达旺公司营业毛利率计算表

单位:万元

项　　目	2020年	2021年	2022年
营业收入	14 330	15 440	16 620
营业成本	13 220	13 900	14 660
营业毛利	1 110	1 540	1 960
营业毛利率/%	7.75	9.97	11.79

同行业2020—2022年平均营业毛利率如表5-2所示。

表5-2 同行业2020—2022年平均营业毛利率表

年份	2020年	2021年	2022年
同行业平均营业毛利率/%	6.59	8.01	10.43

达旺公司2020—2022年的营业毛利率分别为7.75%,9.97%,11.79%,营业收入每年递增,营业毛利率也呈稳步上升趋势,与同行业平均水平相比,2020—2022年都高于该行业平均水平,说明该公司的销售结构合理,对市场定位准确,盈利能力强。

任务训练

2022年初小赵在当地大学城附近开了一家剧本杀体验馆,开业之初生意火爆,颇受当地大学生欢迎,2021年的营业收入为150万,营业成本为80万。2022年9月,附近连续开了两家剧本杀推理社,小赵的体验馆受到严重影响。2022年底,为了维持经营,小赵急需寻求股东入股,于是对营业收入进行了虚增,虚假记账营业收入为300万,营业成本为100万。后被有关部门查出实际营业收入为110万,营业成本为100万,被处以罚款。

(1)计算小赵的剧本杀体验馆2021—2022年的营业毛利率;

(2)剧本杀体验馆2022年的营业毛利率比2021年的_____(填"高"或"低"),说明体验馆的盈利能力_____(填"上升"或"下降")。

思政小课堂

请同学们充分认识到虚增收入是由于缺乏良好职业道德而引发的后果,请大家树立正确的职业道德以及是非观念,贯彻社会主义核心价值观:诚信。

5.2.2　营业利润率

营业利润率是指企业营业利润和营业收入的比率,它是衡量企业经营效率的指标。它反映了在考虑营业成本的情况下,企业管理者通过经营获取利润的能力。

计算公式:营业利润率＝(营业利润÷营业收入)×100%。

营业利润是最能体现企业经营活动业绩的项目,同时也是最稳定的利润组成部分,营业利润占利润总额比重的多少,是说明企业利润质量高低的重要依据。营业利润率越高,表明企业盈利能力越强,经营状况越好;反之,则盈利能力越弱。

> **小贴士**
>
> 　　从营业利润率的计算公式可以看出,企业的营业利润与营业利润率的高低成正比,与营业收入成反比。企业在增加收入的同时,应该获得更多的营业利润,才能保证营业利润率保持不变或有所增长,这就要求企业在扩大销售、增加收入的同时,还要注意提升自身的经营管理水平,努力降低成本,提高盈利能力。
>
> 　　要提高企业的营业利润率水平,还需要对其构成要素及结构比重的变动情况进行分析,采取措施来改善企业盈利能力。
>
> 　　对单个企业来说,营业利润率越大越好,但各行业的竞争能力、经济状况、利用负债融资及行业经营的特征不同,都会使得不同行业的各企业间的营业利润率不同。所以,在使用该指标进行分析时,需要将企业的个别营业利润率与同行业其他企业的营业利润率进行对比分析,从而更好地评价企业盈利能力的状况。

【例 5-2】达旺公司 2020—2022 年有关资料的计算如表 5-3 所示。

表 5-3　达旺公司营业利润率计算表

单位:万元

项　　目	2020 年	2021 年	2022 年
营业收入	14 330	15 440	16 620
营业利润	2 356	5 720	3 560
营业利润率/%	16.44	37.05	21.42

同行业 2020—2022 年平均营业利润率如表 5-4 所示。

表 5-4　同行业 2020—2022 年平均营业利润率表

年份	2020 年	2021 年	2022 年
行业平均营业利润率/%	16.01	18.30	19.25

达旺公司 2020—2022 年的营业利润率分别为 16.44%,37.05%,21.42%,呈现大幅度的波动。与同行业平均水平相比,2020—2022 年都高于该行业平均水平。由表 5-3 可以看

出尽管营业收入每年递增,但营业利润变动较大,2021 年的营业利润比前后两年都要高,该变动是否合理,需要结合利润表中的项目来进行具体分析判断。

任务训练

资运公司 2021—2022 年营业利润率计算如表 5-5 所示。

表 5-5　资运公司营业利润率计算表

单位:万元

项　　目	2021 年	2022 年
营业收入	21 100	23 100
营业利润	3 050	4 100
营业利润率/%		

同行业 2021—2022 年平均营业利润率如表 5-6 所示。

表 5-6　同行业 2021—2022 年平均营业利润率表

年份	2021 年	2022 年
行业平均营业利润率/%	13.25	15.13

(1) 计算资运公司 2021—2022 年的营业利润率;

(2) 资运公司 2022 年的营业利润率比 2021 年的_____(填"高"或"低"),比 2022 年同行业平均水平_____(填"高"或"低"),比 2021 年同行业平均水平_____(填"高"或"低"),说明公司的盈利能力_____(填"上升"或"下降")。

5.2.3　营业净利率

营业净利率是指企业在一定期间的净利润与营业收入的比率,该指标从企业生产经营最终目的的角度来反映营业收入的贡献,是分析盈利能力中使用最广泛的一项评价指标。

计算公式:营业净利率＝(净利润÷营业收入)×100%。

营业净利率是反映企业经营盈利能力的最终指标,反映了每 1 元营业收入可实现净利润的数额。该指标越高,说明企业盈利能力越强;反之,营业净利率越低,表示企业盈利能力越弱。

> **小贴士**
>
> 营业净利率的大小主要受营业收入和净利润的影响,这两个项目分别是利润表中的首项和末项。净利润是企业的收入在扣除了成本和费用以及税收之后的净值,是企业为自身创造的最终收益,反映了企业能够自行分配的利润额。提取公积金、发放股利等行为都是建立在这个净利润的基础上。
>
> 由于营业净利率的净利润是企业各项收益与各项成本费用配比之后的净值,所以各年净利润的数额会有较大的变动,应该将该指标与净利润的内部构成结合起来分析。

【例5-3】达旺公司2020—2022年有关资料的计算如表5-7所示。

表5-7 达旺公司营业净利率计算表

单位：万元

项　目	2020年	2021年	2022年
营业收入	14 330	15 440	16 620
净利润	2 100	5 670	3 270
营业净利率/%	14.65	36.72	19.68

同行业2020—2022年平均营业净利率如表5-8所示。

表5-8 同行业2020—2022年平均营业净利率表

年份	2020年	2021年	2022年
行业平均营业净利率/%	14.01	16.68	18.31

达旺公司2020年的营业净利率为14.65%，2021年为36.72%，2022年降低至19.68%，呈现大幅度的波动。与同行业平均水平相比，2020年和2022年都略高于该行业平均水平，2021年超出同行业平均水平较多。该公司的营业净利率波动主要是由净利润的不稳定造成的，说明该公司的盈利能力不够稳定。公司应采取相应措施，去提高和稳定盈利水平。

任务训练

资运公司2021—2022年营业净利率计算如表5-9所示。

表5-9 资运公司营业净利率计算表

单位：万元

项　目	2021年	2022年
营业收入	21 100	23 100
净利润	875	950
营业净利率/%		

同行业2021—2022年平均营业净利率如表5-10所示。

表5-10 同行业2021—2022年平均营业净利率表

年份	2021年	2022年
行业平均营业净利率/%	5.27	5.69

(1) 计算资运公司2021—2022年的营业净利率；

(2) 资运公司2022年的营业净利率比2021年的_____（填"高"或"低"），比2022年同行业平均水平＿＿＿＿＿＿（填"高"或"低"），比 2021 年同行业平均水平＿＿＿＿＿＿（填"高"或"低"），说明公司的盈利能力＿＿＿＿＿＿＿＿＿（填"上升"或"下降"）。

5.2.4　成本费用利润率

成本费用利润率是指企业在一定时期内利润总额与成本费用总额的比率，它是反映企业在经营过程中发生耗费与获得收益之间关系的指标，是从总耗费的角度来分析企业盈利能力的主要指标。

计算公式：成本费用利润率＝（利润总额÷成本费用总额）×100％。

其中，成本费用总额＝营业成本＋税金及附加＋管理费用＋销售费用＋财务费用。

成本费用利润率反映了企业每耗费 1 元成本费用所能创造的利润额，它揭示了所得与所费之间的关系。成本费用利润率越高，表明企业以较低的资源消耗获取较高的利润，成本费用控制得越好，盈利能力越强。在企业利润总额一定的情况下，成本费用总额越低，成本费用利润率就越高；同样地，当成本费用总额一定时，利润总额越高，成本费用利润率就越高，表明每 1 元耗费用获得的利润越多，企业效益越好。反之，则表示企业盈利能力下降。

> **小贴士**
>
> 成本费用利润率还应分不同层次进行分析，比如主营业务成本、营业成本等。在评价成本费用效果时，应注意成本费用和利润之间的计算层次和口径上的对应关系。例如分母为主营业务成本，分子应选择主营业务利润。除此之外，由于各行业具体情况不同，因此在使用成本费用利润率指标进行分析时，应参考同行业的平均水平，进行客观的分析，从而得出正确的结论。

【例 5-4】达旺公司 2020—2022 年有关资料的计算如表 5-11 所示。

表 5-11　达旺公司成本费用利润率计算表

单位：万元

项　目	2020 年	2021 年	2022 年
营业成本	13 220	13 900	14 660
税金及附加	730	350	532
销售费用	3 545	5 620	5 789
管理费用	4 215	4 590	5 051
财务费用	8 921	8 745	9 006
成本费用总额	30 631	33 205	35 038
利润总额	2 800	7 560	4 360
成本费用利润率/%	9.14	22.77	12.44

达旺公司 2021 年的成本费用利润率为 22.77％，比 2020 年增加了 13.63％，2022 年比 2021 年降低了 10.33％，波动幅度较大。这和其他的盈利指标反映出相同的变动趋势，主要

原因是该公司近三年的利润总额变动较大。至于该公司成本费用利润率是否处于同行业领先水平,还应该结合同行业平均水平才能更全面地说明。

任务训练

资运公司 2021—2022 年成本费用利润率计算如表 5-12 所示。

表 5-12　资运公司成本费用利润率计算表

单位:万元

项　目	2021 年	2022 年
营业成本	14 500	16 200
税金及附加	900	1 020
销售费用	1 430	1 250
管理费用	1 760	1 890
财务费用	2 830	3 040
成本费用总额		
利润总额	5 030	6 200
成本费用利润率/%		

（1）计算资运公司 2021—2022 年的成本费用利润率;

（2）资运公司 2022 年的成本费用利润率比 2021 年的＿＿＿＿＿＿＿（填"高"或"低"）,说明公司的盈利能力＿＿＿＿＿＿＿＿＿＿（填"上升"或"下降"）。

资本盈利能力
指标

任务5.3 ▶ 资本盈利能力分析

　　销售盈利能力分析主要以营业收入为基础,只是在产出与产出之间进行的比较分析,它是企业盈利能力的基础表现,但未能全面地反映企业的盈利能力。为了综合地考察企业的盈利能力,需要将投入和产出两个方面结合起来进行分析。因此,还必须从资产运用效率和资本投入报酬角度进一步对企业的盈利情况进行分析,才能公正客观地评价企业的盈利能力。反映资本盈利能力的基本指标有总资产报酬率、净资产收益率、总资产净利率。

5.3.1　总资产报酬率

　　总资产报酬率又称总资产收益率,是指企业一定时期能获得的报酬总额与平均资产总额的比率,是反映企业资产综合利用效果的指标,也是衡量企业利用债权人和所有者权益总额所取得盈利的重要指标。

　　计算公式:总资产报酬率＝(息税前利润÷总资产平均余额)×100%。

其中,息税前利润＝利润总额＋利息支出＝净利润＋所得税费用＋利息支出,

总资产平均余额＝(总资产期初余额＋总资产期末余额)÷2。

总资产报酬率表示每 1 元总资产中获得的报酬。该指标集中体现了资产运用效率和资金利用效果之间的关系,全面反映了企业全部资产的盈利水平,它是一个综合性较强的指标。一般情况下,该指标越高,表明企业经营管理水平越高,资产利用效率越好,企业的盈利能力越强;反之,说明企业资产利用效率越低,利用资产创造的利润越少,管理水平越低,资产盈利能力越差。

🔍 **思考探究**

为什么总资产报酬率的分子为息税前利润?

首先,企业总资产的资金来源由所有者权益和负债组成。所有者的投资报酬体现为利润,而债权人的报酬则体现为利息。因此在衡量投资报酬时不能直接采用利润总额,而应采用息税前利润。其次,资产经营的目标不只是企业资本所有者利益,而是企业所有利益相关者的利益,因而资产经营的目标决定了总资产报酬率的分子应使用息税前利润而不是息税后利润。

📝 **小贴士**

从总资产报酬率的计算公式可知,影响指标大小的直接因素包括两个方面:息税前利润和总资产平均占用额。息税前利润与总资产报酬率成正比例关系,其数额越大,总资产报酬率越高。总资产平均占用额与总资产报酬率是反比的关系,企业总资产的数量决定了企业的生产规模,如果一个企业没有对资产的运用,那么根本就不可能取得盈利。但是资产占用过高会导致资金的停滞,会影响到资金的运用效率和企业的收益。因此,在分析总资产平均占用额对总资产报酬率的影响时,要注意尽可能降低资产占用额,提高资产运用效率,合理安排资产构成,优化资产结构。

【例 5-5】达旺公司 2020—2022 年有关资料的计算如表 5-13 所示。

表 5-13　达旺公司总资产报酬率计算表

单位:万元

项　目	2020 年	2021 年	2022 年
利息支出	8 921	8 745	9 006
利润总额	2 800	7 500	4 360
息税前利润	11 721	16 245	13 366
平均总资产	98 145	102 369	110 785
总资产报酬率/%	11.94	15.87	12.06

达旺公司 2020—2022 年的总资产报酬率分别为 11.94%,15.87%,12.06%,2021 年的总资产报酬率较 2020 年上升了 3.93%,说明 2021 年的盈利能力加强;2022 年的总资产报酬率较 2021 年下降了 3.81%,说明该公司 2022 年的盈利能力下降。根据表 5-13 可知,该公司总资产报酬率波动的主要原因是利润总额变动较大。

任务训练

资运公司 2021—2022 年总资产报酬率计算如表 5-14 所示。

表 5-14 资运公司总资产报酬率计算表

单位:万元

项　　目	2021 年	2022 年
利息支出	2 830	3 040
利润总额	5 030	6 200
息税前利润		
平均总资产	104 580	112 750
总资产报酬率/%		

（1）计算资运公司 2021—2022 年的总资产报酬率；

（2）资运公司 2022 年的总资产报酬率比 2021 年的_____（填"高"或"低"），说明公司的盈利能力_____（填"上升"或"下降"）。

5.3.2　净资产收益率

净资产收益率又称股东权益收益率，是企业一定时期净利润与平均净资产的比率。它是反映自有资金投资收益水平的指标，是企业盈利能力的核心指标。

计算公式：净资产收益率＝(净利润÷平均净资产)×100%。

其中，平均净资产＝(所有者权益期初数＋所有者权益期末数)÷2。

净资产收益率表明投资者的每 1 元投资将获取多少回报，反映企业资金运营的综合收益。净资产收益率越高，说明企业自有资本获取收益的能力就越强，所有者和债权人的利益保障程度越高，盈利能力越强；反之，则盈利能力越弱。

？思考探究

总资产报酬率与净资产收益率有什么区别？

总资产报酬率反映股东和债权人共同提供的资金所产生的利润率；净资产收益率则反映仅由股东投入的资金所产生的利润率。

【例 5-6】达旺公司 2020—2022 年有关资料的计算如表 5-15 所示。

表 5-15　达旺公司净资产收益率计算表

单位:万元

项　　目	2020 年	2021 年	2022 年
净利润	2 100	5 670	3 270
平均净资产	57 493	58 503	59 427
净资产收益率/%	3.65	9.69	5.50

达旺公司 2021 年的净资产收益率为 9.69%，比 2020 年高 6.04%，表明 2020 年权益资

本的盈利能力增强,比 2022 年高 4.19%,表明 2022 年权益资本的盈利能力减弱,根据表 5-15 可知,净资产收益率的波动是由净利润的变动引起的。

任务训练

资运公司 2021—2022 年净资产收益率计算如表 5-16 所示。

表 5-16　资运公司净资产收益率计算表

单位:万元

项　　目	2021 年	2022 年
净利润	875	950
平均净资产	89 349	90 750
净资产收益率/%		

(1) 计算资运公司 2021—2022 年的净资产收益率;

(2) 资运公司 2022 年的净资产收益率比 2021 年的_____(填"高"或"低"),说明公司的盈利能力_____(填"上升"或"下降")。

5.3.3　总资产净利率

总资产净利率是指企业的净利润和平均总资产的比率,反映每 1 元资产创造的净利润。

计算公式:总资产净利率＝(净利润÷总资产平均余额)×100%。

总资产净利率是衡量企业经营效率和盈利能力的综合指标。该指标越高,表示企业资产的利用效果越好,盈利能力越高;反之,则盈利能力越弱。

> **小贴士**
>
> 影响总资产净利率的因素是营业净利率和总资产周转率。
>
> 计算公式:
>
> 总资产净利率＝(净利润÷总资产平均余额)×100%
>
> $$=\frac{净利润}{营业收入}\times\frac{营业收入}{总资产平均余额}$$
>
> ＝营业净利润×总资产周转率。
>
> 因此,企业可以通过提高营业净利率、加速总资产周转来提高总资产净利率。

【例 5-7】达旺公司 2020—2022 年有关资料的计算如表 5-17 所示。

表 5-17　达旺公司总资产净利率计算表

单位:万元

项　　目	2020 年	2021 年	2022 年
净利润	2 100	5 670	3 270
平均总资产	98 145	102 369	110 785
总资产净利率/%	2.14	5.54	2.95

达旺公司 2021 年的总资产净利率为 5.54％,比 2020 年高 3.4％,说明 2021 年的盈利能力加强,比 2022 年高 2.59％,说明 2022 年的盈利能力减弱。根据表 5－17 可知,净利润变动较大导致总资产净利率波动,达旺公司可以通过改善营业净利率和资产周转率稳定企业整体盈利水平。

任务训练

资运公司 2021—2022 年总资产净利率计算如表 5－18 所示。

表 5－18 资运公司总资产净利率计算表

单位:万元

项　　目	2021 年	2022 年
净利润	875	950
平均总资产	104 580	112 750
总资产净利率/％		

(1) 计算资运公司 2021—2022 年的总资产净利率;

(2) 资运公司 2022 年的总资产净利率比 2021 年的_____(填"高"或"低"),说明公司的盈利能力_____(填"上升"或"下降")。

上市公司盈利
能力分析

任务 5.4 ▶ 上市公司盈利能力分析

由于上市公司自身特点所决定,其盈利能力除了可以通过一般企业的盈利能力指标分析之外,还应该进行一些特殊指标的分析,特别是一些与企业股票价格或市场价值相关的指标分析。反映上市公司盈利能力的基本指标有每股收益、每股股利和市盈率。

5.4.1　每股收益

每股收益又称每股税后利润、每股盈余,指税后利润与发行在外普通股股数的比率,反映普通股股东每持有 1 股所能享有的企业净利润或需承担的企业净亏损。每股收益是评价上市公司盈利能力的核心指标,可以用来判断和评价管理层的经营业绩。

计算公式:每股收益＝归属于公司普通股股东的净利润÷发行在外的普通股加权平均数。

其中,当期发行在外普通股加权平均数＝期初发行在外普通股股数＋当期新发行普通股股数×发行在外时间÷报告期时间－当期回购普通股股数×回购时间÷报告期时间。

每股收益通常被用来反映企业的经营成果,衡量普通股的盈利水平及投资风险,是投资者等信息使用者据以评价企业盈利能力、预测企业成长潜力、做出相关经济决策的重要财务指标之一。从计算式中可以看出,归属于普通股的净利润与每股收益呈正比例关系,企业的净利润越高,每股收益就越大。企业普通股股数与每股收益呈反比例关系,企业发行的普通股股份数量越多,在净利润一定的情况下,每股收益就越低。

> **📋 小贴士**
>
> 使用每股收益分析时,要注意以下问题:
>
> (1) 每股收益不反映股票所含有的风险。例如,假设某公司原来经营日用品的产销,最近转向房地产投资,公司的经营风险增大了很多,但每股收益可能不变或提高,并没有反映风险增加的不利变化。
>
> (2) 股票是一个"份额"概念,不同股票的每 1 股在经济上不等量,它们所含有的净资产和市价不同,即换取每股收益的投入量不相同,限制了每股收益的公司间比较。
>
> (3) 每股收益多,不一定意味着投资者能得到更多的分红,还要看公司股利分配政策。

【例 5-8】达旺公司 2022 年初发行在外的普通股 4 000 万股,4 月 1 日新发行 3 000 万股;12 月 1 日回购 2 400 万股,以备将来奖励职工。达旺公司归属于普通股股东的净利润为 3 270 万元,则每股收益计算如下:

当期发行在外普通股加权平均数＝期初发行在外普通股股数＋当期新发行普通股股数×发行在外时间÷报告期时间－当期回购普通股股数×回购时间÷报告期时间＝4 000＋3 000×9÷12－2 400×1÷12＝6 050(万股)

每股收益＝归属于普通股股东的净利润÷发行在外的普通股加权平均数

＝3 270÷6 050

＝0.54(元/股)

任务训练

资运公司 2022 年度归属于普通股股东的净利润为 11 250 万元,发行在外普通股加权平均数为 18 000 万股,求该公司的每股收益。

5.4.2 每股股利

每股股利是企业股利总额与普通股股数的比值,是反映股份公司每 1 股普通股获得股利多少的一个指标。

计算公式:每股股利＝现金股利÷发行在外的普通股股数。

每股股利反映的是普通股股东每持有上市公司 1 股普通股获取的股利大小,是投资者股票投资收益的重要来源之一。对投资者来说,该指标越高,表明投入资本获取的收益越大,盈利能力越强。

> **📋 小贴士**
>
> 由于净利润是股利分配的来源,所以每股股利的多少很大程度上取决于每股收益的多少。上市公司每股股利发放多少,除了受盈利能力大小影响以外,还受企业股利发放政策与利润分配政策的影响。如果企业为了扩大再生产,增强企业后劲而多留利,每股股利就少;反之,则多。

【例 5-9】达旺公司 2022 年度发放普通股股利 2 000 万元,年末发行在外的普通股股数为 6 050 万股,与达旺公司同行业的广林公司 2022 年度发放普通股股利 1 500 万元,年末发行在外的普通股股数为 8 000 万股。两家公司的每股股利计算如下:

达旺公司每股股利=现金股利÷发行在外的普通股股数

$\qquad$=2 000÷6 050

$\qquad$=0.33(元)

广林公司每股股利=现金股利÷发行在外的普通股股数

$\qquad$=1 500÷8 000

$\qquad$=0.19(元)

达旺公司 2022 年的每股股利为 0.33 元,广林公司 2022 年的每股股利为 0.19 元,低于达旺公司,说明达旺公司投入资本获取的收益大,盈利能力比广林公司强。

任务训练

资运公司 2022 年度发放普通股股利 4 500 万元,年末发行在外的普通股股数为 18 000 万股,求该公司的每股股利。

5.4.3 市盈率

市盈率又称价格与收益比率,是股票每股市价与每股收益的比率,反映普通股股东为获取 1 元净利润所愿意支付的股票价格,可以用来估计股票的投资报酬和风险。

计算公式:市盈率=每股市价÷每股收益。

市盈率是上市公司盈利能力的一个重要指标,该比率的高低反映了市场上投资者对股票投资收益和投资风险的预期。一般来说,市盈率越高,意味着投资者对股票的收益预期越看好,愿意出较高的价格购买该公司股票,预期能获得更好的回报,投资价值越大;反之,投资者对该股票评价越低。但市盈率越高,也说明获得一定的预期利润投资者需要支付更高的价格,投资风险越大。

> **小贴士**
>
> 　　上市公司的市盈率是广大股票投资者进行投资的重要决策指标。在计算和分析市盈率指标时,应该注意以下问题:
>
> 　　(1) 使用市盈率进行分析的前提是每股收益维持在一定水平之上,在企业每股收益很小或接近亏损时,股票市价不会降为零,而市盈率会很高,此时很高的市盈率不能说明任何问题。因此不能单纯依靠市盈率指标来评价企业盈利能力,应结合其他指标进行综合分析。
>
> 　　(2) 市盈率某种程度上反映了投资者的投资预期,但由于信息不对称和市场不完全,投资者可能会对股票做出错误估计。因此,通常很难根据某一时期的市盈率对某一股票投资价值做出判断,应该进行不同时期以及同行业不同公司之间的比较或与行业平均市盈率进行比较,以判断股票的投资价值。

【例 5-10】承【例 5-8】,假定达旺公司 2022 年末的每股市价 20 元,则该公司 2022 年末的市盈率计算如下：

　　市盈率＝每股市价÷每股收益

　　　　　＝20÷0.54

　　　　　＝37.04。

任务训练

　　资运公司2022年度的每股收益为0.625元/股,假定该公司2022年末的每股市价为30元,求该公司的市盈率。

项目小结

　　盈利能力指的是企业在一定时期内,通过各种经营活动来获取利润的能力,体现的是企业运用其所能支配的经济资源开展各种经营活动、从中赚取利润的能力,是企业会计报表分析的重要组成部分,也是评价企业经营管理水平的重要依据。

　　盈利能力分析的内容包括销售盈利能力分析、资本盈利能力分析和上市公司盈利能力分析。

　　销售盈利能力分析是通过计算企业生产及销售过程中的产出、耗费和利润之间的比例关系,来评价企业的盈利能力。销售盈利能力的指标有营业毛利率、营业利润率、营业净利率和成本费用利润率。四个指标都是越高表明企业的盈利能力越好。

　　资本盈利能力分析是从资产运用效率和资本投入报酬角度进一步对企业的盈利情况进行分析。反映资本盈利能力的基本指标有总资产报酬率、净资产收益率、总资产净利率。三种指标都是越高表明企业的盈利能力越强。

　　上市公司盈利能力的基本指标有每股收益、每股股利和市盈率。

· 习题 5 ·

一、单选题

1. 总资产报酬率是指(　　　　)与平均总资产之间的比率。

　　(A) 净利润　　　　　　(B) 息税前利润　　　　(C) 利润总额　　　　(D) 营业利润

2. (　　　　)是反映企业盈利能力的核心指标。

　　(A) 总资产报酬率　　　　　　　　　　(B) 净资产收益率

　　(C) 总资产净利率　　　　　　　　　　(D) 营业毛利率

3. 在下列指标中,不属于企业盈利能力的指标是(　　　　)。

　　(A) 成本费用利润率　　　　　　　　　(B) 资产负债率

　　(C) 每股股利　　　　　　　　　　　　(D) 营业毛利率

4. 用于评价企业盈利能力的总资产报酬率指标中的“报酬”是指(　　　　)。

　　(A) 息税前利润　　　(B) 净利润　　　　(C) 利润总额　　　　(D) 营业收入

5. 企业2022年的营业收入为180万元,营业成本为120万元,实现净利润80万元,则营业毛利率为(　　　　)。

　　(A) 50%　　　　　　(B) 66.67%　　　　(C) 44.44%　　　　(D) 33.33%

6. 上市公司 2022 年度的每股收益为 1.50 元,每股市价为 30 元,则该公司的市盈率为( )。

(A) 20　　　　(B) 18　　　　(C) 16　　　　(D) 15

7. 企业 2022 年实现利润总额为 600 万元,所得税费用为 150 万元,利息支出为 250 万元,年初和年末总资产均为 4 600 万元,则总资产报酬率为( )。

(A) 17.29%　　(B) 15.22%　　(C) 18.48%　　(D) 16.30%

8. 企业 2022 年实现净利润 150 万元,资产总额为 2 200 万元,资产负债率为 50%,则该企业净资产收益率为( )。(年末余额可以代表本年平均数)

(A) 6.82%　　(B) 15.13%　　(C) 13.64%　　(D) 14.89%

二、多选题

1. 反映企业盈利能力的指标有( )。

(A) 净资产收益率　(B) 总资产报酬率　(C) 营业净利率　(D) 每股收益

2. 反映上市公司盈利能力的指标有( )。

(A) 市盈率　　　(B) 每股股利　　　(C) 总资产报酬率　(D) 每股收益

3. 下列指标中,比率越高说明企业盈利水平越高的有( )。

(A) 资产负债率　(B) 存货周转率　　(C) 净资产收益率　(D) 营业净利率

4. 下列有关总资产报酬率的说法中,正确的有( )。

(A) 总资产报酬率高,经营管理水平高

(B) 总资产报酬率高,资产利用效率低

(C) 总资产报酬率高,盈利能力高

(D) 总资产报酬率高,资产利用效率高

5. 影响总资产净利率的因素有( )。

(A) 营业净利率　(B) 净利润　　　　(C) 总资产周转率　(D) 平均总资产

三、计算题

1. 已知 A 公司 2022 年 12 月份资产负债表如表 5-19 所示。本年度营业收入为 500 万元,营业成本 360 万元,利润总额 60 万元,净利润 45 万元,本年度利息支付 10 万元。

表 5-19　资产负债表(部分)

单位:万元

项　　目	2022 年初	2022 年末
资产总额	360	440
所有者权益	200	240

请计算(1) 利息费用保障倍数;

(2) 总资产报酬率;

(3) 净资产收益率;

(4) 销售毛利率;

(5) 销售净利率。

2. 已知 B 公司 2022 年营业收入为 520 万元,营业成本 340 万元,实现利润总额 50 万元,财务费用 8 万元。年末资产总额为 300 万元,负债总额为 200 万元。年初资产总额 260 万元,负债总额为 160 万元。

请计算(1)总资产报酬率;

(2)净资产收益率;

(3)销售毛利率;

(4)销售净利率。

3. 已知 C 公司 2022 年年初和年末资产总计均为 2 000 万元,流动负债均为 400 万元,长期负债均为 400 万元。年营业收入为 2 000 万元,息税前利润为 300 万元,年利息费用为 50 万元,公司适用的企业所得税税率为 25%。

请计算(1)销售净利率;

(2)总资产报酬率;

(3)净资产收益率。

4. 已知 D 公司 2021—2022 年利润表的部分数据如表 5-20 所示。

表 5-20 利润表(部分)

单位:万元

项 目	2021 年	2022 年
一、营业收入	8 850	9 680
减:营业成本	6 540	6 860
销售费用	230	200
管理费用	170	180
财务费用	125	150
二、营业利润	1 785	2 290
加:营业外收入	25	30
减:营业外支出	10	15
三、利润总额	1 800	2 305
减:所得税费用	450	576.25
四、净利润	1 350	1 728.75

(1)计算该公司 2021—2022 年的营业毛利率和营业利润率,并对其变动原因进行分析;

(2)如果 D 公司 2021 年和 2022 年的总资产平均余额分别为 9 500 万元和 10 000 万元,平均所有者权益分别为 5 000 万元和 6 000 万元,计算该公司的总资产报酬率和净资产收益率,并在此基础上对该公司的盈利能力进行评价。

项目 **6** 营运能力分析

素质目标

（1）通过相同企业跨时期的纵向比较，树立"正确地做事，做正确的事，把事做正确"的思想，培养学生建立正确的价值观和科学的分析思维。

（2）通过营运能力的分析，请同学们在学习和工作中，树立效率意识和质量意识，从细微之处讲求效能，于显著之处追求效率，在未来经营自己的企业时能够进行有效管理。

知识目标

（1）了解营运能力评价指标的内涵。

（2）了解营运能力评价指标分析的意义。

（3）理解影响营运能力指标的因素。

能力目标

（1）掌握流动资产营运能力指标计算。

（2）掌握流动资产营运能力指标评价方法。

（3）掌握长期资产营运能力指标计算。

（4）掌握长期资产营运能力指标评价方法。

（5）掌握总资产营运能力指标计算。

（6）掌握总资产营运能力指标评价方法。

思维导图

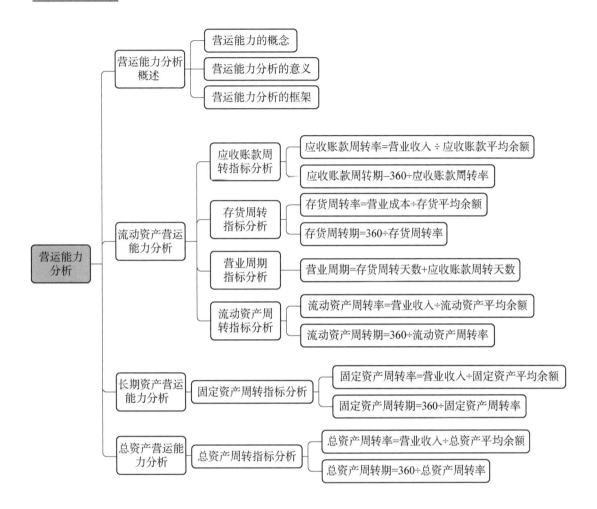

情景导入

随着中国社会经济与精神物质文明的快速发展,环境问题也日益严重,而燃油汽车排放的尾气是大气的主要污染物来源之一,并且石油是不可再生能源,如果仅仅依靠石油来满足人类的日常需要,那么石油资源迟早会枯竭。因此若想改变这种不利的局势,就需要寻找替代能源。

电力是石油的替代能源之一,可以把燃油车升级成电动车,因此在汽车研发方面就可以研发新能源汽车,用电力代替石油,迎合消费者的意愿。此外公司还应满足消费者多样化的需求提供多种车型供消费者选择,不断地与时俱进,不断地开拓创新,从而让公司长久地发展下去。如此就需要提高创新能力,也就意味着要加大科研投入,比亚迪公司为了研发新能源汽车,研发费用从 37 亿元增加到 74 亿元,这样营业成本也会随之增加。

(资料来源:此案例改编自吴甜甜,赵秋梅:《比亚迪股份有限公司营运能力分析》,企业与经济,2022 年,第 130 页-132 页。)

如何降低研发费用提高公司效益？

思政小课堂

（1）企业不能盲目增大科研投入，要依据自身实际情况和市场反馈，制定合理的科研投入策略。

（2）企业提高创新能力的同时也要兼顾效益。作为财务人员，需要树立创新创业思想，在经营自己的企业时能够进行有效管理。

任务6.1 ▸ 营运能力分析概述

6.1.1 营运能力的概念

什么是企业的营运能力？想要了解企业的营运能力，首先需要了解企业的营运是什么。我们可以通过观察学校食堂的一次营运过程，来了解什么是企业的运营。学校食堂一般是用现金去购买米和菜等一些原材料，然后食堂的厨师将这些原材料做成各种不同的菜式，销售给学校的学生，最后回收现金，这就是食堂的一次营运的过程。同理，从生产企业的一般角度来看，企业的一次营运也是从现金开始，去购买原材料，生产在产品，再生产为产成品销售形成应收账款，最后收回现金的一个过程，这就是企业营运的过程。企业的一次营运过程可以分成两部分：一部分是销售形成应收账款的过程就是企业投入的资源；另一部分是销售产生的应收账款和收回的现金，可以看成企业销售所产生的收入。

因此，营运能力就是企业在生产经营过程中利用各项资产以赚取利润的能力，体现企业营运资产的效率和效益。营运的目的就是以尽可能少的资产占用尽可能短的时间周转生产尽可能多的产品，创造尽可能多的收入。企业营运能力的好坏，直接关系到资本增值的程度，关系到企业生产经营的成败。企业的营运能力指标主要用于揭示企业资金运营周转的情况以及反映企业对经济资源管理、运用的效率高低。在实际工作中，营运能力往往通过资产周转能力和获现能力的有关指标来分析。

通过对企业营运能力的分析，有利于企业管理层财务决策工作的有效实施，从而提高企业实现利润最大化以及价值最大化的财务目标的可能性。

6.1.2 营运能力分析的意义

1. 有利于管理者改善经营管理

企业的营运能力分析对企业管理当局至关重要，可以通过对各项资产的分析结果看出企业在经营管理中出现的问题，以此来优化资产结构，改善财务状况，加速资金周转，督促企业管理者做好日常的经营管理工作。比如，通过分析结果可以看出企业是否存在不良资产，企业的长期资产、固定资产是否占用资金过多等，及时发现问题并调整。

2. 有利于投资者进行投资决策

在当前越来越要求透明化和去信息化的全局形式下，对于将要投资的企业进行营运能力分析将直接对公司的营业状况以及未来盈利期望有一定的预估,通过分析可以判断企业财务的安全性、资本的保全程度以及资产的收益能力,以此用来进行相应的投资决策。在保障投资者对于债权的行使权利的同时,及时维护自己的合法权益。

3. 有利于债权人进行信贷决策

资产结构和资产管理效果分析有助于判明其债权的物资保证程度或其安全性,可用来进行相应的信用决策。通过资产管理效果分析,可对债务本息的偿还能力有更直接的认识。一般来说,资产营运能力越强,资产的变现能力越强,债权人的物质保障程度就越高,其债权安全性就越高。

总而言之,营运能力分析能够用以评价一个企业的经营业绩、管理水平,乃至预期它的发展前途。

6.1.3　营运能力分析的框架

整个企业的营运能力分析主要是通过资产周转的指标体系来反映的,所以我们分析一个企业整体的营运能力是通过总资产周转指标来完成的。总资产周转指标的高低取决于营业收入和总资产两个因素。由于营业收入不能分解,而总资产可以分为流动资产和非流动资产,在非流动资产当中,制造业企业的固定资产一般占据较大的比重,所以总资产的周转主要通过流动资产的周转和固定资产的周转来分析。而流动资产又主要受存货和应收账款的周转影响,所以流动资产的周转主要通过存货的周转和应收账款的周转来分析。于是,周转的指标主要涉及这五项资产的周转。

企业资产周转的指标一般有周转率和周转期两种形式。周转率也被称为周转次数,表示一定时期内资产完成的循环次数。周期又被称为周转天数,表示资产完成一次循环所需要的天数。

任务 6.2 ▸ 流动资产营运能力分析

6.2.1　应收账款周转指标分析

1. 应收账款周转率

应收账款周转率是企业在一定时期(通常是一年)内营业收入与应收账款平均余额的比率,主要表明企业应收账款的流动性及其质量。

计算公式:应收账款周转率(周转次数)＝赊销收入÷应收账款平均余额。

其中,应收账款平均余额＝(应收账款期初余额＋应收账款期末余额)÷2。

由于各个企业公开的财务信息资料很少标明赊销收入金额,企业外部的人就无法获取企业赊销收入的具体数据,所以也可以把现销看作收款期为零的赊销,从而用所有的营业收入代替赊销收入。所以通常使用的公式为

应收账款周转率(周转次数)＝营业收入÷应收账款平均余额。

计算和分析应收账款周转率指标应注意以下问题：

（1）公式中的应收账款包括会计核算中的"应收账款"和"应收票据"等全部赊销账款在内。

（2）影响应收账款周转率的因素很多，如企业的信用政策、客户信用度、客户财务状况等，企业应仔细分析应收账款周转率变动的原因，针对不同的原因采取相应的措施。

（3）计算应收账款平均余额时应尽可能采用详细的数据资料，如各月或各季平均数，这样可以使计算结果更接近实际值。

2. 应收账款周转期

应收账款周转速度可用应收账款周转期来表示，应收账款周转期又称为应收账款周转天数，它是计算一定时期内应收账款平均周转一次所需要的天数。

计算公式：应收账款周转期（周转天数）＝360÷应收账款周转率。

应收账款周转率或周转期反映了企业应收账款变现速度的快慢及管理效率的高低。

应收账款在一定时期内的周转次数越多，亦即每周转一次所需要的天数越少，周转速度就越快，账龄较短，资产的流动性越强，营运能力就越好；反之，周转速度则慢，营运能力就越弱。

❓ 思考探究

应收账款周转率是否越高越好？

从理论上讲，应收账款周转率越快越好，但实际中企业应收账款周转率多快为好，没有一个统一的标准。过快的应收账款周转率可能是由紧缩的信用政策或付款条件过于苛刻引起的，其结果可能会危及企业的销售增长，损害企业的市场占有率。所以，分析时可与本企业历史水平对比，或与同行业一般水平对比，从而对本期应收账款周转率作出判断。

【例6-1】 扬万公司2019—2022年的资产负债表如表6-1所示。

表6-1 扬万公司资产负债表（部分）

单位：万元

资　产	2019 年	2020 年	2021 年	2022 年
流动资产				
货币资金	36	49	33	65
交易性金融资产	34	41	47	55
应收账款	65	75	80	90
存货	85	115	100	50

（续表）

资　　产	2019 年	2020 年	2021 年	2022 年
流动资产合计	220	280	260	260
固定资产	425	450	470	400
资产总计	645	730	730	660

扬万公司 2020 年的营业收入为 720 万元，2021 年的营业收入为 800 万元，2022 年的营业收入为 790 万元。计算扬万公司这三年的应收账款周转率和周转期。

2020 年应收账款平均余额＝（应收账款期初余额＋应收账款期末余额）÷2

$\qquad$ ＝（65＋75）÷2

$\qquad$ ＝70；

2020 年应收账款周转率＝营业收入÷应收账款平均余额

$\qquad$ ＝720÷70

$\qquad$ ＝10.29；

2020 年应收账款周转期＝360÷应收账款周转率

$\qquad$ ＝34.99。

2021 年应收账款平均余额＝（应收账款期初余额＋应收账款期末余额）÷2

$\qquad$ ＝（75＋80）÷2

$\qquad$ ＝77.5；

2021 年应收账款周转率＝营业收入÷应收账款平均余额

$\qquad$ ＝800÷77.5

$\qquad$ ＝10.32；

2021 年应收账款周转期＝360÷应收账款周转率

$\qquad$ ＝34.88。

2022 年应收账款平均余额＝（应收账款期初余额＋应收账款期末余额）÷2

$\qquad$ ＝（80＋90）÷2

$\qquad$ ＝85；

2022 年应收账款周转率＝营业收入÷应收账款平均余额

$\qquad$ ＝790÷85

$\qquad$ ＝9.29；

2022 年应收账款周转期＝360÷应收账款周转率

$\qquad$ ＝38.75。

扬万公司 2020—2022 年的应收账款周转率分别为 10.29、10.32、9.29，该公司 2022 年的应收账款周转率与 2021 年相比略有下降，周转天数上升，表明公司周转速度减慢，营运能力下降，产生这个结果的主要原因是 2022 年的营业收入比 2021 年略有下降，说明该企业 2022 年的经营水平有待提高。但该企业周转速度是快是慢还应该结合企业的同行业平均水平才能更全面地说明。

任务训练

兴明公司2020—2022年应收账款周转率和周转期的计算如表6-2所示。

表6-2　应收账款周转率和周转期计算表

单位：万元

项　　目	2020年	2021年	2022年
营业收入		770	920
应收账款年末余额	156	170	200
应收账款平均余额			
应收账款周转率/次			
应收账款周转期/天			

（1）计算兴明公司2021—2022年的应收账款周转率和周转期；

（2）兴明公司2022年的应收账款周转率比2021年的_____（填"高"或"低"），2022年的周转期比2021年的_____（填"长"或"短"），说明_____。

6.2.2　存货周转指标分析

1. 存货周转率

存货周转率是企业一定时期（通常是一年）内销售成本与平均存货的比率。它是反映企业流动资产流动性的一个指标，也是衡量企业生产经营各环节中存货运营效率的一个综合性指标。

计算公式：存货周转率（周转次数）＝营业成本÷存货平均余额。

其中，存货平均余额＝（存货期初余额＋存货期末余额）÷2。

> **小贴士**
>
> 　　存货周转率主要有两种计算方式：一种是以成本为基础的存货周转率，即存货周转率是企业一定时期内营业成本与平均存货的比率，主要运用于流动性分析或企业存货管理的业绩；另一种是以收入为基础的存货周转率，即存货周转率是企业一定时期内营业收入与平均存货的比率，主要运用于获利能力分析或分析企业资产的周转情况。相对来说，以成本为基础的存货周转率运用较为广泛，因为与存货相关的是销售成本，它们之间的对比更符合实际，能够较好地表现存货的周转状况，故本教材采用第一种计算方式。

2. 存货周转期

分析存货周转速度可采用周转天数来表示，即一定时期内存货平均周转一次所需要的天数。

计算公式：存货周转期（周转天数）＝360÷存货周转率。

小贴士

一定时期内存货周转次数越多,说明存货的周转速度越快,企业经营管理的效率越高,流动性越强,企业短期偿债能力越强,企业的盈利能力越强,存货的使用效率越好;反之,则表明企业的存货效率低,存货占用资金多,盈利能力较弱。

若企业采用不同的存货计价方法,会影响存货周转率的高低。如物价上涨时,采用先进先出法计价的企业的存货成本会相对较高。因此,在计算和分析时应保持口径一致。当存货计价方法变动时,应对此加以说明,并计算这一变动对周转率的影响。

此外,不同行业存货周转率指标可能有较大差异,生产经营周期短的行业,无须储备大量存货,故其存货周转率就会相对较高。因此,在评价存货周转率时,应考虑各行业的生产经营特点。

思考探究

存货周转率是否越高越好?

存货周转率通常能够反映企业存货流动性的大小和存货管理效率的高低,但不宜盲目追求高存货周转率,因为存货周转率过高不能完全说明企业的存货状况好,可能是企业存货资金投入太少,使存货储备不足而造成脱销,还可能是企业商品降价销售、大量赊销等原因造成的。

反之,若存货周转率过低,可能是低效率的存货控制和管理导致存货的过度购置,或销售困难导致存货积压以及不适当的销售政策导致销售不畅,或者是预测存货将升值而故意囤积引起的,分析时应结合具体情况。

【例6-2】承上例(见表6-1),扬万公司2020年的营业成本为650万元,2021年的营业成本为700万元,2022年的营业成本为680万元,计算扬万公司2020年、2021年、2022年的存货周转率和周转期。

2020年存货平均余额=(存货期初余额+存货期末余额)÷2

　　　　　　　　　=(85+115)÷2

　　　　　　　　　=100;

2020年存货周转率=营业成本÷存货平均余额

　　　　　　　　=650÷100

　　　　　　　　=6.50;

2020年存货周转期=360÷存货周转率

　　　　　　　　=55.38。

2021年存货平均余额=(存货期初余额+存货期末余额)÷2

　　　　　　　　　=(115+100)÷2

　　　　　　　　　=107.5;

2021年存货周转率=营业成本÷存货平均余额

　　　　　　　　=700÷107.5

　　　　　　　　=6.51;

2021年存货周转期=360÷存货周转率

$$=55.30。$$

2022 年存货平均余额=(存货期初余额+存货期末余额)÷2

$$=(100+50)÷2$$

$$=75;$$

2022 年存货周转率=营业成本÷存货平均余额

$$=680÷75$$

$$=9.07;$$

2022 年存货周转期=360÷存货周转率

$$=39.69。$$

扬万公司 2020—2022 年的存货周转率分别为 6.50,6.51,9.07,成逐年上涨趋势,2020—2022 年的周转期分别为 55.38 天,55.30 天,39.69 天,呈下降趋势,表明公司周转速度加快,营运能力增强。

从 2020—2022 年的数据来看,2022 年该公司的存货周转率高是因为当年存货资金占用较少,可能是企业的存货管理水平较高,也可能是该企业存货储备不足,具体原因需要根据该企业年度报表中其他相关联的数据来判断。至于该企业存货管理是否处于同行业领先水平,还应该结合企业的同行业平均水平才能更全面地说明。

任务训练

小张同学毕业以后在学校美食城开了一家炸鸡店,店里畅销的套餐是炸鸡配饮料,光顾的学生及教职工很多,套餐经常售罄,所以他今年决定多囤积原料。由于缺乏对销售力度的认知,预期销售量较为乐观,囤了比之前两年多一倍的原料,导致存货积压。炸鸡店 2020—2022 年存货周转率和周转期的计算如表 6-3 所示。

表 6-3 存货周转率和周转期计算表

单位:万元

项 目	2020 年	2021 年	2022 年
营业成本		250	320
存货期末余额	65	77	145
存货平均余额			
存货周转率/次			
存货周转期/天			

(1) 计算炸鸡店 2020—2022 年的存货周转率和周转期;

(2) 炸鸡店 2022 年的存货周转率比 2021 年的_____(填"高"或"低"),2022 年的周转期比 2021 年的_____(填"长"或"短"),说明_____。

思政小课堂

请同学们在学习和工作中养成科学分析的思维,从细微之处讲求效能,于显著之处追求效率,在未来经营自己的企业时能够进行有效管理。

6.2.3　营业周期指标分析

营业周期是指企业从外购商品或接受劳务而承担付款义务开始,到收回因销售商品或提供劳务并收取现金之间的时间间隔。营业周期的长短可以通过存货周转天数与应收账款周转天数来反映。

计算公式:营业周期＝存货周转天数＋应收账款周转天数。

一般情况下,营业周期越短,则资产流动性越强,说明企业完成一次营业活动所需要的时间越短,在同样时期内实现的销售次数越多,企业的存货流动越顺畅,账款收取越迅速,营业收入相对增加,资产的风险就会降低,管理效率就高;当然,营业周期也并非越短越好,而是要具体情况具体分析。

> **小贴士**
>
> 营业周期不仅可以用于分析企业资产的使用效率和管理水平,而且可以用来补充说明和评价企业的流动性。营业周期的长短是决定企业流动资产需要水平的重要因素,营业周期短的企业,流动资产的数量也比较少,其流动比率和速动比率会保持较低的水平,但由于流动资产的管理效率高,因而从动态角度看该企业的流动性仍然很强,企业的短期偿债能力仍然有保障;相反,如果一家企业的营业周期很长,那么很有可能是应收账款或存货占用资金过多,并且变现能力很弱,虽然这家企业流动比率和速动比率都可能很高,但企业的流动性却可能很弱。所以营业周期可以作为分析企业短期偿债能力的补充指标。

【例 6‐3】扬万公司营业周期根据【例 6‐1】和【例 6‐2】中的数据可得出,该公司营业周期的计算如表 6‐4 所示。

表 6‐4　扬万公司营业周期表

单位:天

项　　目	2020 年	2021 年	2022 年
应收账款周转天数	34.99	34.88	38.75
存货周转天数	55.38	55.30	39.69
营业周期	90.37	90.18	78.44

扬万公司 2020—2022 年的营业周期分别为 90.37 天,90.18 天,78.44 天,呈逐年降低趋势,说明该企业资产流动性增强,管理效率高。至于该指标在同行业中的评定高低,仍需结合企业的同行业平均水平来判断。

任务训练

兴明公司 2021—2022 年营业周期的计算如表 6‐5 所示。

表 6-5 营业周期计算表

单位：天

项 目	2021 年	2022 年
应收账款周转天数	76.27	72.43
存货周转天数	119.58	108.21
营业周期		

（1）计算兴明公司 2021—2022 年的营业周期；

（2）兴明公司 2022 年的营业周期比 2021 年的_____（填"长"或"短"），说明_____

_____。

6.2.4 流动资产周转指标分析

1. 流动资产周转率

流动资产周转率是企业一定时期（通常是一年）内营业收入与流动资产平均余额的比率。流动资产周转率反映的是全部流动资产的利用效率，是衡量企业流动资产周转速度的快慢及利用效率的综合性指标。

计算公式：流动资产周转率（周转次数）＝营业收入÷流动资产平均余额。

其中，流动资产平均余额＝（流动资产期初余额＋流动资产期末余额）÷2。

2. 流动资产周转期

流动资产周转期表示一定时期内流动资产平均周转一次所需要的天数。

计算公式：流动资产周转期（周转天数）＝360÷流动资产周转率。

> 📑 **小贴士**
>
> 流动资产的流动性较强，风险较低，资产质量的好坏与其密切相关。流动资产营运能力的强弱，关键取决于流动资产周转率的高低，流动资产周转率不仅反映了企业的流动资产营运能力，而且影响着企业的盈利水平。
>
> 企业流动资产周转率越快，周转次数越多，周转天数越少，表明企业流动资产的周转速度越快，以相同流动资产占用实现的营业收入越多，企业流动资产的营运能力越好，进而说明企业的偿债能力和盈利能力越强；反之，则表明企业利用流动资产进行经营活动的能力弱，效率较低。

【例 6-4】承【例 6-1】（见表 6-1）2020 年扬万公司的营业收入为 720 万元，2021 年的营业收入为 800 万元，2022 年的营业收入为 790 万元。计算扬万公司这三年的流动资产周转率和周转期。

2020 年流动资产平均余额＝（流动资产期初余额＋流动资产期末余额）÷2

＝（220＋280）÷2

＝250；

2020 年流动资产周转率＝营业收入÷流动资产平均余额

$$=720 \div 250$$
$$=2.88；$$

2020 年流动资产周转期＝360÷流动资产周转率

$$=125。$$

2021 年流动资产平均余额＝(流动资产期初余额＋流动资产期末余额)÷2

$$=(280＋260) \div 2$$
$$=270；$$

2021 年流动资产周转率＝营业收入÷流动资产平均余额

$$=800 \div 270$$
$$=2.96；$$

2021 年流动资产周转期＝360÷流动资产周转率

$$=121.62。$$

2022 年流动资产平均余额＝(流动资产期初余额＋流动资产期末余额)÷2

$$=(260＋260) \div 2$$
$$=260；$$

2022 年流动资产周转率＝营业收入÷流动资产平均余额

$$=790 \div 260$$
$$=3.04；$$

2022 年流动资产周转期＝360÷流动资产周转率

$$=118.42。$$

扬万公司 2020—2022 年的流动资产周转率分别为 2.88,2.96,3.04,该公司流动资产周转率逐年上升,周转天数为 125 天,121.62 天,118.42 天,呈下降趋势,若要准确地判断企业利用流动资产效率的高低,还应该结合流动资产中的主要构成项目进行分析,如应收账款、存货等的周转率相关指标做补充说明。

任务训练

兴明公司 2020—2022 年流动资产周转率和周转期的计算如表 6-6 所示。

表 6-6　流动资产周转率和周转期计算表

单位:万元

项　　目	2020 年	2021 年	2022 年
营业收入		770	920
流动资产年末余额	500	515	550
流动资产平均余额			
流动资产周转率/次			
流动资产周转期/天			

(1) 计算兴明公司 2021—2022 年的流动资产周转率和周转期;

(2) 兴明公司 2022 年的流动资产周转率比 2021 年的_____(填"高"或"低"),2022

年的周转期比 2021 年的_____(填"长"或"短"),说明_____。

任务6.3 ‣ 长期资产营运能力分析

固定资产周转指标分析

1. 固定资产周转率

固定资产周转率是指企业一定时期内营业收入与固定资产平均净值的比率,它是反映企业固定资产周转状况、变现能力和有效利用程度的指标。

计算公式:固定资产周转率(周转次数)＝营业收入÷固定资产平均余额。

其中,固定资产平均余额＝(固定资产期初余额＋固定资产期末余额)÷2。

2. 固定资产周转期

与前面三个指标一样,固定资产周转期可以计算固定资产周转天数,反映一定时期内固定资产平均周转一次所需要的天数。

计算公式:固定资产周转期(周转天数)＝360÷固定资产周转率。

> **小贴士**
>
> 一般情况下,固定资产周转率越高,周转天数越少,说明企业固定资产利用越充分,固定资产投资得当,固定资产结构分布合理,能够较充分地发挥固定资产的使用效率,企业的经营活动越有效,闲置的固定资产越少;反之,则表明固定资产使用效率不高,提高的生产经营成果不多,企业的营运能力较弱。
>
> 运用固定资产周转率时,这一指标的分母一般采用固定资产净值,但是由于不同企业采取的固定资产折旧政策可能不同,所以企业间的固定资产周转率可比性相对较低。
>
> 企业若要提高固定资产利用效率,应该加强对固定资产的管理,使固定资产投资规模得当并结构合理。投资规模过大会造成设备闲置,资源浪费,固定资产使用效率降低;投资规模过小会导致生产能力小,效益低下。

【例 6-5】承【例 6-1】(见表 6-1)2020 年扬万公司的营业收入为 720 万元,2021 年的营业收入为 800 万元,2022 年的营业收入为 790 万元。计算扬万公司三年的固定资产周转率和周转期。

2020 年固定资产平均余额＝(固定资产期初余额＋固定资产期末余额)÷2

$$＝(425＋450)÷2$$

$$＝437.5;$$

2020 年固定资产周转率＝营业收入÷固定资产平均余额

$$＝720÷437.5$$

$$＝1.65;$$

2020 年固定资产周转期＝360÷固定资产周转率

$\qquad$＝218.18。

2021 年固定资产平均余额＝(固定资产期初余额＋固定资产期末余额)÷2

$\qquad$＝(450＋470)÷2

$\qquad$＝460；

2021 年固定资产周转率＝营业收入÷固定资产平均余额

$\qquad$＝800÷460

$\qquad$＝1.74；

2021 年固定资产周转期＝360÷固定资产周转率

$\qquad$＝206.90。

2022 年固定资产平均余额＝(固定资产期初余额＋固定资产期末余额)÷2

$\qquad$＝(470＋400)÷2

$\qquad$＝435；

2022 年固定资产周转率＝营业收入÷固定资产平均余额

$\qquad$＝790÷435

$\qquad$＝1.82；

2022 年固定资产周转期＝360÷固定资产周转率

$\qquad$＝197.80。

扬万公司 2022 年的固定资产周转率为 1.82,比 2021 年增加了 0.08,比 2021 年增加了 0.17;2022 年周转天数为 197.80 天,较 2021 年减少了 9.1 天,较 2020 年减少了 20.38 天。虽然 2022 年的营业收入略有下降,2022 年的固定资产减少幅度较大,但是一定程度上说明扬万公司的固定资产管理加强,固定资产的使用效率提高,固定资产周转率上升。

任务训练

兴明公司 2020—2022 年固定资产周转率和周转期的计算如表 6-7 所示。

表 6-7 固定资产周转率和周转期计算表

单位:万元

项 目	2020 年	2021 年	2022 年
营业收入		770	920
固定资产年末余额	400	420	450
固定资产平均余额			
固定资产周转率/次			
固定资产周转期/天			

(1) 计算兴明公司 2021—2022 年的固定资产周转率和周转期;

(2) 兴明公司 2022 年的固定资产周转率比 2021 年的_____(填"高"或"低"),2022 年的周转期比 2021 年的_____(填"长"或"短"),说明_____。

任务6.4 ▸ 总资产营运能力分析

总资产周转指标分析

1. 总资产周转率

总资产周转率是企业营业收入与资产平均总额的比率,即企业的总资产在一定时期(通常是一年)内周转的次数。总资产是企业拥有或控制的以货币计量,并能给企业带来未来经济利益的全部经济资源。总资产周转率是综合评价企业全部资产经营质量和利用效率的重要指标。

计算公式:总资产周转率(周转次数)=营业收入÷总资产平均余额。

其中,总资产平均余额=(总资产期初余额+总资产期末余额)÷2。

2. 总资产周转期

与总资产周转率相关的另一个指标是总资产周转期,反映一定时期内总资产平均周转一次所需要的天数。

计算公式:总资产周转期(周转天数)=360÷总资产周转率。

> 📝 **小贴士**
>
> 一般来说,总资产周转次数越多,周转天数越少,表明其周转速度越快,同样的资产取得的收入越多,营运能力也就越强。
>
> 总资产周转指标综合反映了企业整体资产的营运效率,可用于衡量企业运用资产赚取利润的能力。总资产周转率经常和反映盈利能力的指标一起使用,全面评价企业的盈利能力。通过对总资产周转指标的对比分析,不但能够反映出企业本年度及以前年度总资产的营运效率及变化,而且能够发现企业与同类企业在资产利用上的差别,促进企业提高资产使用效率。
>
> 总资产是各项资产的总和,总资产周转指标集中反映了各单项资产周转指标的综合水平,但也因此包含了所有单项指标的不足之处,影响前面单项指标的因素都会影响总资产周转指标的计算。在此基础上,应进一步对各个构成要素进行分析,以便查明总资产周转率升降的原因。

❓ **思考探究**

营运能力指标的计算公式有什么异同点?

(1)周转率:

① 存货周转率=营业成本÷存货平均余额;

② 应收账款/流动资产/固定资产/总资产周转率

　　=营业收入÷应收账款/流动资产/固定资产/总资产平均余额。

营运能力分析

（2）周转期：

应收账款/存货/流动资产/固定资产/总资产周转期

＝360÷应收账款/存货/流动资产/固定资产/总资产周转率。

【例6-6】承【例6-1】(见表6-1)2020年扬万公司的营业收入为720万元,2021年的营业收入为800万元,2022年的营业收入为790万元。计算扬万公司这三年的总资产周转率和周转期。

2020年总资产平均余额＝(总资产期初余额＋总资产期末余额)÷2

＝(645＋730)÷2

＝687.5；

2020年总资产周转率＝营业收入÷总资产平均余额

＝720÷687.5

＝1.05；

2020年总资产周转期＝360÷总资产周转率

＝342.86。

2021年总资产平均余额＝(总资产期初余额＋总资产期末余额)÷2

＝(730＋730)÷2

＝730；

2021年总资产周转率＝营业收入÷总资产平均余额

＝800÷730

＝1.10；

2021年总资产周转期＝360÷总资产周转率

＝327.27。

2022年总资产平均余额＝(总资产期初余额＋总资产期末余额)÷2

＝(730＋660)÷2

＝695；

2022年总资产周转率＝营业收入÷总资产平均余额

＝790÷695

＝1.14；

2022年总资产周转期＝360÷总资产周转率

＝315.79。

扬万公司2020—2022年的总资产周转率分别为1.05,1.10,1.14,周转天数为342.86天,327.27天,315.79天,该公司总资产周转速度持续提高,周转天数逐年下降,营运能力加强。但总资产周转指标的计算受到单项资产周转指标的影响。若要对总资产周转指标的变动做出全面评价,应进一步对各个单项资产要素进行分析。

任务训练

兴明公司2020—2022年总资产周转率和周转期的计算如表6-8所示。

表 6 - 8　总资产周转率和周转期计算表

单位：万元

项　　目	2020 年	2021 年	2022 年
营业收入		770	920
总资产年末余额	900	935	1 000
总资产平均余额			
总资产周转率/次			
总资产周转期/天			

(1) 计算兴明公司 2021—2022 年的总资产周转率和周转期；

(2) 兴明公司 2022 年的总资产周转率比 2021 年的_____（填"高"或"低"），2022 年的周转期比 2021 年的_____（填"长"或"短"），说明_____。

项目小结

营运能力就是企业在生产经营过程中利用各项资产以赚取利润的能力，体现企业营运资产的效率和效益。分析营运能力有利于管理者改善经营管理，有利于投资者进行投资决策，也有利于债权人进行信贷决策。

整个企业的营运能力分析主要是通过资产周转的指标体系来反映，周转的指标主要涉及应收账款周转指标、存货周转指标、流动资产周转指标、固定资产周转指标、总资产周转指标和营业周期指标。

企业资产周转的指标一般有周转率和周转期两种形式。周转率又被称为周转次数，表示一定时期内资产完成的循环次数。周转期又被称为周转天数，表示资产完成一次循环所需要的天数。

应收账款、存货、流动资产、固定资产和总资产周转次数越多，周转天数越少，营运能力就越好。

习题 6

一、单选题

1. 综合评价企业全部资产经营质量和利用效率的重要指标是（　　）。
   (A) 流动资产周转率　　　　　　　　(B) 固定资产周转率
   (C) 总资产周转率　　　　　　　　　(D) 存货周转率

2. 企业年销售收入净额为 140 万元，年初和年末流动资产余额分别为 75 万元和 85 万元，则流动资产周转次数为（　　）。
   (A) 1.75　　　　　(B) 2　　　　　(C) 1.85　　　　　(D) 1.5

3. 企业的应收账款周转天数为 120 天，存货周转天数为 50 天，则营业周期为（　　）天。
   (A) 70　　　　　(B) 160　　　　　(C) 120　　　　　(D) 170

4. 企业当年营业收入为 120 万元，营业成本为 100 万元，年初和年末应收账款余额分别为

35 万元和 25 万元,则应收账款周转天数为( )天。

    (A) 100   (B) 108   (C) 90   (D) 95

5. 企业当年营业收入为 120 万元,营业成本为 100 万元,年初和年末存货余额分别为 40 万元和 50 万元,则存货周转率为( )。

    (A) 2.22   (B) 2   (C) 2.67   (D) 2.5

6. 企业的存货周转天数为 40 天,则该存货的周转率为( )。

    (A) 6   (B) 7   (C) 4   (D) 9

7. 公司 2021 年和 2022 年的应收账款平均余额分别为 70 万元和 60 万元,应收账款周转次数分别为 7 次和 9 次,则 2022 年度销售收入净额比 2021 年度增加了( )万元。

    (A) 70   (B) 50   (C) 60   (D) 75

8. 下列选项中,不属于流动资产周转率越大的结果的是( )。

    (A) 变现能力越快   (B) 周转速度越快

    (C) 周转天数越多   (D) 营运能力强

二、多选题

1. 下列选项中,反映企业营运能力的指标有( )。

    (A) 应收账款周转期   (B) 固定资产周转率

    (C) 流动资产周转率   (D) 总资产周转率

2. 固定资产周转率中,( )。

    (A) 固定资产周转次数越多,表明固定资产周转越快

    (B) 固定资产周转次数越少,表明固定资产周转越快

    (C) 固定资产周转天数越多,表明固定资产周转越快

    (D) 固定资产周转天数越少,表明固定资产周转越快

3. 下列选项中,反映企业流动资产营运能力的指标有( )。

    (A) 应收账款周转率   (B) 存货周转率

    (C) 总资产周转率   (D) 流动资产周转率

4. 下列项项中,造成应收账款周转率下降的原因可能是( )。

    (A) 客户故意拖延   (B) 客户财务困难

    (C) 销售收入下降   (D) 企业收款迅速

5. 存货周转率偏低的原因可能是( )。

    (A) 存货积压   (B) 存货管理效率低

    (C) 企业商品降价销售   (D) 存货资金投入少

三、计算题

1. A 企业 2022 年营业收入为 200 万元,年初和年末固定资产余额分别为 90 万元和 105 万元,计算 A 企业固定资产周转率和周转期。

2. B 企业 2022 年营业收入为 400 万元,年初和年末流动资产余额分别为 150 万元和 165 万元,计算 B 企业总资产周转率和周转期。

3. C 公司年末的流动资产为 65 万元,其中非速动资产只有存货,当年销售总成本为 2000 万元,存货周转次数是 80 次,期初存货余额为 35 万元,年末流动负债为 20 万元,求 C 企业的年末速动比率。

4. D公司连续3年的资产负债表内容如表6-9所示。

表6-9 资产负债表(部分)

单位:万元

项 目	2020年	2021年	2022年
流动资产	560	580	600
其中:应收账款	125	140	135
存货	215	230	235
固定资产	425	440	445
资产总计	985	1 020	1 045
应收账款周转率/次			
存货周转率/次			
流动资产周转率/次			
固定资产周转率/次			
总资产周转率/次			

D公司2021—2022年的营业收入分别为1 050万元,1 025万元,营业成本分别为860万元,915万元。

要求:(1) 计算并填列表中2021—2022年的周转率;

(2) 对D公司的营运能力进行分析并评价。

5. E企业资产负债表内容如表6-10所示。

表6-10 资产负债表(部分)

单位:万元

项 目	年初数	年末数
流动资产:		
货币资金	800	820
应收账款	2 300	2 400
存货	3 000	3 150
流动资产合计	6 100	6 370
固定资产	4 500	4 550
资产总计	10 600	10 920

E企业本年应收账款周转天数为45天,求流动资产周转次数和天数。

项目 7 财务报表综合分析

素质目标

（1）通过进行财务报表综合性分析，培养学生坚守职业道德的意识，树立客观公正、坚持标准的道德理想。

（2）通过杜邦分析体系的讲解，强化学生的辩证和系统思维，提高综合分析的能力，培养学生树立大局观的意识。

知识目标

（1）了解财务报表综合分析的含义、意义、特点和方法。

（2）明确杜邦分析法的含义、运用及优缺点。

（3）明确沃尔评分法的含义、运用及优缺点。

能力目标

（1）熟悉综合财务分析常用的几种方法。

（2）掌握杜邦分析法的综合财务分析方法。

（3）掌握沃尔评分法的综合财务分析方法。

（4）能根据常用综合财务分析方法的分析内容写出财务分析报告。

思维导图 📊

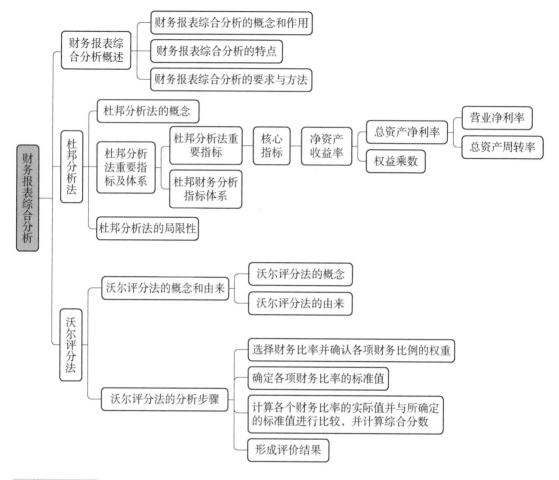

情景导入 💼

　　小王的理想是做一位财务主管,刚毕业的小王进入企业一直做着简单的做账报税工作,但小王总对这些报表数字背后所隐藏的信息感兴趣！想成为财务主管要学会的一个技能就是做企业综合财务报表的分析。读懂财务报表是财务人员需要具备的能力之一,很多会计都是只会做财务报表,并不懂财务报表内的数据代表的含义。那么,作为财务人员我们如何读懂财务报表呢?

　　❓思考探究

　　我们已经学会单独分析一项财务指标,但是难以全面评价企业的综合财务状况。面对那么多的财务数据,面对复杂的三大报表,该从何处下手进行分析? 如何综合分析企业的财务状况、经营成果和现金流量,为相关决策提供信息支持?

思政小课堂 💻

　　(1) 通过对财务报表综合性分析,引导学生分析问题不要只从单一角度考虑,要学会从整体的角度进行综合分析。

（2）综合分析在个人思维活动中起着重要作用，是思维能力的重要组成部分，引导学生认识到具备综合分析能力的重要性，培养学生自身的综合分析能力。

任务7.1 · 财务报表综合分析概述

7.1.1 财务报表综合分析的概念和作用

财务报表综合分析就是企业以财务报表和其他资料为依据，运用一定的方法和程序，将偿债能力、营运能力、盈利能力、获现能力和发展能力等各个方面的分析纳入一个有机的整体之中，进行相互关联的、系统的分析，以便全面地对企业财务状况、经营状况及现金流量进行分析与评价。

财务报表综合分析的作用体现在以下几个方面：

（1）明确企业财务活动与经营活动的相互关系，找出制约企业发展的"瓶颈"所在。

（2）全面评价企业财务状况、经营成果和现金流量情况，明确企业的经营水平、位置及发展方向。

（3）有利于帮助企业管理者建立内部激励机制，为企业财务管理和经营管理提供参考。

（4）有利于企业投资者、债权人等利益相关者了解企业的整体经营和财务状况，从而做出正确的投资决策。

7.1.2 财务报表综合分析的特点

与单项分析相比较，财务报表综合分析具有以下几个特点：

1. 分析问题的方法

单项分析通常把企业财务活动的总体分解为每个具体部分，然后逐一加以考查分析；而综合分析则是通过归纳综合，把个别财务现象从财务活动的总体上作出总结。

2. 分析的目的

单项分析的目的主要是针对企业财务状况、经营成果和现金流量的某一方面找出存在的问题，并提出改进措施；综合分析的目的是从整体上全面评估企业的财务状况、经营成果和现金流量，并提出具有全局性的改进意见。

3. 分析的重点和基准

单项分析的重点和比较基准是财务计划、财务理论标准，而综合分析的重点和基准是企业整体发展趋势。

4. 财务指标的应用

单项分析的分析范围相对较小，每个分析指标都同等重要，都对分析结果产生影响，并且对于各种指标之间的相互关系往往考虑得比较少。综合分析的各种指标有主次之分，在分析的过程中，一定要抓住主要指标。只有抓住主要指标，才能抓住企业财务状况的主要矛盾，从而通过综合分析更加正确地评价企业财务状况、经营成果及现金流量的优劣。

因此，把财务报表综合分析同单项分析加以区分是十分必要的，它有利于财务报表分析者把握企业财务的全面状况，而不至于把精力仅局限于几个个别的具体问题上。单项分析与综合分析的差异如表 7 - 1 所示。

表 7 - 1　单项分析与综合分析的不同

	单项分析	综合分析
分析方法	分解为具体部分分析	总体综合分析
分析目的	单方面问题的分析解决	总体财务活动的评估改进
重点和基准	财务计划、财务理论标准	企业整体发展趋势
指标应用	每个指标同等重要	指标有主辅之分

7.1.3　财务报表综合分析的要求与方法

完整优秀的财务报表综合分析能够全面评价企业财务状况、经营成果及现金流量的目标,必须满足一定的要求。

1. 选择的财务指标应全面适当具有一定的代表性

财务报表综合分析关注的是企业整体财务状况、经营成果和现金流量,因此在分析过程中,要关注到企业的偿债能力、营运能力、盈利能力、获现能力和发展能力等各个方面的内容。因此,在进行财务报表综合分析时,分析者选择的财务指标应具有一定的代表性,涵盖多方面的财务指标,不能在分析中以偏概全。

2. 综合分析应主辅指标匹配具有系统性并突出重点

财务报表综合分析不是各单项财务能力分析的简单相加,而是通过一定的技术方法及进行的有机结合;同时,在进行财务报表综合分析过程中还需要抓住主要分析指标,这样才能抓住影响企业财务状况、经营成果和现金流量的主要矛盾,在主要财务指标分析的基础上再对其辅助指标进行分析。

3. 财务报表综合分析应满足多方面的信息需要

分析指标体系能够提供多层次、多角度的信息,客观反映企业财务活动和财务状况合理的地方与存在的不足、现象与本质、风险与潜力,能使财务报表分析报告使用者获得有用信息并做出决策。

财务报表综合分析方法有很多,本项目主要介绍杜邦分析法和沃尔评分法。

杜邦分析法的
重要指标

任务7.2 ▸ 杜邦分析法

7.2.1　杜邦分析法的概念

杜邦分析法,又称杜邦分析体系,是利用各主要财务比率之间的内在联系来综合分析企业财务状况的方法。

杜邦分析法是由美国杜邦公司于 1910 年首先设立并采用的。这种方法主要是利用一些基本财务比率指标之间的内在数量关系,建立一套系列相关的财务指标的综合模型,从投资者对企业要求的最终目标出发,经过层层指标分解,从而能系统地分析了解影响企业实现最终财务目标的各项因素。

股东财富最大化作为杜邦分析法的假设前提,以反映股东权益水平的净资产收益率作为核心指标和起点,利用获利能力指标、营运能力指标和偿债能力指标之间的内在联系,进行层层分解、系统分析,形成分析指标体系,综合分析评级企业财务状况和经营业绩。

7.2.2 杜邦分析法重要指标及体系

1. 杜邦分析法重要指标

1) 核心指标——净资产收益率

$$净资产收益率=\frac{净利润}{平均净资产}=\frac{净利润}{总资产平均余额}\times\frac{总资产平均余额}{净资产}$$
$$=总资产净利率\times权益乘数。$$

净资产收益率是一个综合性最强的财务比率,是杜邦分析系统的核心指标。

权益乘数反映财务政策,可采用的模式为低经营风险、高财务杠杆或高经营风险、低财务杠杆。

2) 总资产净利率

$$总资产净利率=\frac{净利润}{总资产平均余额}=\frac{净利润}{营业收入}\times\frac{营业收入}{总资产平均余额}$$
$$=营业净利率\times总资产周转率。$$

总资产净利率是指公司净利润与平均资产总额的比率。该指标反映的是公司运用全部资产所获得利润的水平。该指标越高,表明公司投入产出水平越高,资产运营越有效,成本费用的控制水平越高,体现出企业管理水平的高低。

营业净利率是指净利润与营业收入的比率。该比例反映企业营业收入创造净利润的能力。营业净利率是企业销售的最终获利能力指标,比率越高,说明企业的获利能力越强。

总资产周转率是企业一定时期的销售收入净额与平均资产总额之比,它是衡量资产投资规模与销售水平之间配比情况的指标。总资产周转率越高,说明企业销售能力越强,资产投资的效益越好。

3) 权益乘数

$$权益乘数=\frac{总资产平均余额}{平均净资产}=\frac{1}{\frac{平均净资产}{总资产平均余额}}=\frac{1}{\frac{总资产平均余额-总负债平均余额}{总资产平均余额}}$$
$$=\frac{1}{1-资产负债率}=\frac{所有者权益+负债}{所有者权益}=1+产权比率。$$

权益乘数又称股本乘数,是指总资产平均余额相当于平均净资产的倍数。权益乘数越大表明所有者投入企业的资本占全部资产的比重越小,企业负债的程度越高,风险越大,偿债能力越差;反之,该比率越小,表明所有者投入企业的资本占全部资产的比重越大,企业的负债程度越低,债权人权益受保护的程度越高。

产权比率是负债总额与所有者权益总额的比率,是为评估资金结构合理性的一种指标。一般来说,产权比率可反映股东所持股权是否过多(或者是否不够充分)等情况,从另一个侧面表明企业借款经营的程度。这一比率是衡量企业长期偿债能力的指标之一。它是企业财务结构稳健与否的重要标志。产权比率越低表明企业自有资本占总资产的比重越大,长期偿债能力越强。

🔍 思考探究

营业净利率、总资产周转率和权益乘数分别解释了企业的哪些方面的能力呢?

请见图7-1所示。

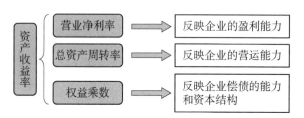

图7-1 杜邦分析法重要指标分解

📖 小贴士

根据销售净利率和资产周转率的高低,我们可以把企业的盈利模式主要分为以下三种:

(1) 销售型企业盈利模式:销售净利率高,资产周转率低。这种模式的企业盈利率高,而周转次数低。

(2) 周转型企业盈利模式:销售净利率低,资产周转率高。这种模式的周转次数高,但企业的盈利率偏低。

(3) 综合型企业盈利模式:销售净利率和资产周转率适中。

2. 杜邦财务分析指标体系

杜邦财务分析指标体系可以使我们更加直观地理解如何使用杜邦分析法分析企业的经营、投资和筹资活动。图7-2展示了完整的杜邦财务分析指标体系。

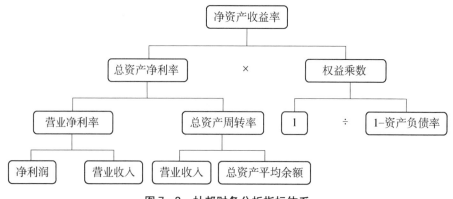

图7-2 杜邦财务分析指标体系

我们可以看到总资产收益率和权益乘数影响净资产收益率指标,而总资产收益率取决于营业净利率和总资产周转率的高低。营业净利率反映营业收入的收益水平,扩大营业收入、降低成本费用是提高企业营业利润率的根本途径。对于总资产周转率,我们可以对影响资产周转的各因素进行进一步的分析,以判断公司运营情况是否良好。影响净资产收益率的另一重要指标为权益乘数,它反映的是公司利用财务杠杆进行经营活动的程度,即企业的负债程度。资产负债率越高,权益乘数就越大,表明公司负债程度高,公司会有较高的杠杆利益,但相应承担的风险也就越高;反之,资产负债率越低,权益乘数越小,企业杠杆利益较低,相应所承担的风险也越低。

【例 7-1】以鹏华股份有限公司为例,该企业 2022 年的资产负债表和利润表如表 7-2 和表 7-3 所示,请使用杜邦分析法分析企业的综合财务状况。

表 7-2 鹏华公司资产负债表　　　　　　　　　　　　　　　　单位:万元

资产	期初数	期末数	负债及所有者权益	期初数	期末数
流动资产:			流动负债:		
货币资金	1 500	1 000	短期借款	2 400	1 800
交易性金融资产	200	600	应付票据	600	200
应收票据	300	400	应付账款	7 900	6 800
应收账款	16 000	21 000	预收账款	3 800	4 000
其他应收款	500	800	应交税费	300	200
存货	5 000	6 200	流动负债合计	15 000	13 000
流动资产合计	23 500	30 000	非流动负债合计	10 000	10 000
长期应收款	1 000	1 000	负债合计	25 000	23 000
固定资产	35 000	34 000	所有者权益合计:		
非流动资产合计	36 000	35 000	所有者权益合计	34 500	42 000
资产合计	59 500	65 000	负债及所有者权益合计	59 500	65 000

注:总资产指标使用当年的节点数据。

表 7-3 鹏华公司利润表(有删减)

2022 年 12 月　　　　　　　　　　　　　　　　　　　　　　　　　　　　　　单位:万元

项　　目	本期金额	上期金额
一、营业收入	120 000	100 000
减营业成本	100 000	85 000
营业税金及附加	1 200	1 000
销售费用	850	800
管理费用	1 600	1 200
财务费用	4 200	4 000

（续表）

项　　目	本期金额	上期金额
投资收益(损失以"－"填列)	450	500
二、营业利润	12 600	8 500
加:营业外收入	1 000	2 000
减:营业外支出	300	200
三、利润总额	13 300	10 300
减:所得税收费用	1 800	1 300
四、净利润	11 500	9 000

根据表7-2和表7-3,可列出杜邦分析法的相关财务数据,如表7-4所示的鹏华公司财务数据。

表7-4　鹏华公司财务数据

企业名称:鹏华公司　　　　　　　　　　　　　　　　　　　　　　　　　　单位:万元

项　　目	2022 年	2021 年
资产总额	65 000	59 500
负债总额	23 000	25 000
所有者权益总额	42 000	34 500
营业收入	120 000	100 000
净利润	11 500	9 000

利用杜邦分析法计算填列,得表7-5所示的鹏华公司杜邦分析法计算表。

表7-5　鹏华公司杜邦分析法计算表

项目	净资产收益率	总资产净利率	营业净利率	总资产周转率	权益乘数
2022 年	27.38%	17.69%	9.58%	1.85%	1.55
2021 年	26.09%	15.13%	9.00%	1.68%	1.72
差异	1.29%	2.56%	0.58%	0.17%	－0.17

根据表7-3,对鹏华公司2021年与2022年的财务指标进行分析比较。

1) 净资产收益率的分析

该公司的净资产收益率在2021年至2022年间出现了小幅度上升,从2021年的26.09%增加至2022年的27.38%。公司的投资者在很大程度上依据这个指标来判断是否投资或是否转让股份,以及考察经营者业绩和决定股利分配政策。这些指标对公司的管理者也至关重要。

净资产收益率＝总资产净利率×权益乘数。

2021 年:26.09％＝15.13％×1.72;

2022 年:27.38％＝17.69％×1.55。

通过分解可以明显地看出,2022 年总资产净利率上升,权益乘数降低,该公司净资产收益率的小幅提高主要在于资产利用效果(总资产净利率)上升。

2)总资产净利率的分析

总资产净利率＝营业净利率×总资产周转率。

2021 年总资产净利率:17.69％＝9.00％×1.68;

2022 年总资产净利率:15.13％＝9.85％×1.85。

通过分解可以看出 2022 年该公司的营业净利率和资产周转率均上升了,两者均小幅上升,这是造成该公司资产净利率上升的主要原因。

3)营业净利率的分析

营业净利率＝净利润÷营业收入

2021 年营业净利率:9.00％＝9 000÷100 000;

2022 年营业净利率:9.58％＝11 500÷120 000;

该企业 2021 年营业收入与净利润均较 2021 年有所提高,具体原因还需要结合公司产品销售数量、销售单价及成本费用的变化进行具体分析。

4)权益乘数的分析

权益乘数＝总资产÷所有者权益

2021 年权益乘数:1.72＝59 500÷34 500;

2022 年权益乘数:1.55＝65 000÷42 000。

该公司 2022 年权益乘数下降,说明公司的资本结构在 2021 年至 2022 年发生了变动,2022 年的权益乘数较 2021 年有所降低。权益乘数越小,企业负债程度越低,偿还债务能力越强,财务风险有所减少。这个指标同时也反映了财务杠杆对利润水平的影响。

任务训练

学校超市的店长小王想要评估分析一下超市两年来的综合财务状况,但是小王面对一堆财务数据无从下手,没有办法。学校超市的相关财务数据如表 7-6 所示,请用杜邦分析法帮助小王分析学校超市的综合财务状况。

表 7-6 学校超市财务数据

单位:元

项 目	2022 年	2021 年
资产总额	200 000	220 000
负债总额	98 000	100 000
所有者权益总额	102 000	120 000
营业收入	420 000	360 000
净利润	32 000	30 000

（1）计算并在表 7-7 中完成学校超市杜邦分析法计算表；

表 7-7　学校超市杜邦分析法计算表

项目	净资产收益率	总资产净利率	营业净利率	总资产周转率	权益乘数
2021 年					
2020 年					
差异					

（2）超市 2022 年的净资产收益率比 2021 年的_____，主要原因是：

① 2022 年的营业净利率比 2021 年的_____，表明企业获利能力_____。

② 2022 年的总资产周转率比 2021 年的_____，表明企业资金周转利用能力_____。

③ 2022 年的权益乘数比 2021 年的_____，表明企业负债比重_____，偿债能力_____。

思政小课堂

请同学们学会整理所有的信息，培养学生提高归纳总结能力，能进行系统性综合分析，树立强化学生辩证和系统思维，培养学生树立大局观。

7.2.3　杜邦分析法的局限性

1. 忽视了企业的发展能力分析

传统的杜邦分析法反映了企业的盈利能力（营业净利率），偿债能力（总资产周转率）和营运能力（权益乘数），而没有关注到企业有关发展能力的相关评价。企业在实际运营过程中，过分追求报表上的高利润及盈利能力，会造成企业管理层重视短期行为，忽略企业长期的价值创造，从而忽略了企业真正的可持续发展能力，不能全面分析企业的财务和经营状况，不利于企业的长远发展。

2. 没有考虑到现金流量对企业的影响

杜邦分析法在分析的过程中只利用了资产负债表和利润表的相关信息，而没有利用现金流量表的数据资料，例如企业产品的销售状况良好，但由于制定了不合理的信用政策和收账政策等原因，造成企业大量的货款无法及时收回，从而形成巨额的应收账款，这会导致企业的资金链断裂而危及企业的生存。

3. 指标不匹配

在杜邦分析法使用过程中，计算总资产净利率的"总资产"与"净利润"这两个指标不匹配，总资产为全部资产提供者享有，不只是股东、债权人等享有的权利，而净利润是企业的各项收益扣除成本费用后的差额，其专属于股东，因此两者并不匹配。

4. 没有区分企业的经营活动和金融活动

金融活动是筹资活动以及多余资本的利用，一般在资本市场上进行。只有区分企业的经营活动和金融活动，并进一步区分企业的经营资产和金融资产，经营损益和金融损益，经营现金流量和金融现金流量，才能准确核管企业经营活动产生的效益和金融活动产生的效益,真实反映公司的经营活动和金融活动情况。而传统杜邦分析法笼统的用资产、负债、利润进行指标核算,并未将两种活动进行区分,不利于企业的管理和可持续发展。

> **小贴士**
>
> 针对传统杜邦分析法存在的问题,我们可以进行如下改进:
> (1) 将可持续增长率作为财务分析指标之一。
> (2) 充实现金流量的分析。
> (3) 引入管理用财务报表。

任务7.3 › 沃尔评分法

沃尔评分法

7.3.1　沃尔评分法的概念和由来

1. 沃尔评分法的概念

沃尔评分法是指将选定的财务比率用线性关系结合起来,并分别给定各自的分数比重,然后通过与标准比率进行比较,确定各项指标的得分及总体指标的累计分数,从而对企业的信用水平作出评价的方法。

将分散的财务指标通过一个加权体系综合起来,使得一个多维度的评价体系变成一个综合得分,这样就可以用综合得分对企业做出综合评价。

2. 沃尔评分法的由来

1928 年,财务综合评价先驱亚历山大·沃尔提出了信用能力指数的概念,把流动比率、净资产负债率、固定资产比率、存货周转率、应收账款周转率、固定资产周转率和自有资产周转率七项财务比率用线性系统结合起来,并分别给定各自的分数比重(比重总和为 100),通过与标准比率进行对比,确定多指标的得分及总体指标的累计分数,从而对企业的信用水平乃至整个企业的财务状况进行评价,即所谓的沃尔比重评分法,沃尔评分法雏形如表 7-8 所示。

表7-8　沃尔评分法雏形

财务比率	权重	标准值	实际值	相对值	评分
	①	②	③	④=③÷②	⑤=①×④
流动比率	25	2	1.8	0.9	22.5
净资产负债率	25	1.2	1.5	1.25	31.25
固定资产比率	15	2.5	3.2	1.28	19.2
存货周转率	10	8	10	1.25	12.5
应收账款周转率	10	8	8	1	10

（续表）

财务比率	权重	标准值	实际值	相对值	评分
	①	②	③	④＝③÷②	⑤＝①×④
固定资产周转率	10	4	3	0.75	7.5
自有资产周转率	5	3	2.4	0.8	4
合计	100				106.95

注：实际分数＝实际值÷标准值×权重。

最终评价时，若综合得分大于100，则说明企业的财务状况比较好；反之，则说明企业的财务状况沃尔评分法低于同行业平均水平或者本企业历史先进水平等评价指标。

> **小贴士**
>
> 传统的沃尔的分析法存在一定的缺陷：
>
> （1）沃尔评分法从理论上讲，未能解释为什么要选择这七个指标，而不是更多些或更少些，或者选择别的财务比率，以及未能解释每个指标所占比重的合理性。
>
> （2）沃尔分析法从技术上讲，就是当某一个指标严重异常时，会对综合指数产生不合逻辑的重大影响。这个缺陷是由相对比率与比重相"乘"而引起的。财务比率提高1倍，其综合指数增加100%；而财务比率缩小1倍，其综合指数只减少50%。

7.3.2 沃尔评分法的分析步骤

尽管传统的沃尔评分法存在着缺陷，但它在实践中仍被广泛地应用并得到改进和发展。在社会发展的不同阶段和不同环境，人们应用沃尔评分法时所选择的财务比率不断地变化，各个比率的权重不断地修正，各个比率的标准值不断调整，评分方法不断地改进，但是沃尔评分法的基本思路并没有发生改变，其应用的基本步骤也没有发生大的变化。

根据一般认为企业财务评价的内容，我们对沃尔评分法进行改进：一般认为企业财务评价的内容：首先是盈利能力，其次是偿债能力，最后是成长能力，它们之间大致可按5：3：2的比重来分配。

下面以鹏华股份有限公司的为例，说明沃尔评分法的基本步骤。

【例7-2】以鹏华股份有限公司为例，根据企业相关财务数据，使用沃尔评分法分析企业的综合财务状况。

1. 选择财务比率并确认各项财务比例的权重

不同的分析者所选择的财务比率可能都不尽相同，但在选择财务比率时应注意以下几点原则：

（1）首先，选择的比率要具有综合性，能够反映偿债能力、盈利能力、营运能力等的比率都应包括在内，这样才能全面反映企业的综合财务状况。

（2）其次，选择的比率要具有代表性，即在每个方面的众多财务比率中要选择那些典型的、重要的比率。

（3）最后，选择的比率最好具有变化方向的一致性，即当财务比率增大时表示财务状况的改善,当财务比率减小时表示财务状况的恶化。

选定若干财务比率后,按其重要程度给定权数,使其总权数为 100。

根据一般认为企业财务评价的内容,我们对沃尔评分法进行改进,来选择评价指标,首先是盈利能力,其次是偿债能力,最后是成长能力,它们之间大致可按 5∶3∶2 的比重来分配。

以鹏华股份有限公司为例,鹏华公司的沃尔评分表指标选定及权重分配如表 7-9 所示。

表 7-9　综合评价指标及其权重表

企业名称:鹏华公司

选择的指标		分配的权重/%	
盈利能力	总资产收益率	20	50
	营业净利率	20	
	净资产收益率	10	
偿债能力	自有资本比率	8	32
	流动比率	8	
	应收账款周转率	8	
	存货周转率	8	
成长能力	销售增长率	6	18
	净利增长率	6	
	总资产增长率	6	
合计		100	100

2. 确定各项财务比率的标准值

财务比率的标准值也就是判断财务比率高低的比较标准。可以是企业的历史水平、竞争企业的水平、国家或国际公认标准,也可以是同行业的平均水平,其中最常见的是选择同行业的平均水平作为财务比率的标准值。假设选取行业的平均水平作为标准值,表 7-10 中所显示的数据为鹏华公司所属行业的各指标平均标准值。

表 7-10　所属行业的各指标平均标准值

选择的指标		指标的标准值
盈利能力	总资产收益率/%	5.5
	营业净利率/%	26
	净资产收益率/%	4.4
偿债能力	自有资本比率/%	25
	流动比率/%	92
	应收账款周转率	2.8
	存货周转率	9

(续表)

选择的指标		指标的标准值
成长能力	销售增长率/%	3
	净利增长率/%	8
	总资产增长率/%	6.2

3. 计算各个财务比率的实际值

各项评价指标的得分＝各项评价指标的权重×$\dfrac{指标的实际值}{指标的标准值}$；

综合得分＝$\sum$各项评价指标的得分。

鹏华公司各项指标的实际得分和综合得分如表 7-11 所示。

表 7-11 鹏华公司沃尔评分计算表

企业名称:鹏华公司

财务比率	权重	标准值/%	实际值/%	相对值	评分
	①	②	③	④＝③÷②	⑤＝④×①
总资产收益率	20	5.5	6	1.09	21.82
营业净利率	20	26	28.4	1.09	21.85
净资产收益率	10	4.4	6.6	1.5	15
自有资本比率	8	25	25	1	8
流动比率	8	200	180	0.9	7.2
应收账款周转率	8	12	12.5	1.04	8.33
存货周转率	8	6	5.8	0.97	7.73
销售增长率	6	3	2.6	0.87	5.2
净利增长率	6	8	9.8	1.23	7.35
总资产增长率	6	6.2	6	0.97	5.81
合计	100				108.29

4. 形成评价结果

将各个财务比率的实际得分加总,即得到企业的综合得分,与选定的行业标准进行比较。

(1) 企业的综合得分如果接近 100 分,说明企业的综合财务状况接近于行业的平均水平。

(2) 企业的综合得分如果明显超过 100 分,则说明企业的综合财务状况优于行业的平均水平。

(3) 企业的综合得分如果大大低于 100 分,则说明企业的综合财务状况较差,应当积极采取措施加以改善。

从鹏华公司沃尔评分计算表可以得到,企业的综合得分为 108.29 分大于 100 分,各方面综合能力高于同业平均水平。

📝 **小贴士**

　在沃尔评分中,比较关键的是各项财务比率权重的确定和比例标准值的选择。

任务训练

　学校超市的店长小王想要对比一下其他的小超市,评估分析一下超市的综合财务状况,请用沃尔评分法根据表 7-12 所示帮助小王分析学校超市的综合财务状况。

表 7-12　学校超市沃尔评分计算表

财务比率	权重	标准值/%	实际值/%	相对值	评分
	①	②	③	④=③÷②	⑤=④×①
总资产收益率	20	5.5	6.2		
营业净利率	20	26	27.8		
净资产收益率	10	4.4	4.8		
自有资本比率	8	25	28		
流动比率	8	200	200		
应收账款周转率	8	12	10.8		
存货周转率	8	6	5.6		
销售增长率	6	3	2.8		
净利增长率	6	8	8.2		
总资产增长率	6	6.2	6.4		
合计	100				

　(1) 请根据表 7-12 相关数据,计算填列完成学校超市沃尔评分计算表。

　(2) 学校超市的沃尔评分是_____,综合得分_____100,_____同业平均综合财务水平。

📝 **小贴士**

　　财政部于 1995 年颁发的《财政部企业经济效益综合评价指标体系(试行)》的通知将综合评价指标确定为销售利润率、总资产报酬率、资本收益率、资本保值增值率、资产负债率、流动比率、应收账款周转率、存货周转率、社会贡献率、社会积累率十项指标。其中销售利润率、总资产报酬率、资本收益率和资本保值增值率为盈利能力指标,资产负债率和流动比率为偿债能力指标,应收账款周转率和存货周转率为资产运营能力指标,社会贡献率和社会积累率为社会贡献指标。

项目小结

　　财务报表综合分析就是企业以财务报表和其他资料为依据,运用一定的方法和程序,将偿债能力、营运能力、盈利能力、获现能力和发展能力等各个方面的分析纳入一个有机的整体之中,进行相互关联的、系统的分析,以便全面地对企业财务状况、经营状况及现金流量进行分析与评价。

　　杜邦分析法,又称杜邦分析体系,就是利用各主要财务比率之间的内在联系来综合分析企业财务状况的方法。股东财富最大化作为杜邦分析法的假设前提,以反映股东权益水平的净资产收益率作为核心指标和起点,利用获利能力指标、营运能力指标和偿债能力指标之间的内在联系,形成分析指标体系,综合分析评级企业财务状况和经营业绩。杜邦分析法存在忽视了企业的发展能力分析,未考虑到现金流量对企业的影响,指标不匹配和没有区分企业的经营活动和金融活动的局限性。

　　沃尔评分法是指将选定的财务比率用线性关系结合起来,并分别给定各自的分数比重,然后通过与标准比率进行比较,确定各项指标的得分及总体指标的累计分数,从而对企业的信用水平作出评价的方法。企业的沃尔综合得分若接近 100 分,则说明企业的综合财务状况接近于行业的平均水平;若明显超过 100 分,则说明企业的综合财务状况优于行业的平均水平;若大大低于 100 分,则说明企业的综合财务状况较差,应当积极采取措施加以改善。

习题 7

一、单选题

1. 关于杜邦分析体系所涉及的财务指标,下列表述错误的是(　　)。
   (A) 营业净利率可以反映企业的盈利能力
   (B) 净资产收益率是杜邦分析的起点
   (C) 总资产周转率可以反映企业的盈利能力
   (D) 权益乘数可以反映企业的偿债能力

2. 某企业的营业净利率为 15%,总资产净利率为 30%,则总资产周转率为(　　)。
   (A) 1.5　　　　　(B) 0.5　　　　　(C) 2　　　　　(D) 1

3. 某企业的营业收入为 100 000,净利润为 5 000,总资产平均余额为 100 000,则总资产周转率为(　　),总资产净利率为(　　)。
   (A) 1;5%　　　　　　　　　　(B) 0.5;2.5%
   (C) 0.5;5%　　　　　　　　　　(D) 1;2.5%

4. 某企业 2021 年和 2022 年的营业净利率为 8% 和 10%,总资产周转率为 2 和 1.8,两年的权益乘数相同,与 2021 年相比,2022 年的净资产收益率变动趋势为(　　)。
   (A) 上升　　　　(B) 不变　　　　(C) 下降　　　　(D) 无法确定

5. 下列哪个财务指标不是亚历山大·沃尔所选取的?(　　)。
   (A) 存货周转率　　　　　　　　(B) 自有资金周转率
   (C) 流动比率　　　　　　　　　(D) 销售净利率

二、多选题

1. 杜邦分析体系中所设计的主要财务指标有( )。
   - (A) 总资产周转率
   - (B) 权益乘数
   - (C) 应收账款周转率
   - (D) 固定资产

2. 下列关于沃尔评分法中,选择财务比率的说法正确的有( )。
   - (A) 所选择的比率要具有全面性
   - (B) 所选择的比率要具有代表性
   - (C) 在选择反映偿债能力的比率时最好选择资产负债率
   - (D) 所选择的比率最好具有变化方向的一致性

3. 在下列各因素中,会影响企业净资产收益率的因素有( )。
   - (A) 营业净利率
   - (B) 资产负债率
   - (C) 总资产周转率
   - (D) 流动比率

4. 下列属于沃尔评分法缺点的是( )。
   - (A) 不能合理说明指标权重的确认
   - (B) 多选指标缺乏证明
   - (C) 不能对企业信用水平做出评价
   - (D) 当某项指标严重异常,对总评分会产生不合逻辑的影响

三、计算题

1. B公司2021年资产负债简表如表7-13所示。

表7-13 B公司资产负债简表

企业名称:B公司 单位:万元

资产	2022年	2021年	负债和所有者权益	2022年	2021年
货币资金	80	100	流动负债合计	300	450
应收账款	200	180	长期负债合计	300	200
存货	280	220	负债合计	600	650
流动资产合计	560	500	所有者权益合计	760	750
固定资产合计	800	900			
资产合计	1 360	1 400	负债和所有者权益合计	1 360	1 400

B公司2020年营业净利率为18%,总资产周转率为1.57,2021年营业收入为2 500万元,净利润为350万元(指标使用当年的节点数据)。

(1) 请计算2021年B公司的营业净利率、总资产周转率、权益乘数和净资产收益率;

(2) 请用杜邦分析法分析,相比2020年的B公司财务综合状况。

2. C公司采用行业平均值为评价的标准值。其所处行业各指标的权重数、标准值及该企业实际值分别如表7-14所示。

表 7 - 14　C 公司沃尔评分计算表

财务比率	权重	标准值/%	实际值/%	相对值	评分
总资产收益率	20	12	11.4		
营业净利率	20	28	26.8		
净资产收益率	10	6	6.4		
自有资本比率	8	25	26		
流动比率	8	200	210		
应收账款周转率	8	12	12		
存货周转率	8	6.5	5.6		
销售增长率	6	3.2	3.8		
净利增长率	6	8	8.2		
总资产增长率	6	6	6.4		
合计	100				

（1）运用沃尔评分法计算各指标的相对值、评分及综合分数；

（2）使用沃尔评分法对 C 公司的实际财务状况进行评价。

3. D 公司 2022 年度简化财务数据如表 7 - 15 所示。

表 7 - 15　D 公司财务数据简表

企业名称：D 公司　　　　　　　　　　　　　　　　　　　　　　　　　　　单位：万元

资产负债表项目	年初数	年末数
资产	375	525
负债	250	325
所有者权益	125	200
利润表项目	上年数	本年数
营业收入	（略）	1000
净利润	（略）	50

要求：

　　计算杜邦财务分析体系中的下列指标（凡计算指标涉及资产负债表项目数据的，均按平均数计算）：

　　（1）净资产收益率；

　　（2）总资产净利率（保留两位小数）；

　　（3）营业净利率；

　　（4）总资产周转率（保留两位小数）；

　　（5）权益乘数。

项目 **8** 财务报表整体分析

素质目标

（1）相关财务报表造假事件给企业、社会和财务从业人员带来经济损失、声誉损害以及恶劣的影响，让学生对舞弊和造假避而远之，对资本市场和财经法规抱有敬畏之心，从而能警钟长鸣，规避专业技术错误的同时，以较高的职业道德素养维护社会主义良好市场环境。

（2）通过水平分析法，鼓励学生找到找准自己的基准和榜样，树立正确的竞争意识，分析寻找自己的薄弱点，积极进步。

知识目标

（1）了解资产负债、利润表和现金流量表分析的意义。

（2）理解资产负债表、利润表和现金流量表的结构。

（3）掌握现金流量定比和环比的区别及计算。

能力目标

（1）能够使用资产负债表的水平分析法和垂直分析法进行分析。

（2）能够使用利润表的水平分析法和垂直分析法进行分析。

（3）能够使用现金流量表的结构分析法和趋势分析法进行分析。

思维导图

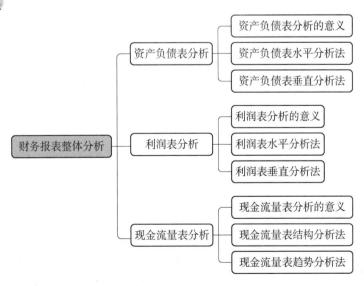

情景导入

"扇贝跑路事件"6年离奇失踪四次！账面价值缩水近四成！深陷资产减值"地雷阵"

獐子岛集团股份有限公司以水产增养殖为主,集海珍品育苗、增养殖、加工、贸易、海上运输于一体的综合性海洋食品企业。近年来,獐子岛的营收整体呈下滑趋势,净利润则是一年亏损一年盈利。财报数据显示,獐子岛2017—2020年分别实现营收32.06亿元、27.98亿元、27.29亿元、19.27亿元;净利润分别为-4.47亿元、0.34亿元、-3.85亿元、0.36亿元。

根据深交所规定,中小板企业连续两年亏损将被ST,连续三年亏损将被暂停上市,连续四年亏损则会面临终止上市,而獐子岛近几年"时亏时赚"的业绩则灵活避开了上述风险。

这是怎么做到的呢？

作为海产品养殖企业,獐子岛的第一大资产是存货——主要包括播撒在230万亩茫茫海底的虾夷扇贝、海参等海珍品,它们在獐子岛集团资产中的比重约为30%,若扇贝等存货产量受损,公司资产势必大打折扣。獐子岛对虾夷扇贝计提2870.44万元的存货跌价准备,相当于公司2020年投苗底播的虾夷扇贝"消失"了近四成。据公开信息,獐子岛曾在六年内发生4次"扇贝失踪"事件。为此,2020年,证监会甚至借助北斗卫星导航系统来破解獐子岛扇贝"出逃"之谜。证监会认为,獐子岛财务存在造假,性质恶劣,影响极坏,严重破坏了信息披露制度的严肃性,严重破坏了市场诚信基础,依法应予严惩。

(资料来源:新浪财经 https://baijiahao.baidu.com/s?id=1722567101354418284&wfr=spider&for=pc)

💡思考探究

公司真实的资产负债表到底是怎么样的呢？如何用资产负债表以及其他财务报表分析与预测企业的财务状况呢？

思政小课堂

(1) 党的二十大报告指出:"我们深入推进全面从严治党,严肃党内政治生活,持续开展党内集中教育,提出和坚持新时代党的组织路线,突出政治标准选贤任能,加强政治巡视,形成比较完善的党内法规体系,推动全党坚定理想信念、严密组织体系、严明纪律规矩。"近年来,财会监督作为党和国家监督体系的重要组成部分,在推进全面从严治党、规范财经秩序、促进经济社会健康发展等方面发挥了重要作用。作为企业,虚假的财务报表不仅侵害财务报表使用者的利益,而且也严重破坏市场经济秩序,通过獐子岛案例提醒学生财务造假的市场危害。

(2) 獐子岛利用深交所规则漏洞篡改公司业绩,影响投资者的投资判断,严重扰乱证券市场秩序、严重损害投资者利益,社会影响极其恶劣。借此引导学生在生活和工作中要脚踏实地,切勿投机取巧。

任务8.1 ▶ 资产负债表分析

8.1.1 资产负债表分析的意义

资产负债表是反映公司在某一特定日期全部资产、负债和所有者权益信息的财务报表，它表明公司在这一特定日期所拥有或控制的经济资源、所承担的经济义务和公司所有者对净资产的要求权。资产负债表根据"资产＝负债＋所有者权益"的会计恒等式进行编制，基本反映了公司在某一特定日期的财产分布状况。资产负债表是一张平衡报表，反映资产总计(资金运用)与负债及所有者权益(资金来源)相等。资产负债表是一张静态报表，反映企业在某一时点的财务状况，如月末、季末、半年末或年末。

资产负债表分析的意义主要体现以下几个方面。

1. 分析企业资产及其分布情况

资产负债表可以帮助分析者掌握企业在某一日期所拥有的资产规模、种类以及资产的质量，例如流动资产有多少、固定资产有多少、长期投资有多少、无形资产有多少等。分析者通过分析企业资产总规模及其具体分布情况，可以对企业的资产质量、企业的持续经营和发展能力做出一定的判断。

2. 分析企业所承担的债务及其偿还时间

资产负债表能够说明企业所承担的债务、清偿时间以及清偿对象。分析者通过分析流动负债和长期负债，控制企业的合理负债规模，保持企业稳定的偿债能力，从而可以合理利用负债为企业取得更多利润。

3. 分析企业净资产及其形成原因

资产负债表能够反映在特定时点投资人所拥有的净资产即所有者权益及其形成的原因。净资产金额为资产减去负债后的余额，具体包括实收资本、资本公积、盈余公积和未分配利润。分析者通过企业净资产分析可以揭示企业的经济实力、风险承担能力和内部积累能力。

4. 分析企业整体财务状况及发展趋势

资产负债表能够反映企业整体财务状况及发展的趋势。当分析者将企业不同时点的资产负债表结合起来分析，企业财务发展状况的趋势就很明显了。如果一个企业的管理者能够关注每一个时点的状况，就会对企业的财务状况有一个比较全面的了解；反之，不注重捕捉时点数，将会给企业的管理造成比较大的失误。

根据分析目的和用途的不同，本书将从资产负债表的水平分析法和垂直分析法，从资产负债表的变动原因，从趋势和结构进行分析。

8.1.2 资产负债表水平分析法

资产负债表水平分析法指将反映企业的资产负债表报告期财务状况的信息与反映企业前期或历史某一时期财务状况的信息进行对比，分析企业各项经营业绩或财务状况的发展变动情况。往往进行资产负债水平分析法需要编制出资产负债水平分析表，计算各项目变动额与变动率，并在此基础上进行分析评价。超全企业股份有限公司资产负债水平和结构如表 8-1 所示，我们将使用资产负债水平分析法进行分析。

表 8-1 超全企业股份有限公司资产负债水平和结构表 单位：万元

项目	2022 年	2021 年	变动情况		结构分析/%	
			变动额	变动率/%	2022 年	2021 年
流动资产：						
货币资金	23 000	19 900	3 100	15.58	15.58	15.62
交易性金融资产	70	0	70	0	0.05	0.00
应收账款	715	920	−205	−22.28	0.48	0.72
预付款项	8 730	3 160	5 570	176.27	5.91	2.48
应收利息	88	76	12	15.79	0.06	0.06
其他应收款	7 780	3 500	4 280	122.29	5.27	2.75
存货	90 000	86 000	4 000	4.65	60.97	67.48
流动资产合计	130 383	113 556	16 827	14.82	88.33	89.11
非流动资产：						
可供出售金融资产	160	165	−5	−3.03	0.11	0.13
长期应收款	2 500	2 300	200	8.70	1.69	1.80
长期股权投资	3 500	2 500	1 000	40.00	2.37	1.96
投资性房地产	220	210	10	4.76	0.15	0.16
固定资产	1 450	780	670	85.90	0.98	0.61
在建工程	825	400	425	106.25	0.56	0.31
无形资产	80	0	80	0	0.05	0.00
长期待摊费用	30	25	5	20.00	0.02	0.02
递延所得税资产	1 260	1 500	−240	−16.00	0.85	1.18
其他非流动资产	7 200	6 000	1 200	20.00	4.88	4.71
非流动资产合计	17 225	13 880	3 345	24.10	11.67	10.89
资产总计	147 608	127 436	20 172	15.83	100.00	100.00
流动负债：						
短期借款	1 180	4 600	−3 420	−74.35	0.80	3.61
应付票据	30	25	5	20.00	0.02	0.02
应付账款	16 300	12 800	3 500	27.34	11.04	10.04
预收款项	31 750	24 000	7 750	32.29	21.51	18.83
应付职工薪酬	80	52	28	53.85	0.05	0.04
应交税费	1 180	1 000	180	18.00	0.80	0.78

项目	2022年	2021年	变动情况		结构分析/%	
			变动额	变动率/%	2022年	2021年
应付利息	12	21	−9	−42.86	0.01	0.02
其他应付款	9 260	9 980	−720	−7.21	6.27	7.83
一年内到期的非流动负债	7 440	13 000	−5 560	−42.77	5.04	10.20
流动负债合计	67 232	65 478	1 754	2.68	45.55	51.38
非流动负债：						
长期借款	18 500	9 600	8 900	92.71	12.53	7.53
应付债券	5 600	5 650	−50	−0.88	3.79	4.43
长期应付款	35	45	−10	−22.22	0.02	0.04
递延所得税负债	800	850	−50	−5.88	0.54	0.67
其他非流动负债	8	12	−4	−33.33	0.01	0.01
非流动负债合计	24 943	16 157	8 786	54.38	16.90	12.68
负债合计	92 175	81 635	10 540	12.91	62.45	64.06
所有者权益（或股东权益）：						
实收资本（或股本）	11 000	11 000	0	0.00	7.45	8.63
资本公积	8 500	7 800	700	8.97	5.76	6.12
盈余公积	8 700	6 600	2 100	31.82	5.89	5.18
未分配利润	23 300	17 000	6 300	37.06	15.79	13.34
少数股东权益	3 933	3 401	532	15.64	2.66	2.67
所有者权益（或股东权益）合计	55 433	45 801	9 632	21.03	37.55	35.94
负债和所有者权益（或股东权益）总计	147 608	127 436	20 172	15.83	100.00	100.00

【例8-1】根据表8-1所示的超全企业股份有限公司资产负债水平和结构表，使用水平分析法对超全股份有限公司进行分析。

1. 从投资或资产角度进行分析评价

根据表8-1的有关数据可得超全企业股份有限公司资产变动率分析图（见图8-1）。

（1）从总资产来看，2021年到2022年总资产增加了20 172万元，增长率为15.83%。其中，流动资产较上年增长了16 827万元，增长率为14.82%，非流动资产增长3 345万元，增长率为24.1%。表明企业占有的经济资源快速增加，经营规模也迅速扩大。

（2）2022年超全公司的流动资产较2021年增长14.82%。其主要原因是新项目的增加使预付款项增加了176.27%，处置部分联营和子公司所获得的转让款及其他业务合作所增加的项目合作款使其他应收账款大幅提高至122.29%。

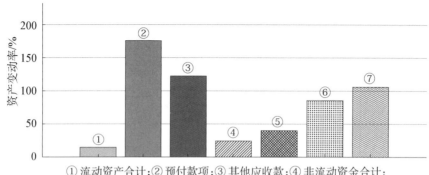

①流动资产合计;②预付款项;③其他应收款;④非流动资金合计;

⑤长期股权投资;⑥固定资产;⑦在建工程。

图 8-1 超全企业股份有限公司资产变动率分析

（3）公司的非流动资产较上年增长 24.1%,主要由于公司扩大生产规模使得固定资产和在建工程投入大幅度提高,增长率分别为 85.9% 和 106.25%。

（4）企业的长期股权投资较 2021 年增长了 40%,主要是超全公司在 2022 年购买上游公司部分股权,从而降低原材料的成本。

2. 从筹资或权益角度进行分析

根据表 8-1 的有关数据可得超全企业股份有限公司负债变动率分析图(见图 8-2)和超全企业股份有限公司权益变动率分析图(见图 8-3)。

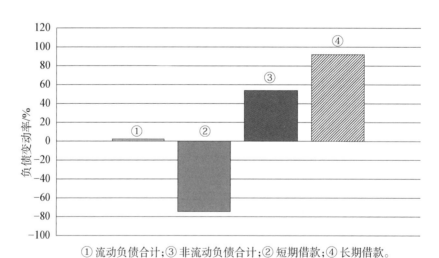

①流动负债合计;③非流动负债合计;②短期借款;④长期借款。

图 8-2 超全企业股份有限公司负债变动率分析

（1）超全公司的总负债相比于 2021 年增加了 10 540 万元,增长率是 12.91%,企业的负债筹资变动不算大,特别是流动负债的增长,增长幅度只有 2.68%,非流动负债较上年增长 54.38%。

（2）在流动负债的增幅中,企业的短期借款、应付利息、其他应付款和一年内到期的非流动负债为负增长。其中,降幅明显的短期借款下降了 74%,应付利息和一年内到期的非流动负债下降比率均在 42% 左右,企业在 2022 年偿还大量短期贷款。而在非流动负债中,企业的长期借款增加了 92.71%,主要由于企业进行业务规模扩大,使借款结构发生变化。

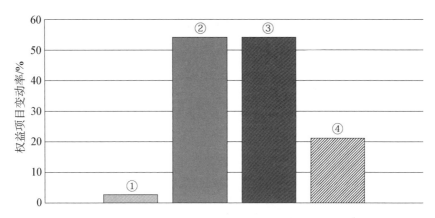

①流动负债合计;②非流动负债合计;③负债合计;④所有者权益（或股东权益）合计。

图8-3 超全企业股份有限公司权益变动率分析

（3）从所有者权益角度来看,超全公司股权筹资略有增长,增长额为9632万元,增长率为21.03%。其增加的主要原因是净利润的增加,股本未增加。

任务训练

学校超市2022年末的流动资产是1000万元,非流动资产是2500万元,流动负债是500万元,非流动负债为1500万元,所有者权益为1500万元。2021年末的流动资产是1200万元,非流动资产是2000万元,流动负债是800万元,非流动负债为1600万元,所有者权益为800万元。

（1）学校超市2022年较上年,流动资产变动率是_____,非流动资产变动率是_____,总资产变动率是_____,其主要变动由_____引起。

（2）学校超市2022年较上年,流动负债变动率是_____,非流动负债变动率是_____,总负债变动率_____,其主要变动由_____引起。

（3）学校超市2022年较上年,总负债变动率是_____,所有者权益变动率是_____,负债和所有者权益合计变动率是_____,其主要变动由_____引起。

小贴士

对资产负债表进行水平分析时,不仅要关注各项目增减变动额和变动的幅度,还要对其变动的合理性和效率性进行分析。同时,在进行合理性和效率性分析评价时,还可以借助企业的利润表和现金流量表中的相关数据,如营业收入、利润和经营、投资和筹资现金流量等指标。

8.1.3 资产负债表垂直分析法

资产负债表垂直分析法通过计算资产负债表中各项目的总资产或总权益中所占的比重,分析说明企业资产结构、负债结构及所有者权益结构,揭示企业资产权益结构的合理程度,其增减变动的合理程度以及企业资产结构与资本结构的适应程度。

资产负债表垂直分析可以从静态角度和动态角度两方面进行。从静态角度分析就是以本期资产负债表为分析对象,分析评价其实际构成情况。从动态角度分析就是将资产负债表的本期实际构成与选定的标准进行对比分析,对比的标准可以是上期实际数、预算数和同行业的平均数或可比企业的实际数。

垂直分析法的主要用法和步骤如下:

(1)确定资产负债表中各项目占总额的比重或百分比。

(2)通过各项目的比重,分析各项目在企业经营中的重要性。一般项目比重越大,说明其重要程度越高,对总体的影响越大。

(3)与水平分析法相结合,将分析期各项目的比重与前期同项目比重对比,研究各项目的比重变动情况,为进一步的"优化组合"提供思路。

【例 8-2】根据表 8-1 所示的超全企业股份有限公司资产负债水平和结构表,使用垂直分析法对超全股份有限公司进行分析。

1. 静态角度分析

根据表 8-1 所示的超全企业股份有限公司资产负债水平和结构表中的相关数据,可生成超全企业资产项目、权益项目的分析图(见图 8-4、图 8-5)。

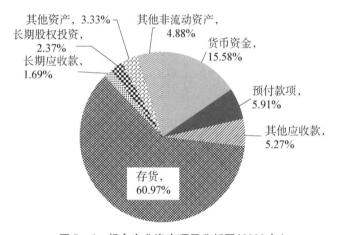

图 8-4　超全企业资产项目分析图(2022 年)

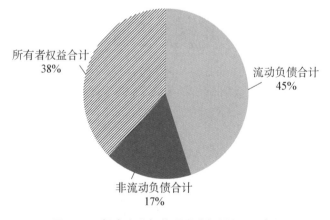

图 8-5　超全企业权益项目分析图(2022 年)

以 2022 年资产负债表为分析对象,超全公司 2022 年的流动资产占总资产的 88.33%,非流动资产占总资产 11.67%。流动资产占资产总额比例高,主要由于持有大量的货币资金以及公司存货较多。其中,存货占总资产的比例为 60.97%,可能存在存货周转率低,积压大量的存货。

超全公司 2022 年的资产负债率为 62.45%。从总体来看,超全公司的负债率略高,财务风险比较大。其中,流动负债比率为 72.94%,说明企业的资金短缺问题都是通过一年内到底的短期债务来解决的。企业在短期内,需要偿还的债务也会很多,企业面临一定的偿债风险。

2. 动态角度分析

将超全企业股份有限公司资产负债水平和结构表中 2022 年的资产权益结构与 2021 年进行对比。超全公司较上一年流动资产占比下降,非流动资产占比有所上升,说明企业加大了长期投资。其中,存货占总资产比重从 67.48% 降至 60.97%,说明存货周转问题得到改善。长期股权投资、固定资产和在建工程等长期性投资项目占比均有上升,公司正处于扩张阶段,投资兴建很多的项目。此外,从权益端对比,超全公司的筹资结构有所改善,负债占比下降,所有者权益占比上升,其中未分配利润占比上升,结合利润表,企业实现盈利。但是,虽然公司的资产负债率有所下降,但长期借款明显增加,说明该公司的筹资政策发生改变,负债筹资的成本更高,但短期内偿债压力减轻。

任务训练

学校超市 2021—2022 年资产负债表垂直分析如表 8-2 所示。

表 8-2　学校超市资产负债表垂直分析

项　　目	2021 年		2022 年	
	金额/万元	占比/%	金额/万元	占比/%
流动资产合计	4 750	56.55	4 170	51.48
非流动资产合计	3 650	43.45	3 930	48.52
资产总计	8 400	100	8 100	100
流动负债合计	2 650	31.55	1 600	19.75
非流动负债合计	600	7.14	1 160	14.32
负债合计	3 250	32.89	2 760	34.07
所有者权益合计	5 150	61.31	5 340	65.93
负债和所有者权益总计	8 400	100	8 100	100

根据表 8-2 所示,可以知道学校超市 2021 年非流动资产占总资产比例为_____,2022 年非流动资产占比增加至_____。2021 年所有者权益占总资本的比例为_____,2022 年所有者权益占比为_____,表明公司自有资金充足。

> **小贴士**
>
> 资产负债表变动情况的分析评价注意要点：
>
> 1) 从投资或资产角度进行分析评价
>
> (1) 分析总资产规模的变动状况以及各类、各项资产的变动状况。
>
> (2) 发现变动幅度较大或对总资产影响较大的重点类别和重点项目。
>
> (3) 分析资产变动的合理性与效率性。
>
> (4) 考察资产规模变动与所有者权益总额变动的适应程度,进而评价企业财务结构的稳定性和安全性。
>
> (5) 分析会计政策变动的影响。
>
> 2) 从筹资或权益角度进行分析评价
>
> (1) 分析权益总额的变动状况以及各类、各项筹资的变动状况。
>
> (2) 发现变动幅度较大或对权益影响较大的重点类别和重点项目。
>
> (3) 注意分析评价表外业务的影响。
>
> 3) 资产负债表变动原因的分析评价
>
> (1) 负债变动型。
>
> (2) 追加投资变动型。
>
> (3) 经营变动型。
>
> (4) 股利分配变动型。

利润表的两种
分析方法

任务8.2 ▸ 利润表分析

8.2.1 利润表分析的意义

利润表是反映企业在一定期间经营成果的会计报表,揭示企业销售了多少东西,赚了多少钱,成本怎么样,费用怎么样。由于利润是企业经营业绩的综合体现,又是进行分配的主要依据,因此利润表是会计报表中的主要报表。

利润表分析的意义主要体现以下几个方面。

1. 分析评价企业的经营成果、盈利能力和发展趋势

利润表可以帮助预测企业未来的盈利趋势。通过企业的营业收入、费用、利润等绝对量指标,或投资收益率、销售利润率等相对指标可以评价企业过去的经营成果。通过比较企业在不同时期,或同一行业中不同企业的有关指标,可以了解企业的获利能力大小,预测企业的未来盈利趋势。

2. 分析评价企业的偿债能力

企业的偿债能力不仅取决于资产的流动性和资本结构,也取决于获利能力。通过企业的利润表,分析者可以了解该企业当前的盈利水平,并通过各部分收益在企业利润中的占比,来评估企业长久的获利能力,从而分析企业的偿债能力。

3. 分析企业的生产经营活动

利润表是由企业营业利润、投资净收益、营业外收支净额等项目构成的,它们涉及企业生产经营活动的各个方面,通过利润表中有关收入、成本费用项目的分析,可以发现企业管理中存在的问题,并及时做出相应的决策,从而改善企业的经营管理。

8.2.2　利润表水平分析法

利润表水平分析法,就是将利润表的本期实际数与前期或历史某一时期(或对比标准、基数)进行比较,以揭示利润变动差异。利润表水平分析的目的在于从横向分析收入、费用、利润额的变动差异及产生原因。由于利润对比标准或基数不同,其分析目的或作用也不同。往往为了分析企业利润的变动情况,会选取上年数据进行分析对比。具体做决是编制利润表水平分析表,计算个项目变动而愈变动力,从而进行评价与分析。

【例 8-3】超全公司的 2021—2022 年利润表水平分析如表 8-3 所示,用利润表水平分析法分析公司利润的变动情况。

表 8-3　超全公司利润表水平分析　　　　　　　　　　单位:万元

项目名称	2021 年	2022 年	增加(减少)	
			金额	百分比/%
一、营业收入	11 500	12 800	1 300	11.30
减:营业成本	8 000	8 800	800	10.00
税金及附加	115	128	13	11.30
销售费用	85	80	—5	—5.88
管理费用	90	100	10	11.11
研发费用				
财务费用	400	450	50	12.50
其中:利息费用	500	560		
利息收入	180	240		
加:其他收益	100	200	100	100.00
投资收益(损失以"—"号填列)	80	120		
其中:对联营企业和合营企业的投资收益				
以摊余成本计量的金融资产终止确认收益				
净敞口套期收益(损失以"—"号填列)				
公允价值变动收益(损失以"—"号填列)				
信用减值损失(损失以"—"号填列)				
资产减值损失(损失以"—"号填列)				
资产处置收益(损失以"—"号填列)				
二、营业利润	2 910	3 442	532	18.28

(续表)

项目名称	2021年	2022年	增加(减少)	
			金额	百分比/%
加:营业外收入	3 600	3 400	−200	−5.56
减:营业外支出	250	200	−50	−20.00
三、利润总额	6 260	6 642	382	6.10
减:所得税费用	1 565	1 661	96	6.10
四、净利润	4 695	4 982	287	6.10

根据超全利润表水平分析表可知,超全公司2021年比2022年净利润上升6.1%,其中营业利润上涨18%,非营业利润有所下降。营业成本增长比例与营业收入增长比例相当,除销售费用有小幅下降外,管理费用和财务费用均以11.1%和12.5%的增幅有所增加。此外,投资收益增长了100%,主要由于企业投资的金融资产产生较好收益。超全公司的营业外收入主要来源于非流动资产的处置以及政府的补助,受政府政策调整所收到的政府补助下降导致公司的营业外收入略有下降。总体而言,超全公司2022年盈利能力较上年稳定增长。

任务训练

根据表8-4所示的数据,完成学校超市利润表水平分析。

表8-4 学校超市利润表的水平分析(部分)

单位:万元

项目名称	2021年	2022年	增加(减少)	
			金额	百分比/%
一、营业收入	200	240		
减:营业成本	115	140		
税金及附加	10	15		
销售费用	12	18		
管理费用	7	5		
财务费用	8	10		
加:投资收益(损失以"—"号填列)	60	50		
二、营业利润	108	102		
加:营业外收入	80	60		
减:营业外支出	10	30		
其中:非流动资产处置损失	0	0		
三、利润总额	178	132		
减:所得税费用	18	12		
四、净利润	160	120		

8.2.3　利润表垂直分析法

利润表垂直分析是通过计算利润表中各项目或各因素在主营业务收入中所占的比重,分析说明各项财务成果及成本费用的结构及其增减变动的合理程度。

利润表垂直分析,既可从静态角度分析评价实际(报告期)利润构成状况,也可从动态角度,将实际利润构成与标准或基期利润构成进行分析评价;对于标准与基期利润构成,既可用预算数,也可用上期数,还可用同行业可比企业数。不同的比较标准将实现不同的分析评价目的。

🔘 思考探究

利润表水平分析法和垂直分析法有什么区别?

利润表水平分析是将表内不同时期的项目进行对比,既可以了解企业目前的利润状况,也可以分析其发展趋势。如果企业的经营活动处于持续健康发展的状态,那么利润表中的各项数据应呈现出持续稳定发展的趋势。若利润表中的主要项目数据出现异动,突然大幅度上下波动,各项目之间出现背离,或者出现恶化趋势,则表明企业的某些方面发生了重大变化,为判断企业未来的发展趋势提供了重要线索。

利润表垂直分析是将表内每个项目都与一个关键项目主营业务收入相比,用于发现有显著问题的项目,揭示进一步分析的方向。采用垂直分析法,剖析利润表中各相关项目之间的内在钩稽关系,可以获取大量的有用信息。如将企业的主营业务利润与主营业务收入相比较,可以了解到企业的毛利率,进而可以了解企业的产品或劳务的技术含量和市场竞争力;将主营业务利润与其他业务利润相比较,可以了解企业的主营业务是否突出,并借此对企业未来获利能力的稳定性作出响应的判断;将营业利润、投资收益、补贴收入、营业外收入、营业外支出与利润总额相比较,可以对企业获利能力的稳定性及可靠性做出基本判断。只有营业利润占利润总额的比重较大时,企业的获利能力才较稳定、可靠;而投资收益反映的是建立在资本运营前提下的产业或产品结构的调整情况及其相应的获利能力;但通过政府的补贴收入或关联交易的方式提高上市公司的利润水平,却是不稳定、不可靠的,对此企业的投资者应予以重点关注。

【例 8 - 4】超全公司 2021—2022 年利润表垂直分析如表 8 - 5 所示,用利润表垂直分析法分析公司利润的变动情况。

表 8 - 5　超全公司 2021—2022 利润表的垂直分析

项 目 名 称	构成比率/%		构成比率变动/%	
	2020 年	2021 年	增加额	增减百分比
一、营业务收入	100.00	100.00	0.00	0.0
减:营业成本	69.57	68.75	−0.82	−1.2
税金及附加	1.00	1.00	0.00	0.0
销售费用	0.74	0.63	−0.11	−15.4
管理费用	0.78	0.78	0.00	−0.2

（续表）

项目名称	构成比率/%		构成比率变动/%	
	2020 年	2021 年	增加额	增减百分比
研发费用				
财务费用	3.48	3.52	0.04	1.1
其中:利息费用				
利息收入				
加:其他收益				
投资收益(损失以"—"号填列)				
其中:对联营企业和合营企业的投资收益				
以摊余成本计量的金融资产终止确认收益				
净敞口套期收益(损失以"—"号填列)				
公允价值变动收益(损失以"—"号填列)				
信用减值损失(损失以"—"号填列)				
资产减值损失(损失以"—"号填列)				
资产处置收益(损失以"—"号填列)				
二、营业利润	25.30	26.89	1.59	6.3
加:营业外收入	31.30	26.56	−4.74	−15.1
减:营业外支出	2.17	1.56	−0.61	−28.1
三、利润总额	54.43	51.89	−2.54	−4.7
减:所得税费用	13.61	12.97	−0.64	−4.7
四、净利润	40.83	38.92	−1.91	−4.7

根据表 8-5 中的数据可知,超全公司 2022 年净利润构成为 38.92,比上年 2021 年的 40.83% 降低了 1.91%;利润总额 2022 年度为 48.77%,比上年度 54.43% 降低了 5.67%; 而营业利润构成 2022 年为 26.89%,较上年增长 1.59%,主要由于营业外利润小幅上升。 由此可得,超全公司利润构成和主营业务的盈利能力均小幅下降。

任务训练

根据表 8-6 所示,完成学校超市利润表垂直分析。

表 8-6　学校超市利润表垂直分析(部分)

项目名称	学校超市 2022 年数据/%	行业平均 2022 年数据/%
一、营业收入	100.00	100.00
减:营业成本	68.75	60.00

（续表）

项 目 名 称	学校超市2022年数据/%	行业平均2022年数据/%
税金及附加	1.00	1.20
销售费用	4.63	2.50
管理费用	5.78	1.60
财务费用	3.52	3.50
资产减值损失	0.00	0.00
加：投资收益（损失以"一"号填列）	1.56	4.00
二、营业利润	26.89	34.00
加：营业外收入	23.44	15.00
减：营业外支出	1.56	2.30
其中：非流动资产处置损失	0.00	0.00
三、利润总额	48.77	50.20
减：所得税费用	12.97	11.82
四、净利润	39.92	40.00

学校超市毛利润占营业收入的比重为_____，比行业平均的40%低了_____，主要由于营业成本占比过高。学校超市的营业利润率为_____，低于行业平均的34%，低了_____，主要由于学校超市_____和管理费用高于行业平均占比，学校超市需要加强内部成本的控制。学校超市的净利润率为_____，基本与行业平均持平，主要由于学校超市的营业外收入高于行业平均，缩小了与行业平均的差距。

思政小课堂

请同学们找到找准自己的基准和榜样，树立正确的竞争意识，分析寻找自己的薄弱点，积极进步。

任务8.3 ▸ 现金流量表分析

现金流量表
结构分析

8.3.1 现金流量表分析的意义

现金流量表是以收付实现制为编制基础，反映公司在某一固定期间内现金流入流出的汇总，是公司现金流的表达，告诉我们现金的来源、应用、增减变动的情况以及公司的流动性。根据其用途划分为经营、投资及融资三个活动分类。

通过现金流量表的分析，可以评价企业的偿债能力、支付股利的能力、自我创造先进的能力等，便于投资者做出投资决策。对现金流量表的分析，既要掌握该表的结构及特点，分析其内部构成,又要结合利润表和资产负债表进行综合分析,以求全面、客观地评价企业的财务状况和经营业绩。

现金流量表分析的意义主要体现在以下几个方面。

1. 分析现金流流入和流出的原因及方向

现金流量表说明了在一定的时期内企业现金流入和现金流出的原因和方向。现金流量表将现金的变动划分为经营活动产生的现金流量、投资活动产生的现金流量以及筹资活动产生的现金流量三个板块,并且在这三个板块下又按照现金流入和现金流出进行细分。资产负债表以及利润表都没有办法反映企业现金流入和流出的原因及方向,即现金从哪里来,又去了哪里,也就没有办法解释财务状况变动的原因。除此以外,现金流量表的存在也很好地避免了企业中滥用资金的行为。

2. 分析净利润与实际现金流量之间的差异和产生原因

现金流量表解释了在一定时期内企业利润表所反映的净利润总额与实际流入企业的现金流量之间产生差异的原因。通过利润表与资产负债表结合分析企业的近期业绩,本质上是十分好的评价体系。但是由于利润表所反映的净利润信息是财务会计收益,是以权责发生制为基础、遵循历史成本原则以及配比原则计算出来的。在实际的案例中,应收账款等科目的存在表明企业有部分的利润在近期是无法很快变现的。这样,即使企业有相当可观的净利润,当面临资金缺口时,还是有可能会陷入财务危机。

3. 分析企业的偿债能力和股利支付情况

现金流量表能够说明企业的偿债能力以及股利支付能力等,有助于更加客观地评价企业的财务状况。通常情况下,投资者以及债权人主要关注的是一家企业的收益率以及净利润,但是对于债权人来说,短期债权人最需要关注的则是企业的短期偿债能力。企业在一定时期内获取的利润不能代表企业真正的偿债能力和股利支付能力,在某些情况下,很有可能一家具有可观的利润表的企业面临着没有现金支付债务的困境;与之相反的是一些收益不好的企业未必没有可观的现金流入,即有着足够的偿债能力和支付能力。

4. 分析历史现金流对未来现金流量进行预测

现金流量表可以使分析者对企业未来的现金流量进行预测。现金流量表反映了过去的经营决策、筹资决策、投资决策带来的现在的现金流量,同时也可以反映企业将来可能的现金流量变动情况,为信息的外部使用者提供可供参考的数据。

8.3.2 现金流量表结构分析法

现金流量结构分析是指在同一时期现金流量表中不同项目间的比较与分析,分析企业现金流入的主要来源和现金流出的方向,并评价现金流入流出对净现金流量的影响。特别是分析各项经济活动的主辅地位,也就是分析经营活动、投资活动和筹资活动在企业现金流量中的比例。其次是进行现金的流入结构、流出结构和流入流出的比例分析。

通常情况下,经营活动现金流入比重大的企业,经营状况较好,财务风险较低,现金流入结构较为合理;投资活动在企业现金流量支出中的比例大,说明企业正在扩大规模或开发新的利润增长点;筹资活动现金流量比重较大,说明企业可能资金运转困难,且未来企业还会面临较大的偿债压力,若筹资活动的现金流入主要来自企业吸收的权益性资本,则企业不仅不会面临偿债压力,资金实力反而会增强。

❓思考探究

如何区分经营性现金流、筹资性现金流以及投资性现金流呢？它们的关系又是什么呢？

经营活动现金流量是指企业投资活动和筹资活动以外的所有的交易和事项产生的现金流量，包括经营活动的现金流入量和经营活动的现金流出量。经营活动是指直接进行产品生产、商品销售或劳务提供的活动，它们是企业取得净收益的主要交易和事项。一般来说，经营活动产生的现金流入项目主要有：销售商品、提供劳务收到的现金，收到的税费返还，收到的其他与经营活动有关的现金；经营活动产生的现金流出项目主要有：购买商品、接受劳务支付的现金，支付给职工以及为职工支付的现金，支付的各项税费，支付的其他与经营活动有关的现金。经营活动现金的现金流入抵偿现金流出，并用一定的剩余现金流量偿还债务或用于投资。

投资性现金流反映公司对固定资产或金融工具等的投资活动所发生的现金流。投资性现金流，反映企业对固定资产和有价证券的买卖，以及对其他企业的并购和自身经营资产的出售。投资性活动产生的现金流入项目主要有收回投资所收到的现金，取得投资收益所收到的现金，处置固定资产、无形资产和其他长期资产所收回的现金净额，收到的其他与投资活动有关的现金；投资活动产生的现金流出项目主要有购建固定资产、无形资产和其他长期资产所支付的现金，投资所支付的现金，支付的其他与投资活动有关的现金。

当经营活动产生的现金流入不能满足其所需的现金支出时，可以通过筹资活动进行弥补。筹资活动产生的现金流入项目主要有吸收投资所收到的现金、取得借款所收到的现金、收到的其他与筹资活动有关的现金；筹资活动产生的现金流出项目主要有偿还债务所支付的现金，分配股利、利润或偿付利息所支付的现金，支付的其他与筹资活动有关的现金。

企业只有在经营活动正常的基础上，才能进行投资活动。所以，一般我们认为现金流量是基础，筹资活动是补充，投资活动是延伸。

1. 现金流入结构分析

现金流入结构分析是分析企业的各项业务活动现金流入，如经营活动的现金流入、投资活动现金流入、筹资活动现金流入等在全部现金流入中的比重以及各项业务活动现金流入中具体项目的构成情况，明确企业的现金的来源，若增加现金流入应在哪些方面采取措施等。

分别计算经营活动现金流入量、投资活动现金流入量和筹资活动现金流入量占现金总流入量的比重，公式如下：

$$某项目现金流入量占现金总流入量比重 = \frac{该项目现金流入量}{现金及现金等价物净流入量}。$$

2. 现金流出结构分析

现金流出结构分析主要分析企业的各项现金支出占企业当期全部现金支出的百分比，具体反映现金的去向。具体公式如下：

$$某项目现金流出量占现金总流出量比重 = \frac{该项目现金流出量}{现金及现金等价物净流出量}。$$

一般来说，经营活动现金流出量所占比重大，属于正常；如果投资活动现金流出较大，说明企业加大了投资力度，未来收益有可能增长，具有一定的成长性，同时也有一定投资风险性;如果筹资活动现金流出较大,说明企业正处于还款期或加大了股利(或利润)的分配力度。

3. 流入流出比

流入流出比,是指企业的现金流入量与流出量之比。在具体分析时,可以按每项活动也可以按总量为对象进行分析,公式如下:

$$流入流出比 = \frac{现金流入量}{现金流出量}。$$

若流入流出比为1,则表示该公司1元的现金流出可换回1元现金流入,此值应越大越好。

【例8-5】根据表8-7所示的超全公司2022年现金流入结构,用结构分析法分析超全公司的现金状况。

表8-7　2022年超全公司现金流量结构分析表　　　　单位:万元

项　目	流入	流出	净流量	内部结构/%	流入结构/%	流出结构/%	流入流出比
一、经营活动产生的现金流量							
销售商品、提供劳务收到的现金	185 000			67.03			
收到的现金返还	66 000			23.91			
收到的其他与经营活动有关的现金	25 000			9.06			
现金流入小计	276 000			100.00	63.09		
购买商品、接受劳务支付的现金		69 200		53.40			
支付给职工以及为职工支付的现金		30 000		23.15			
支付的各项税费		14 400		11.11			
支付的其他与经营活动有关的现金		16 000		12.35			
现金流出小计		129 600		100.00		42.55	2.13
经营活动产生的现金流量净额			146 400				
二、投资活动产生的现金流量:							
收回投资所收到的现金	26 500			21.81			
取得投资收益所收到的现金	62 000			51.03			
处置固定资产、无形资产和其他长期资产所收回的现金净额	33 000			27.16			
收到其他与投资活动有关的现金	0			0.00			
现金流入小计	121 500			100.00	27.77		
购建固定资产、无形资产和其他长期资产所支付的现金		150 000		100.00			

（续表）

项　　目	流入	流出	净流量	内部结构/%	流入结构/%	流出结构/%	流入流出比
投资所支付的现金		0		0.00			
支付的其他与投资活动有关的现金		0		0.00			
现金流出小计		150 000		100.00		49.24	0.81
投资活动产生的现金流量净额			−28 500				
三、筹资活动产生的现金流量：							
吸收投资所收到的现金	0			0.00			
取得借款所收到的现金	40 000			100.00			
收到其他与筹资活动有关的现金	0			0.00			
现金流入小计	40 000			100.00	9.14		
偿还债务所支付的现金		12 500		50.00			
分配股利、利润和偿付利息所支付的现金		12 500		50.00			
支付的其他与筹资活动有关的现金		0		0.00			
现金流出小计		25 000		100.00		8.21	2.67
筹资活动产生的现金流量净额			15 000				
合计	437 500	304 600	132 900		100.00	100.00	

1. 现金流入结构分析

从上面的现金流量结构分析表中可以看出，在超全公司 2022 年的现金流入中，经营活动流入占 63.09%，经营活动是主要的现金来源；投资活动流入占 27.77%，也占有重要地位，筹资活动仅占现金流入占 9.14%。说明 A 公司经营状况良好，现金流入结构较为合理。

在经营活动的现金流入中，主要来自销售商品、提供劳务收到的现金，部分来自收到的现金返还；在投资活动的现金流入中，一半来自取得投资收益所收到的现金，其余来自处置固定资产、无形资产和其他长期资产所收回的现金净额和收回投资所收到的现金，分别占 27.16% 和 21.81%。在筹资活动的现金流入中，全部都是借款流入。由此可见，超全公司要增加现金流入，主要还是依靠经营活动，增加销售收入。

2. 现金流出结构分析

从表 8-7 中可以看出，在超全公司 2022 年的现金流出中，投资活动流出占 49.24%，经营活动支出占 42.55%，筹资活动支出占 8.21%，当年现金支出主要用于购建固定资产、无形资产和其他长期资产所支付的现金。经营活动现金支出中，购买商品、接受劳务支付的现金占 53.40%，支付给职工以及为职工支付的现金占 23.15%；投资活动现金支出全部用于购建固定资产、无形资产和其他长期资产。经营活动现金支出占总现金流出的比重不是略少于投资性现金流，现金流出结构可适当增加经营活动比例。

3. 现金流入流出比分析

从上面的现金流量结构分析表中可以看出,经营活动现金流入流出比为 2.13,表明超全公司 1 元的流出可换回 2.13 元的现金流入。此值越大越好。

投资活动现金流入流出比为 0.81,表明公司处在扩张时期。发展时期此比值小,而衰退或缺少投资机会时此比值大。

筹资活动现金流入流出比为 2.67,表明借款额明显大于还款额。

> **小贴士**
>
> 根据经营活动产生的现金流量净额、投资活动产生的现金流量净额和筹资活动产生的现金流量净额的正负情况,我们可以将现金流量表的总体结构特征可分为以下 8 种情况进行讨论,如表 8-8 所示的现金流量表组合分析。
>
> **表 8-8　现金流量表组合分析**
>
> | 现金流量方向 | | | 分 析 结 果 |
> |---|---|---|---|
> | 经营活动 | 投资活动 | 筹资活动 | |
> | ＋ | ＋ | ＋ | 企业经营与投资收益好,较强筹资能力,财务风险小 |
> | ＋ | ＋ | － | 企业经营收益好,并同时收获投资收益,企业有债务偿还,若现金净流量为正,则企业进入成熟期,财务风险小;若现金净流量为负,则可能筹资结构不合理 |
> | ＋ | － | ＋ | 经营活动和筹资活动均产生现金净流入,投资活动产生现金净流出时,表明企业正处于扩张期 |
> | ＋ | － | － | 企业经营状况良好,可在偿还前欠债务的同时继续投资 |
> | － | ＋ | ＋ | 企业即将面临经营风险,靠借债维持经营所需资金,财务状况可能恶化,应进一步分析投资活动现金流入增加是来源于投资收益还是投资回收 |
> | － | ＋ | － | 企业经营活动产生的现金流量不足,而且企业处于债务偿还的高峰期,资金的来源主要依靠投资活动的现金流量,需要进一步分析投资活动现金是来源于投资收益还是来源于投资处置 |
> | － | － | ＋ | 企业经营和投资均出现问题,依赖外部资金筹资,若企业现金净流量总额为负数时,说明外部资金依然不能满足需要,企业存在财务风险 |
> | － | － | － | 企业在经营方面出现失误,经营活动现金流出大于现金流入,投资效益低下,投入的资金难以收回,同时又面临债务偿还问题,企业的财务状况十分差 |

8.3.3　现金流量表趋势分析法

现金流量趋势分析是指将连续多年的企业的现金收入、支出及结余分析其变动趋势,这种趋势对企业是有利还是不利进行的分析。现金流量的趋势分析可以帮助报表使用者了解企业财务状况的变动趋势,了解企业财务状况变动的原因,在此基础上预测企业未来财务状况,从而为决策提供依据。观察连续数期的会计报表,比单看一个报告期的财务报表,能了解到更多的信息和情况,并有利于分析变化的趋势。

现金流量趋势分析法,一般需要计算趋势百分比,而趋势百分比通常有两种计算方法,定比和环比。因此现金流量趋势分析主要有两种方法:定基比率分析法和环比比率分析法。

定基比率分析法是指选定某一年作基期,然后其余各年与基期相比较,计算出趋势百分数。因为这样计算出的各会计期间的趋势百分比,都是以基期为计算标准的,所以可以明确地反映出有关项目和基期相比发生了多大变化。

定基比率＝报告期水平÷某一固定基期水平。

环比比率分析法是把流量表中本年数据和前一年数据相比较,逐年对比,从而计算出趋势百分比,因为它以前一期作基数,因此能够更明确地说明了项目的发展变化速度。

环比比率＝报告期水平÷前一期水平。

【例 8－6】根据表 8－9 所示的超全公司 2020—2022 年现金流量简表,作出超全公司 2020—2022 年现金流量定比趋势分析表(见表 8－10)和环比趋势分析表(见表 8－11),并加以分析。

表 8－9　超全公司 2020—2022 年现金流量简表　　　　　　　　　　单位:万元

项　　目	2022 年	2021 年	2020 年
现金收入	437 500	420 000	412 000
其中:经营活动现金流入	276 000	265 000	260 000
投资活动现金流入	121 500	121 000	120 000
筹资活动现金流入	40 000	34 000	32 000
现金支出	304 600	289 300	275 300
其中:经营活动现金流出	129 600	120 000	114 500
投资活动现金流出	150 000	146 300	138 800
筹资活动现金流出	25 000	23 000	22 000

以 2020 年为基准编制超全公司 2020—2022 年现金流量定比趋势分析表,如表 8－10 所示。

表 8－10　超全公司 2020—2022 年现金流量定比趋势分析

项　　目	2022 年	2021 年	2020 年
现金收入	106.19	101.94	100.00
其中:经营活动现金流入	106.15	101.92	100.00
投资活动现金流入	101.25	100.83	100.00
筹资活动现金流入	125.00	106.25	100.00

项　　目	2022 年	2021 年	2010 年
现金支出	110.64	105.09	100.00
其中:经营活动现金流出	113.19	104.80	100.00
投资活动现金流出	108.07	105.40	100.00
筹资活动现金流出	113.64	104.55	100.00

从表 8 - 10 中可以看到,企业的现金收入 2022、2021 年与 2020 年相比都增长了。其中经营活动现金收入增长比总的现金收入相似;投资活动现金流入比总的现金收入增长较慢;而筹资活动现金收入大幅增长,说明企业对筹资的依赖性加强了。

现金支出也在逐年增加,2022 年比 2020 年增长了 10%,其中经营活动现金支出增长稍快于总的增长速度,但 2022 年经营活动和筹资活动现金支出增长快于投资活动现金流出的增长速度。而 2021 年三种现金流的增长率相似,均在 5% 左右。相比于 2020 年,2022 年的现金收入的增长速度比现金支出的增长速度要慢一些,说明企业的效益相比 2020 年下降了。投资活动现金支出和筹资活动现金支出在逐年增长,特别是筹资活动支出 2022 年比 2020 年增长了 113.64%,说明企业增加借款,用于还款的现金支出比 2020 年增加了许多。

以 2020 年为基准编制超全公司 2020—2022 年现金流量环比趋势分析表,如表 8 - 11 所示。

表 8 - 11　超全公司 2020—2022 年现金流量环比趋势分析表

项　　目	2022 年	2021 年	2020 年
现金收入	104.17	101.94	100.00
其中:经营活动现金流入	104.15	101.92	100.00
投资活动现金流入	100.41	100.83	100.00
筹资活动现金流入	117.65	106.25	100.00
现金支出	105.29	105.09	100.00
其中:经营活动现金流出	108.00	104.80	100.00
投资活动现金流出	102.53	105.40	100.00
筹资活动现金流出	108.70	104.55	100.00

从超全公司 2020—2022 年现金流量环比趋势分析表中可以看到,企业的现金收入增减没有体现规律性。其中经营活动现金收入的增长速度呈平稳的递增态势;投资活动现金流入几乎没有增长;筹资活动现金收入以增长的增速增加,说明 2022 年筹资活动现金收入比 2020 年增加了 17%,说明企业在对借款的依赖性逐渐增加。

企业的现金支出也在不断增长,其增长的速度比较平稳;筹资活动现金支出不仅在不断增长,说明企业因前期的借款,用于还款的资金逐年增加。

任务训练

根据表 8-12 所示,请分别在表 8-13 和表 8-14 中完成学校超市的现金流量定比趋势分析和环比趋势分析。

表 8-12　学校超市 2020—2022 年现金流量简表　　　　　　　　　　单位:万元

项　　目	2022 年	2021 年	2020 年
现金收入	1 800	1 500	1 300
其中:经营活动现金流入	1 200	1 150	940
投资活动现金流入	100	150	160
筹资活动现金流入	500	200	200
现金支出	800	750	720
其中:经营活动现金流出	650	625	600
投资活动现金流出	100	90	100
筹资活动现金流出	50	35	20

表 8-13　学校超市 2020—2022 年现金流量定比趋势分析表　　　　　　　　%

项　　目	2022 年	2021 年	2020 年
现金收入			100.00
其中:经营活动现金流入			100.00
投资活动现金流入			100.00
筹资活动现金流入			100.00
现金支出			100.00
其中:经营活动现金流出			100.00
投资活动现金流出			100.00
筹资活动现金流出			100.00

表 8-14　学校超市 2020—2022 年现金流量环比趋势分析表　　　　　　　　%

项　　目	2022 年	2021 年	2020 年
现金收入			100.00
其中:经营活动现金流入			100.00
投资活动现金流入			100.00
筹资活动现金流入			100.00
现金支出			100.00

（续表）

项　　目	2022 年	2021 年	2020 年
其中:经营活动现金流出			100.00
投资活动现金流出			100.00
筹资活动现金流出			100.00

项目小结

　　资产负债表分析的意义主要体现在能够帮助分析者分析企业资产及其分布情况,分析企业所承担的债务及其偿还时间,分析企业净资产及其形成原因以及分析企业整体财务状况及发展趋势。水平分析法,是指将反映企业的资产负债表报告期财务状况的信息与反映企业前期或历史某一时期财务状况的信息进行对比,分析企业各项经营业绩或财务状况的发展变动情况。垂直分析法,通过计算资产负债表中各项目的总资产或总权益中所占的比重,分析说明企业资产结构、负债结构及所有者权益结构,揭示企业资产权益结构的合理程度,其增减变动的合理程度以及企业资产结构与资本结构的适应程度。

　　利润表分析的意义主要能够帮助分析者分析评价企业的经营成果、盈利能力和发展趋势,分析评价企业的偿债能力,分析企业生产经营活动的各个方面,提高经营管理水平。利润表水平分析,就是将利润表的本期实际数与前期或历史某一时期(或对比标准、基数)进行比较,以揭示利润变动差异。利润表水平分析的目的在于从横向分析收入、费用、利润额的变动差异及产生原因。利润表垂直分析,就是通过计算利润表中各项目或各因素在主营业务收入中所占的比重,分析说明各项财务成果及成本费用的结构及其增减变动的合理程度。

　　现金流量表分析的意义主要是能够帮助分析者分析现金流流入和流出的原因和方向,分析净利润与实际现金流量之间的差异和产生原因,分析企业的偿债能力和股利支付情况以及分析历史现金流对未来现金流量进行预测。现金流量结构分析是指同一时期现金流量表中不同项目间的比较与分析,分析企业现金流入的主要来源和现金流出的方向,并评价现金流入流出对净现金流量的影响。现金流量趋势分析是指对企业连续多年的现金收入、支出及结余分析其变动趋势进行分析。

习题 8

一、单选题

1. 对资产负债表的初步分析,不包括以下哪项?（　　　）。

　　（A）资产分析　　　　　　　　　　（B）负债分析

　　（C）所有者权益分析　　　　　　　　（D）收益分析

2. 反映企业最终取得的财务成果的指标是（　　　）。

　　（A）营业收入　　　（B）营业利润　　　（C）利润总额　　　（D）净利润

3. 如果企业本年营业收入增长率快于营业成本的增长,那么企业本年营业利润（　　　）。

　　（A）一定大于零　　　　　　　　（B）一定大于上年营业利润

（C）一定大于上年利润总额　　　　　　　（D）不一定大于上年营业利润

4. 与利润分析无关的资料是(　　　)。

　　（A）利润分配表　　　　　　　　　　　（B）应交增值税明细表

　　（C）企业分部报表　　　　　　　　　　（D）营业外收支明细表

5. 短期借款的特点是(　　　)。

　　（A）风险较大　　　（B）利率较低　　　（C）弹性较差　　　（D）需要抵押物

6. 下列各项中,不属于现金流量表分析目的的是(　　　)。

　　（A）了解企业资产的变现能力　　　　　（B）了解企业现金变动情况和变动原因

　　（C）判断企业获取现金的能力　　　　　（D）评价企业盈利的质量

二、多选题

1. 下列各项中,不影响企业营业利润因素的是(　　　)。

　　（A）营业收入　　　（B）投资收益　　　（C）营业外收入　　　（D）营业外支出

　　（E）资产减值损失

2. 现金流量表通常将现金流量分为(　　　)。

　　（A）利润分配活动产生的现金流量　　　（B）经营活动产生的现金流量

　　（C）投资活动产生的现金流量　　　　　（D）筹资活动产生的现金流量

3. 筹资活动产生的现金流入项目包括(　　　)。

　　（A）吸收投资所收到的现金

　　（B）取得借款所收到的现金

　　（C）收到的其他与筹资活动有关的现金

　　（D）偿还债务所支付的现金,分配股利

三、计算题

1. A 企业资产负债表的内容如表 8-15 所示。根据 A 企业资产负债表,请在表 8-16 中编制 A 公司资产负债水平和结构表,并进行简要分析。

表 8-15　A 公司资产负债表　　　　　　　　　　单位:万元

资产	2021 年	2022 年	负债和所有者权益	2021 年	2022 年
流动资产:			流动负债		
货币资金	5 200	3 750	短期借款	9 000	15 725
应收款项净额	15 000	18 750	应付账款	8 000	10 525
存货	16 000	18 750	流动负债合计	17 000	26 250
流动资产合计	36 200	41 250	长期负债	19 000	18 750
固定资产净值	37 000	41 250	所有者权益		
			股本	11 250	11 250
			资本公积	13 500	13 625
			盈余公积	6 450	6 475
			未分配利润	6 000	6 150

（续表）

资产	2021 年	2022 年	负债和所有者权益	2021 年	2022 年
			所有者权益合计	37 200	37 500
资产总计	73 200	82 500	负债与所有者权益	73 200	82 500

表 8-16　A公司资产负债水平和结构表

项　　目	2022 年	2021 年	变动情况		结构分析	
			变动额	变动率	2022 年	2021 年
流动资产:						
货币资金						
应收账款净额						
存货						
流动资产合计						
非流动资产:						
固定资产净值						
非流动资产合计						
资产总计						
流动负债:						
短期借款						
应付账款						
流动负债合计						
非流动负债:						
长期借款						
非流动负债合计						
负债合计						
所有者权益(或股东权益):						
实收资本(或股本)						
资本公积						
盈余公积						
未分配利润						
所有者权益(或股东权益)合计						
负债和所有者权益(或股东权益)总计						

2. 根据表 8 - 17 中的已有内容完成 B 公司利润表水平分析表。

表 8 - 17　B 公司利润表水平分析表(部分)　　　　　单位:万元

项 目 名 称	2021 年	2022 年	增加(减少)	
			金额	百分比/%
一、营业收入	200	240		
减:营业成本	115	140		
税金及附加	10	15		
销售费用	12	18		
管理费用	7	5		
财务费用	8	10		
加:投资收益(损失以"—"号填列)	60	50		
二、营业利润	108	102		
加:营业外收入	80	60		
减:营业外支出	10	30		
三、利润总额	178	132		
减:所得税费用	18	12		
四、净利润	160	120		

3. 根据表 8 - 18 所示的 C 公司 2022 年现金流量相关数据,请在该表中完成现金流量结构分析表,并进行简要分析。

表 8 - 18　C 公司 2021 年现金流量结构分析表　　　　　单位:万元

项　　　目	2022 年	内部结构	流入结构	流出结构	流入流出比
一、经营活动产生的现金流量					
销售商品、提供劳务收到的现金	6 600				
收到的现金返还	120				
收到的其他与经营活动有关的现金	80				
现金流入小计					
购买商品、接受劳务支付的现金	4 200				
支付给职工以及为职工支付的现金	120				
支付的各项税费	80				
支付的其他与经营活动有关的现金	20				
现金流出小计					

（续表）

项　　目	2022 年	内部结构	流入结构	流出结构	流入流出比
经营活动产生的现金流量净额					
二、投资活动产生的现金流量：					
现金流入小计	1 800				
现金流出小计	2 200				
投资活动产生的现金流量净额					
三、筹资活动产生的现金流量：					
现金流入小计	600				
现金流出小计	800				
筹资活动产生的现金流量净额					
合计					

（1）将发现问题—分析问题—解决问题的思维模式应用于工作和生活中，提高学生分析问题和解决问题的能力。

（2）加强学生写作规范性的培养，为今后论文或科研的写作打下良好的基础。

（1）了解财务分析报告的结构。

（2）掌握财务分析报告的撰写要求。

（1）会根据报表使用者的需求收集财务信息进行财务分析。

（2）会撰写简单的财务分析报告。

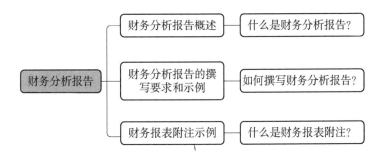

凯多公司财务分析部新来的小王在撰写 2011 年度财务分析报告时，有这么一部分内容：消费电子事业部 2022 年销售收入为 1 200 万元，仅完成全年预算额的 60%。2011 年，4 个季度的销售收入增长率分别为 21%、12.65%、−10.9%、−20.18%。由此可见，消费电子事业部 4 个季度的销售收入增长率逐季下降，尤其是在第 4 季度，下降幅度高达 20.18%。

小王仅仅就写到这一步，当他的部门经理看到后就追问小王："那么，消费电子事业部的销售收入为什么逐季下降呢？你了解下降的原因了吗？"

小王马上给消费电子事业部的经理打电话，询问为什么该部门销售收入逐季下降，而且仅仅完成了全年预算的60%,消费电子事业部的经理回答,他们部门收入下降的主要原因是人员流动太大,对于新招聘的销售人员来说,很难在短期内就能拿到订单。

了解到这一情况后,小王在财务分析报告中加上了这么一句话:"消费电子事业部之所以收入逐季下滑,全年未完成预算的主要原因是该部门人员流动太大,很多招进来的销售人员干了几个月就辞职了,新员工又不能在短期内拿到销售订单,由此导致了该部门的销售业绩下滑。

小王以为这次找到原因了,经理应该满意了,但是财务分析经理看到小王修改后的报告,又问:"为什么他们部门的人员流动那么大呢? 为什么那些销售人员干几个月就纷纷辞职呢? 这其中一定另有原因啊。"

小王再次给消费电子事业部的经理打电话,消费电子事业部经理说:"之所以他们干一段时间就辞职,是因为他们感觉压力太大,完不成任务,扣奖金、扣工资,所以一般经过两三个月,他们就顶不住了,只有辞职。"

当小王把这一信息再次写入报告时,财务分析经理仍然不满意,他问小王:"为什么消费电子事业部的销售人员大多数都完不成任务呢?"

小王通过和消费电子事业部其他的员工沟通后才发现,原来是该部门的年度预算任务定得太重,以他们部门的人员和能力很难完成,那么又是什么原因导致年度预算任务给他们定那么高呢?

再经过深入了解,小王才发现,这个事业部的经理是年初刚刚从销售员提拔上来的,一是事业部经理没有管理经验;二是他的性格偏弱势,对于集团公司下达的预算指标,虽然感觉有些高,但他并未提出异议,这才导致一年后的一系列问题的出现。

当小王把这些了解的信息全部写入财务分析报告时,财务分析经理终于露出了满意的笑容。后来经过协商,在下个年度制定预算时,公司结合消费电子事业部的实际情况,对其预算任务做了减少。

从这个案例中,我们可以看出,这个财务分析经理坚持了一条原则:不断地探寻差异变化的原因,刨根问底,找出根本原因,最后找到解决的办法。

(资料来源:李亚伟:《财务报表分析从入门到精通》,中国水利水电出版社,2014,第35页。)

思政小课堂

财务人员在撰写财务分析报告的时候应该深入地挖掘数据和信息,而不是浮于表面,要有打破砂锅问到底的精神,找到根本原因,才能有助于解决实际问题。

财务分析报告
的介绍

任务9.1 ▸ 财务分析报告概述

财务分析报告是一种书面报告,是分析人员通过财务报表对企业的经营活动、投资活动、筹资活动运用一定的财务分析方法,做出客观、全面、系统的分析和评价,并编制相应的科学预测以及科学分析的书面报告,让财务分析报告的使用者可以对企业的财务状况、经营成果、现金流量有更好的了解。

9.1.1　财务分析报告的类型

财务分析报告按照使用者的要求,可能是对企业的财务活动进行全面分析,也可能是针对某个项目进行专项分析,或者根据具体需要进行简要分析,因此,相应的财务分析报告有全面分析报告、专项分析报告。

1. 全面分析报告

全面分析报告是企业通过资产负债表、利润表、现金流量表、所有者权益变动表、附注及财务情况说明书、财务和经济活动所提供的信息及内在联系,运用一定的科学分析方法对企业的业务经营情况、利润实现情况和分配情况、资金变动和周转利用情况、税金缴纳情况、存货、固定资产等主要财产的盘点、盘亏、毁损情况及对本期或以后时期财务状况将发生重大影响的事项等做出客观、全面、系统的分析和评价,并进行必要的科学预测和决策而形成的书面报告。一般进行年度或半年度分析时采用这种类型。

2. 专项分析报告

专项分析报告是指针对某一时期企业经营管理中的某些关键问题、重大经济措施或薄弱环节等进行专门分析后形成的书面报告。它具有不受时间限制、一事一议、易被经营管理者接受、收效快的特点,因此专项分析报告能总结经验,引起领导和业务部门重视分析的问题,从而提高管理水平。可以进行专项分析的内容很多,比如关于企业清理积压库存、处理逾期应收账款的经验,对资金、成本、费用、利润等方面的预测分析,处理母子公司各方面的关系等问题均可进行专题分析,从而为各级领导作出决策提供现实的依据。

9.1.2　财务分析报告的结构

目前财务分析报告没有统一的写作标准,每个行业或者企业都有自己的写作方式和规则。根据经验,一个合理的财务分析报告的基本要素包括标题、摘要、分析、评价以及建议。报告标题要简明扼要,准确反映本次报告的主题。摘要是本次报告内容的高度浓缩,言简意赅,点到为止,目的是让报告的阅读者在最短的时间内获得对报告的整体性认识以及报告中将要揭示的重大事项。分析、评价以及建议是报告的核心,这三项内容决定了分析报告的质量和档次。

财务分析人员应明确财务分析报告的作用,掌握不同类型报告的特点,重视撰写的几个问题,不断提高自己的综合业务水平,做好财务分析工作,这样才能当好企业经营管理者的参谋和助手,一般而言,企业应按半年、全年财务决策的要求各撰写一次综合分析报告,专题分析报告可根据需要随时撰写。

综合财务报表分析的内容及格式可以参考以下模板结构。

第一部分　行业背景及公司基本情况简介

一、行业背景

二、公司基本情况

1. 公司的成长背景　2. 公司的经营性质和经营范围　3. 公司近年来的经营业绩

第二部分　公司年报分析

一、公司三大会计报表的主要财务数据分析

1. 资产负债表的初步分析

(1)水平分析;(2)垂直分析。

2. 利润表的初步分析

(1)水平分析;(2)垂直分析。

3. 现金流量表的初步分析

(1)水平分析;(2)垂直分析。

二、财务核心比率分析

1.偿债能力分析　2.营运能力分析　3.盈利能力分析　4.发展能力分析

三、财务综合分析——杜邦模型

1.杜邦分析原理简单介绍　2.杜邦分析原理图示及分析

第三部分　公司财务状况的归纳总结、评价及对策思考

1.公司财务状况的归纳总结　2.公司存在的问题　3.可提供的对策和建议

任务9.2 ▸ 财务分析报告的撰写要求和示例

目前财务分析报告撰写存在一些问题,如与经营管理脱节、报告中没有突出重点、没有关注非财务信息等,因此,撰写财务分析报告时应当秉持实事求是、客观公正、具体问题具体分析的原则,按照问题—原因—建议的程序帮助企业解决问题。

9.2.1 目前财务分析报告撰写存在的问题

目前企业在撰写财务分析报告时存在的问题主要有以下三个方面:

1. 财务分析报告与企业经营管理脱节,导致财务分析报告的针对性较差

财务分析假如不与企业的经营业务结合在一起,那是没有任何意义的。事实上,财务报表上面的每一个数字的背后都蕴含着丰富的内容,每一个数字的增减变动都昭示着企业经营政策、投资策略、筹资方式的变化,有些是企业主动变化,有些是被动变化。财务分析就需要找出这些差异变化的原因,分析主动变化所带来的积极影响和消极影响,同时分析被动变化带来的风险和问题。如果财务分析不能站在企业经营管理的角度来分析和回答问题,就财务论财务,就数据论数据,与企业管理脱节,那么这样的财务分析将无法为管理者针对企业现状提供有用的信息,财务分析报告的分析水准以及质量要求必然受到怀疑。而成功的财务分析需要透过数据,找出企业的病灶,譬如,销售收入下降,有研发设计的原因,有成本价格的原因,有质量的原因,有广告宣传的原因,或者可能是研发设计不够时尚。如果不能拿捏住它,那么所做的分析将是肤浅的,甚至可能是错误的。

2. 财务分析没有重点,泛泛而谈

现有财务分析报告往往只罗列一些表象,未能反映数字变化背后的经济实质,从而不能够找出问题所在。实践证明,利润的大幅变动、营业收入的增减变化、应收账款的账龄分析以及应收款回笼速度、存货周转的快慢,购销是否协调,债务风险问题等都是需要重点关注和分析的问题。

3. 财务分析报告只关注财务数据,没有关注非财务信息

整个财务分析报告里都是反映的财务指标,内容十分单一。在传统财务分析下,企业管

理人员过于注重数据分析,从而忽视了非财务数据的分析工作,导致财务分析片面化。因此,相关人员应扩大财务分析范围,对报表外的内容加以重视。通过财务分析质量的提升来确保数据来源的正确性,确保数据的有效运用。

9.2.2　撰写财务分析报告的原则

撰写高质量财务分析报告应遵循的原则如下:

1. 坚持实事求是、客观公正的原则

财务分析报告既要肯定成绩,但也不回避矛盾,要实事求是地全面看问题,不能只报喜不报忧,不能讳疾忌医,唯有客观公正才能得出正确的分析结论。财务分析报告撰写人员要敏感地发现数据的变化规律,实事求是地分析数据变动原因得出客观公正的评价结论。要进行深入调查核实,企业有无在收入费用上选择性的虚报,虚构销售收入,编制虚假经济业务等情况。有无出于某种目的而操纵计提各项费用,达到调节资产和利润的目的。资产利润等有无在关联方之间倒来倒去,有意向的转移。财务分析报告要客观公正、真实可靠的撰写,这样才能充分发挥财务分析报告的作用。

2. 坚持具体问题具体分析的原则

财务人员必须熟知企业的经营活动,深入第一线调查了解情况,掌握第一手资料,多听取各方的意见,多看经济活动相关资料,多记录各方情况、典型事例、重要数据,多分析研究、尽量多获取材料。只有财务人员对业务了如指掌,再加上对财务的敏感性和判断性,才能对经济业务的合理、合规性做出正确的恰如其分的判断。

3. 坚持按照问题—原因—建议的程序帮助企业解决实际问题

通常公司经营所出现的情况,最终都会反映到财务这个端口上,我们要找到问题的症结,提出解决方案和改进措施,从而达到改善经营决策、提升业绩的目的。

9.2.3　撰写前的准备工作

1. 明确财务报告使用人的身份和需求

(1)判断报告使用者是否是专业财务人员。假如财务分析报告的阅读者是财务部经理、财务总监、财务副总经理等专业型人员,那么这份财务分析报告就应该本着专业性强的方向努力,尽量采用财务专业人员都很熟悉的措辞,尽量少用一些过于通俗的语言来表达;假如阅读的对象属于非财务专业人员,比如销售经理、销售副总经理、人力资源部总监等,由于他们对过于专业的语言和理论是不理解的,那么在撰写报告时应该站在非财务人员的角度,力求写得通俗易懂,甚至可以经常运用一些通俗的大白话来表达自己的意思。

(2)在明确了报告阅读的对象之后,还需要弄清楚报告阅读者关注的焦点,要充分了解他们所重点关注的地方在哪里。比如销售经理,他可能主要关注销售收入的增减情况,毛利率的变化情况,不同商品、不同区域、不同部门的销售情况和利润情况,那么在撰写财务分析报告时就应该把重心放在与销售有关的分析上,而对于偿债能力等方面可以适当简化。假如是融资部经理,他肯定主要关注偿债压力、偿债能力等方面的信息,因此就应该在负债构成状况、资产负债率情况、利息支出情况、现金流情况做重点分析。假如是总经理或董事长,他需要了解的是整个公司的运营情况及财务状况,无论是盈利能力、偿债能力、营运能力、现金流量等还是生产、销售、采购等情况,他都会全面关注,这样的话,就需要站在整个公司的角度进行分析和撰写。

总之,在撰写财务分析报告之前,了解报告阅读者和他们关注的重点问题,是写好财务分析报告的第一步。

2. 多方收集资料

在收集资料过程中,不仅要注重从直属企业获取生产统计数据、财务报表数据、法规性文件等第一手资料,而且还需要重视影响企业经济活动相关资料的收集。例如,公司的公告、招股说明书、新闻发布稿、管理当局的预测或计划书、审计报告、行业信息资料、宏观经济形势方面的资料等。在完成资料收集工作之后,还应该积极进行资料整合与分析工作。特别是针对基本的财务报表资料,一是要保证数据准确;二是提高核算记录的真实性;三是促使程序更加规范。在进行财务报表编制时,需要使用统一的编制方法。财务人员应懂得充分利用本部门、本专业以外以及外界的各项资源;对外要虚心请教、取长补短,集思广益;充分、灵活地运用各项资料,与各部门沟通、征求各部门意见,不断修改完善。这样的分析报告反映的信息量才会大、全面,有深度、有内涵,反映的内容才完整,才是真正意义上的企业财务分析报告。

3. 选用合适的分析方法

不同的财务分析方法各有特点,没有绝对的优劣之分,适合分析目的、分析内容和所搜集信息的方法就是好的方法。财务分析的目的不一样,财务分析的内容范围不相同,为财务分析所搜集的资料就不一样,所选用的分析方法也会有所差别。常用的分析方法如比较分析法、比率分析法、因素分析法等,各有特点,有时需要结合使用。利用这些分析方法,通过计算分析相应财务数据和财务指标,可以对企业的财务状况、经营成果和各方面财务能力做出评价。在财务分析中,既可以选择某一种分析方法,也可以选择多种方法结合使用。

9.2.4 财务分析报告示例

晨辉公司是一家主营生产和销售汽车内饰坐垫的小企业,下面以晨辉公司2017—2019年的财务数据为依据进行财务分析并撰写财务分析报告。

1) 公司基本情况

晨辉公司于2006年9月8日成立,注册资本7 708 977.12万美元,实收资本7 708 977.12万美元;营业期限:20年;主要经营范围包括:加工、生产并销售汽车、船舶内装饰用品,汽车零部件及其配件,汽车、船舶、铁路机车车辆及动车组座椅、座套及其半成品。公司自成立以来,销售收入逐年增长,2019年销售收入1.45亿元,2019年被浙江省科学技术厅认定为高新技术企业。

2) 行业背景

汽车坐垫目前在传统销售渠道里的销售越发地迟缓、减量,并且没有大众都知晓的坐垫品牌,一些行业的品牌都在抓终端和网络销售,这就是坐垫的市场现状,行业内对品牌的成长性关注度不高,当然这也和汽车用品的非大众化且非快消品的性质有关。汽车用品行业的汽车坐垫,品牌成长性不强劲,不持久并不是唯一存在的问题,传统试产销量萎缩,电子商务以强势增长速度对传统销售渠道造成冲击还远没有达到顶峰。消费者现在也在发生着变化,由以前的单一专注价格转向对服务提出了更多需求。汽车坐垫行业洗牌整合,以及产品专业化细分成趋势,这一系列的冲击与变化,都迫使各大厂家品牌和经销商在产品差异化、服务个性化上做更多努力。

3) 报表分析

将晨辉公司 2017 年期末、2018 年期末、2019 期末资产负债表项目列示在一张表上,采用水平分析法识别出财务报表年度变化最大的项目;采用垂直分析法确定财务报表结构占比最大的重要项目;采用趋势分析法对会计报表的项目变动趋势进行分析。晨辉公司 2017—2019 年资产负债表趋势变动如表 9 - 1 所示。

从表 9 - 1 可以看出,报表项目中占资产总额比重较高的项目分别是应收账款、存货、固定资产、应付账款,说明公司生产设备投资较多,而应收账款和应付账款占比都很大,说明公司赊销和赊购都占比较高,资金流转较慢。

2017—2019 年,变动较大的项目分别是存货、固定资产、无形资产、长期借款,通过与晨辉公司管理层沟通了解到,2017—2019 年公司销售收入增长较快,库存逐年减少,股东想扩大生产规模,并已通过竞拍的方式取得一套厂房,因此,2019 年账面新增固定资产和无形资产,同时由于资金紧张,已经将新厂房向银行抵押取得长期借款 2 450 万元。

晨辉公司 2017—2019 年利润表趋势变动如表 9 - 2 所示。通过利润表趋势分析表可以看出,营业成本、销售费用、管理费用、财务费用占销售收入的比例较为稳定,2017—2019 年变动比较大的项目主要是营业收入、营业成本、销售费用、管理费用、财务费用。2019 年销售收入较 2018 年销售收入增长 36.13%,2018 年销售收入较 2017 年销售收入增长 16.69%,通过与销售部门沟通,了解到近三年销售收入快速增长是因为公司之前只在省内做招商代理,16 年和 17 年开始在市区内铺设销售通道,将汽车美容店和维修店也发展为销售点,经过 2 年的销售渠道铺垫,公司收入取得稳步增长,营业成本和期间费用随着收入增长也相应增加。

晨辉公司 2017—2019 年财务比率分析如表 9 - 3 所示。通过财务比率分析表可以看出,晨辉公司的资产负债率逐年增加,流动比率和速动比率逐年降低,说明公司的财务风险逐年增加,主要原因是 2019 年购买厂房扩大生产规模,向银行取得长期借款,财务杠杆提高。

2019 年销售净利率、销售毛利率、资产净利率均较 2017 年和 2018 年增加较多。存货、应收账款和流动资产的周转率也提高较多,存货周转天数由 2017 年的 41.78 天降为 2019 年的 18.36 天。

2019 年销售收入较 2018 年增长 36.13%,2017 年总资产增长率只有 4.28%,2019 年总资产增长率 62.6%,说明公司的发展能力提升较快。

单从偿债能力指标来看,晨辉公司偿债能力较弱,财务风险较高,但是由于公司的销售收入增长较快,且存货和应收账款周转速度加快,经营风险较低,因此,晨辉公司发展趋势较好,总体风险可控。

4) 杜邦分析

净资产收益率=销售净利率×总资产周转率×权益乘数。

2019 年晨辉公司净资产收益率=3.46%×187.13%×(1+190.01%)=18.77%,

2019 年和 2018 年净资产收益率的差异=18.77%-7.74%=11.03%,

2018 年晨辉公司净资产收益率=1.93%×192.29%×(1+108.73%)=7.74%。①

表 9-1 资产负债表趋势分析

单位:元

会计报表项目	2017年期末数 金额	结构比/%	2018年期末数 金额	结构比/%	2018年比2017年 金额	横比/%	结构比增减	2019年期末数 金额	结构比/%	2019年比2018年 金额	横比/%	结构比增减
货币资金	4 999 823.27	9.60	13 066 476.49	22.00	8 066 653.22	161.34	12.40	7 518 223.22	7.78	−5 548 253.27	−42.46	−14.21
应收票据	600 000.00	1.15	140 000.00	0.24	−460 000.00	−76.67	−0.92	362 020.00	0.37	222 020.00	158.59	0.14
应收账款	9 455 379.02	18.15	12 217 528.33	20.57	2 762 149.31	29.21	2.42	11 458 400.58	11.86	−759 127.75	−6.21	−8.71
预付账款	242 239.45	0.46	294 401.28	0.50	52 161.83	21.53	0.03	316 450.66	0.33	22 049.38	7.49	−0.17
其他应收款	9 503 477.72	18.24	10 319 192.91	17.37	815 715.19	8.58	−0.87	12 564 453.17	13.01	2 245 260.26	21.76	−4.36
存货	9 858 921.24	18.92	6 261 501.67	10.54	−3 597 419.57	−36.49	−8.38	5 068 209.42	5.25	−1 193 292.25	−19.06	−5.29
其中:原材料	7 352 117.70	14.11	4 111 486.15	6.92	−3 240 631.55	−44.08	−7.19	3 363 268.21	3.48	−748 217.94	−18.20	−3.44
在产品	109 154.90	0.21	147 905.28	0.25	38 750.38	35.50	0.04	480 254.25	0.50	332 348.97	224.70	0.25
库存商品	2 397 648.64	4.60	2 002 110.24	3.37	−395 538.40	−16.50	−1.23	1 224 686.96	1.27	−777 423.28	−38.83	−2.10
流动资产合计	34 659 840.70	66.52	42 299 100.68	71.22	7 639 259.98	22.04	4.70	37 287 757.05	38.61	−5 011 343.63	−11.85	−32.61
固定资产原价	39 797 301.04	76.38	42 848 621.43	72.14	3 051 320.39	7.67	−4.24	88 575 418.50	91.72	45 726 797.07	106.72	19.58
减:累计折旧	23 025 496.31	44.19	26 085 961.45	43.92	3 060 465.14	13.29	−0.27	30 518 316.33	31.60	4 432 354.88	16.99	−12.32
固定资产账面价值	16 771 804.73	32.19	16 762 659.98	28.22	−9 144.75	−0.05	−3.97	58 057 102.17	60.12	41 294 442.19	246.35	31.89
在建工程	—	0.00	—	0.00	—		0.00	85 935.48	0.09	85 935.48		0.09
无形资产	—	0.00	—	0.00	—		0.00	1 143 424.22	1.18	1 143 424.22		1.18
长期待摊费用	671 933.50	1.29	333 015.58	0.56	−338 917.92	−50.44	−0.73	—	0.00	−333 015.58	−100.00	−0.56
其他非流动资产	—	0.00	—	0.00	—		0.00	—	0.00	—		0.00
非流动资产合计	17 443 738.23	33.48	17 095 675.56	28.78	−348 062.67	−2.00	−4.70	59 286 461.87	61.39	42 190 786.31	246.79	32.61

（续表）

会计报表项目	2017年期末数		2018年比2017年			2018年期末数		2019年期末数		2019年比2018年		
	金额	结构比/%	金额	横比/%	结构比增减	金额	结构比/%	金额	结构比/%	金额	横比/%	结构比增减/%
资产总计	52 103 578.93	100.00	7 291 197.31	13.99	0.00	59 394 776.24	100.00	96 574 218.92	100.00	37 179 442.68	62.60	0.00
短期借款	5 000 000.00	9.60	10 000 000.00	200.00	15.66	15 000 000.00	25.25	13 000 000.00	13.46	−2 000 000.00	−13.33	−11.79
应付账款	17 442 562.70	33.48	5 794 564.61	33.22	5.65	23 237 127.31	39.12	20 251 277.38	20.97	−2 985 849.93	−12.85	−18.15
应付职工薪酬	305 821.56	0.59	37 741.68	12.34	−0.01	343 563.24	0.58	462 185.36	0.48	118 622.12	34.53	−0.10
应交税费	−233 984.20	−0.45	564 048.62		1.00	330 064.42	0.56	674 773.02	0.70	344 708.60	104.44	0.14
其他应付款	3 439 960.13	6.60	−11 410 577.96	−331.71	−20.02	−7 970 617.83	−13.42	4 385 835.75	4.54	12 356 453.58		17.96
流动负债合计	25 954 360.19	49.81	4 985 776.95	19.21	2.28	30 940 137.14	52.09	38 774 071.51	40.15	7 833 934.37	25.32	−11.94
长期借款	—	0.00	—	0.00	0.00	—	0.00	24 500 000.00	25.37	24 500 000.00		25.37
非流动负债合计	—	0.00	—	0.00	0.00	—	0.00	24 500 000.00	25.37	24 500 000.00		25.37
负债合计	25 954 360.19	49.81	4 985 776.95	19.21	2.28	30 940 137.14	52.09	63 274 071.51	65.52	32 333 934.37	104.50	13.43
实收资本（或股本）	7 708 977.12	14.80	—	0.00	−1.82	7 708 977.12	12.98	7 708 977.12	7.98	—	0.00	−5.00
资本公积	688.05	0.00	—	0.00	0.00	688.05	0.00	688.05	0.00	—	0.00	0.00
盈余公积	1 860 056.06	3.57	—	0.00	−0.44	1 860 056.06	3.13	1 860 056.06	1.93	—	0.00	−1.21
未分配利润	16 785 630.33	32.22	2 099 287.54	12.51	−0.42	18 884 917.87	31.80	23 730 426.18	24.57	4 845 508.31	25.66	−7.22
所有者权益（或股东权益）合计	26 355 351.56	50.58	2 099 287.54	7.97	−2.67	28 454 639.10	47.91	33 300 147.41	34.48	4 845 508.31	17.03	−13.43
负债和所有者权益（或股东权益）总计	52 309 711.75	100.40	7 085 064.49	13.54	−0.40	59 394 776.24	100.00	96 574 218.92	100.00	37 179 442.68	62.60	0.00

表 9 - 2　利润表趋势分析

单位：元

会计报表项目	2017年发生额		2018年发生额		2018年比2017年			2019年发生额		2019年比2018年		
	金额	结构比/%	金额	结构比/%	金额	横比/%	结构比增减/%	金额	结构比/%	金额	横比/%	结构比增减/%
一、营业收入	91 866 875.75	100.00	107 197 812.93	100.00	15 330 937.18	16.69	0.00	145 930 092.52	100.00	38 732 279.59	36.13	0.00
减：营业成本	71 834 541.94	78.19	84 997 828.42	79.29	13 163 286.48	18.32	1.10	110 597 329.52	75.79	25 599 501.10	30.12	-3.50
税金及附加	85 286.98	0.09	297 919.54	0.28	212 632.56	249.31	0.19	385 493.54	0.26	87 574.00	29.40	-0.01
销售费用	5 238 722.44	5.70	6 080 397.94	5.67	841 675.50	16.07	-0.03	8 134 725.34	5.57	2 054 327.40	33.79	-0.10
管理费用	11 935 881.98	12.99	12 360 075.15	11.53	424 193.17	3.55	-1.46	18 771 961.77	12.86	6 411 886.62	51.88	1.33
其中：研究费用	4 416 541.9	4.81	4 248 898.40	3.96	-167 643.50	-3.80	-0.84	6 668 488.15	4.57	2 419 589.75	56.95	0.61
财务费用	90 284.54	0.10	373 645.15	0.35	283 360.61	313.85	0.25	2 524 648.00	1.73	2 151 002.85	575.68	1.38
二、营业利润（亏损以"—"号填列）	2 682 157.87	2.92	3 087 946.73	2.88	405 788.86	15.13	-0.04	5 515 934.35	3.78	2 427 987.62	78.63	0.90
加：营业外收入	29 215.00	0.03	10 101.58	0.01	-19 113.42	-65.42	-0.02	13 880.17	0.01	3 778.59	37.41	0.00
减：营业外支出	419 545.14	0.46	18 583.39	0.02	-400 961.75	-95.57	-0.44	2 589.01	0.00	-15 994.38	-86.07	-0.02
三、利润总额（亏损以"—"号填列）	2 291 827.73	2.49	3 079 464.92	2.87	787 637.19	34.37	0.38	5 527 225.51	3.79	2 447 760.59	79.49	0.91
减：所得税费用	572 956.93	0.62	769 866.24	0.72	196 909.31	34.37	0.09	1 344 554.47	0.92	574 688.23	74.65	0.20
四、净利润（净亏损以"—"号填列）	1 718 870.80	1.87	2 309 598.68	2.15	590 727.88	34.37	0.28	4 182 671.04	2.87	1 873 072.36	81.10	0.71

表 9 - 3　财务比率分析

比率指标	计算公式	2017 年	2018 年	差异数/%	差异率/%	2019 年	差异数/%	差异率/%
偿债能力分析								
流动比率	流动资产/流动负债	1.34	1.37	0.03	2.37	0.96	-0.41	-29.66
速动比率	(流动资产-存货)/流动负债	0.96	1.16	0.21	21.89	0.83	-0.33	-28.66
资产负债率/%	负债总额/资产总额	49.81	52.09	2.28	4.58	65.52	13.43	25.77
产权比率/%	负债总额/所有者权益	98.47	108.73	10.26	10.42	190.01	81.28	74.75
盈利能力分析								
销售净利率/%	净利润/主营业务收入	1.87	1.93	0.05	2.90	3.46	1.53	79.61
销售毛利率/%	(主营业务收入-主营业务成本)/主营业务收入	21.81	20.29	-1.52	-6.95	23.90	3.61	17.81
资产净利率/%	净利润/[(期初资产总额+期末资产总额)/2]	3.37	3.70	0.33	9.92	6.47	2.77	74.79
净资产收益率/%	净利润/[(期初净资产+期末净资产)/2]		7.53	7.53		16.34	1.84	12.66
营运能力分析								
存货周转率/%	主营业务成本/[(期初存货+期末存货)/2]	861.60	1 060.10	198.50	23.04	1 960.26	900.16	84.91
存货周转天数	360/存货周转率	41.78	33.96	-7.82	-18.72	18.36	-15.60	-45.92
应收账款周转率/%	主营业务收入/[(期初应收账款+期末应收账款)/2]	1 073.18	989.23	-83.95	-7.82	1 232.73	243.50	24.61
应收账款周转天数	360/应收账款周转率	33.55	36.39	2.85	8.49	29.20	-7.19	-19.75
流动资产周转率/%	主营业务收入/[(期初流动资产+期末流动资产)/2]	289.51	278.58	-10.92	-3.77	366.72	88.13	31.64
总资产周转率/%	主营业务收入/[(期初资产总额+期末资产总额)/2]	180.01	192.29	12.28	6.82	187.13	-5.16	-2.68
发展能力分析								
销售增长率/%	(本期主营业务收入-上期主营业务收入)/上期主营业务收入		16.69	16.69		36.13	19.44	116.51
总资产增长率/%	(期末资产总额-期初资产总额)/期初资产总额	4.28	13.99	9.72	227.21	62.60	48.60	347.33

利用因素分析法依次测算销售净利率、总资产周转率、权益乘数的变动对晨辉公司 2019 年净资产收益率变动的影响。

替代销售净利率：$3.46\% \times 192.29\% \times (1+108.73\%) = 13.88\%$，②

替代总资产周转率：$3.46\% \times 187.13\% \times (1+108.73\%) = 13.51\%$，③

替代权益乘数：$3.46\% \times 187.13\% \times (1+190.01\%) = 18.77\%$。④

销售净利率变动对净资产收益率的影响：②－①$= 13.88\% - 7.74\% = 6.14\%$，

总资产周转率变动对净资产收益率的影响：③－②$= 13.51\% - 13.88\% = -0.37\%$，

权益乘数变动对净资产收益率的影响：④－③$= 18.77\% - 13.51\% = 5.26\%$。

通过因素分解可以看出，对净资产收益率影响较大的两个因素分别是权益乘数和销售净利率。

5）财务分析总结

2019 年对晨辉公司来说是跨台阶成长的一年，通过拓展新的销售渠道，并用将近 2 年时间进行销售铺垫，销售收入大幅增长，公司管理层预测销售会持续增长，及时采取扩张性战略，增加借款，购买厂房，扩大生产规模。2019 年，晨辉公司已取得较好的投资回报，但是结合行业背景，建议晨辉公司在扩大销售的同时，考虑自主品牌的创建，加强营销宣传，同时考虑利用电商平台，进一步扩大销售规模。

任务 9.3 ▶ 财务报表附注示例

××公司

财务报表附注

二○二二年度

单位：人民币元

一、企业简介

××公司（以下简称本公司或公司）系由××、××共同投资设立的××公司；于××年××月××日成立，已取得××行政审批局核发的统一社会信用代码××。公司法定代表人：××；注册资本为××，实收资本为××；营业期限：50 年；营业地址：××。

本公司主要经营范围包括：××。

本公司经营地址：××。

二、财务报表的编制基础

1. 编制基础

本公司以持续经营为基础，根据实际发生的交易和事项，按照财政部颁布的《企业会计准则——基本准则》和各项具体会计准则、企业会计准则应用指南、企业会计准则解释及其他相关规定（以下合称"企业会计准则"）编制财务报表。

2. 持续经营

本公司不存在导致对报告期末起 12 个月内的持续经营假设产生重大疑虑的事项。

三、重要会计政策及会计估计

1. 遵循企业会计准则的声明

本公司所编制的财务报表符合企业会计准则的要求,真实、完整地反映了公司的财务状况、经营成果和现金流量等有关信息。

2. 会计期间

本公司的会计期间分为年度和中期,会计中期指短于一个完整的会计年度的报告期间。本公司会计年度采用公历年度,即每年自 1 月 1 日起全 12 月 31 日止。

3. 营业周期

正常营业周期是指本公司从购买用于加工的资产起至实现现金或现金等价物的期间。本公司以 12 个月作为一个营业周期,并以其作为资产和负债的流动性划分标准。

4. 记账本位币

人民币为本公司及境内子公司经营所处的主要经济环境中的货币,本公司及境内子公司以人民币为记账本位币。本公司编制本财务报表时所采用的货币为人民币。

5. 现金及现金等价物的确定标准

在编制现金流量表时,将本公司库存现金以及可以随时用于支付的存款确认为现金。将同时具备期限短(从购买日起三个月内到期)、流动性强、易于转换为已知现金和价值变动风险很小的投资,确定为现金等价物。

6. 金融工具

1)金融工具的分类

管理层按照取得持有金融资产和承担金融负债的目的,将其划分为:以公允价值计量且其变动计入当期损益的金融资产或金融负债,包括交易性金融资产或金融负债和直接指定为以公允价值计量且其变动计入当期损益的金融资产或金融负债;持有至到期投资;应收款项;可供出售金融资产;其他金融负债等。

2)金融工具的确认依据和计量方法

(1)以公允价值计量且其变动计入当期损益的金融资产(金融负债)。

取得时以公允价值(扣除已宣告但尚未发放的现金股利或已到付息期但尚未领取的债券利息)作为初始确认金额,相关的交易费用计入当期损益。

持有期间将取得的利息或现金股利确认为投资收益,期末将公允价值变动计入当期损益。

处置时,其公允价值与初始入账金额之间的差额确认为投资收益,同时调整公允价值变动损益。

(2)持有至到期投资。

取得时按公允价值(扣除已到付息期但尚未领取的债券利息)和相关交易费用之和作为初始确认金额。

持有期间按照摊余成本和实际利率计算确认利息收入,计入投资收益。实际利率在取得时确定,而在该预期存续期间或适用的更短期间内保持不变。

处置时,将所取得价款与该投资账面价值之间的差额计入投资收益。

（3）应收款项。

公司对外销售商品或提供劳务形成的应收债权,以及公司持有的其他企业的不包括在活跃市场上有报价的债务工具的债权,包括应收账款、其他应收款、长期应收款等,以向购货方应收的合同或协议价款作为初始确认金额;具有融资性质的,按其现值进行初始确认。

收回或处置时,将取得的价款与该应收款项账面价值之间的差额计入当期损益。

（4）可供出售金融资产。

取得时按公允价值（扣除已宣告但尚未发放的现金股利或已到付息期但尚未领取的债券利息）和相关交易费用之和作为初始确认金额。

持有期间将取得的利息或现金股利确认为投资收益。期末以公允价值计量且将公允价值变动计入其他综合收益。但是,在活跃市场中没有报价且其公允价值不能可靠计量的权益工具投资,以及与该权益工具挂钩并须通过交付该权益工具结算的衍生金融资产,按照成本计量。

处置时,将取得的价款与该金融资产账面价值之间的差额,计入投资损益;同时,将原直接计入其他综合收益的公允价值变动累计额对应处置部分的金额转出,计入当期损益。

（5）其他金融负债。

按其公允价值和相关交易费用之和作为初始确认金额。采用摊余成本进行后续计量。

3）金融资产转移的确认依据和计量方法

公司发生金融资产转移时,若已将金融资产所有权上几乎所有的风险和报酬转移给转入方,则终止确认该金融资产;若保留了金融资产所有权上几乎所有的风险和报酬的,则不终止确认该金融资产。

在判断金融资产转移是否满足上述金融资产终止确认条件时,采用实质重于形式的原则。公司将金融资产转移区分为金融资产整体转移和部分转移。金融资产整体转移满足终止确认条件的,将下列两项金额的差额计入当期损益:

（1）所转移金融资产的账面价值。

（2）因转移而收到的对价,与原直接计入所有者权益的公允价值变动累计额（涉及转移的金融资产为可供出售的金融资产的情形）之和。

金融资产部分转移满足终止确认条件的,将所转移金融资产整体的账面价值,在终止确认部分和未终止确认部分之间,按照各自的相对公允价值进行分摊,并将下列两项金额的差额计入当期损益:

（1）终止确认部分的账面价值。

（2）终止确认部分的对价,与原直接计入所有者权益的公允价值变动累计额中对应终止确认部分的金额（涉及转移的金融资产为可供出售的金融资产的情形）之和。

金融资产转移不满足终止确认条件的,继续确认该金融资产,所收到的对价确认为一项金融负债。

4）金融负债终止确认条件

金融负债的现时义务全部或部分已经解除的,则终止确认该金融负债或其一部分;本公司若与债权人签订协议,以承担新金融负债方式替换现存金融负债,且新金融负债与现存金融负债的合同条款实质上不同的,则终止确认现存金融负债,并同时确认新金融负债。

对现存金融负债全部或部分合同条款作出实质性修改的,则终止确认现存金融负债或其一部分,同时将修改条款后的金融负债确认为一项新金融负债。

金融负债全部或部分终止确认时,终止确认的金融负债账面价值与支付对价(包括转出的非现金资产或承担的新金融负债)之间的差额,计入当期损益。

本公司若回购部分金融负债的,在回购日按照继续确认部分与终止确认部分的相对公允价值,将该金融负债整体的账面价值进行分配。分配给终止确认部分的账面价值与支付的对价(包括转出的非现金资产或承担的新金融负债)之间的差额,计入当期损益。

5) 金融资产和金融负债公允价值的确定方法

存在活跃市场的金融工具,以活跃市场中的报价确定其公允价值;不存在活跃市场的金融工具,采用估值技术确定其公允价值。在估值时,本公司采用在当前情况下适用并且有足够可利用数据和其他信息支持的估值技术,选择与市场参与者在相关资产或负债的交易中所考虑的资产或负债特征相一致的输入值,并优先使用相关可观察输入值。只有在相关可观察输入值无法取得或取得不切实可行的情况下,才使用不可观察输入值。

6) 金融资产(不含应收款项)减值准备计提

除公允价值计量且其变动计入当期损益的金融资产外,本公司于资产负债表日对金融资产的账面价值进行检查,如果有客观证据表明某项金融资产发生减值的,计提减值准备。

(1) 可供出售权益工具投资的减值准备。

期末如果可供出售权益工具的公允价值发生较大幅度下降,或在综合考虑各种相关因素后,预期这种下降趋势属于非暂时性的,就认定其已发生减值,将原直接计入所有者权益的公允价值下降形成的累计损失一并转出,确认减值损失。

对于已确认减值损失的可供出售债务工具,在随后的会计期间公允价值已上升且客观上与确认原减值损失确认后发生的事项有关的,原确认的减值损失予以转回,计入当期损益。

可供出售权益工具投资发生的减值损失,不得通过损益转回。

(2) 持有至到期投资的减值准备。

持有至到期投资减值损失的计量比照应收款项减值损失计量方法处理。

7. 应收款项

应收款项包括应收账款、其他应收款、长期应收款等。

1) 坏账准备的确认标准

本公司在资产负债表日对应收款项的账面价值进行检查,对存在下列客观证据表明应收款项发生减值的,做计提减值准备:①债务人发生严重的财务困难;②债务人违反合同条款(如偿付利息或本金发生违约或逾期等);③债务人很可能倒闭或进行其他财务重组;④其他表明应收款项发生减值的客观依据。

2) 坏账准备的计提方法

(1) 单项金额重大并单项计提坏账准备的应收款项的确认标准、计提方法。

本公司对单项金额重大的应收款项单独进行减值测试,单独测试未发生减值的金融资产,包括在具有类似信用风险特征的金融资产组合中进行减值测试。单项测试已确认减值损失的应收款项,不再包括在具有类似信用风险特征的应收款项组合中进行减值测试。

(2) 按信用风险组合计提坏账准备的应收款项的确定依据、坏账准备计提方法。

① 信用风险特征组合的确定依据。

本公司对单项金额不重大以及金额重大但单项测试未发生减值的应收款项,按信用风险特征的相似性和相关性对金融资产进行分组。这些信用风险通常反映债务人按照该等资产的合同条款偿还所有到期金额的能力,并且与被检查资产的未来现金流量测算相关,详见表9-4所示。

表9-4 不同组合的确定依据

项　　目	确定组合的依据
特定款项组合	具有机关单位、关联方性质的应收款项作为分类依据划分的组合
账龄组合	采用账龄等信用风险特征作为分类依据划分的组合

② 根据信用风险特征组合确定的坏账准备计提方法。

按组合方式实施减值测试时,坏账准备金额系根据应收款项组合结构及类似信用风险特征(债务人根据合同条款偿还欠款的能力)按历史损失经验及目前经济状况与预计应收款项组合中已经存在的损失评估确定,详见表9-5所示。

表9-5 不同组合计提坏账准备的计提方法

项　　目	确定组合的依据
特定款项组合	不计提坏账
账龄组合	账龄分析法

在组合中,采用账龄分析法计提坏账准备的组合计提方法,如表9-6所示。

表9-6 账龄分析法计提坏账准备的组合计提方法

账　　龄	应收账款计提比例/%
1年以内(不含1年)	1
1~2年(不含2年)	5
2~3年(不含3年)	20
3~4年(不含4年)	50
4~5年(不含5年)	80
5年以上(含5年)	100

(3) 单项金额虽不重大但单项计提坏账准备的应收款项。

本公司对于单项金额虽不重大但具备以下特征的应收款项,单独进行减值测试,有客观证据表明其发生了减值的,根据其未来现金流量现值低于其账面价值的差额,确认减值损失,计提坏账准备,如:与对方存在争议或涉及诉讼、仲裁的应收款项,已有明显迹象表明债务人很可能无法履行还款义务的应收款项等。

(4) 对于其他应收款项(包括其他应收款、应收票据、预付账款等),根据其实际损失率,采用个别认定法计提相应的坏账准备。

3）坏账准备的转回

如有客观证据表明该应收款项价值已恢复,且客观上与确认该损失后发生的事项有关,原确认的减值损失予以转回,计入当期损益。但是,该转回后的账面价值不超过假定不计提坏账准备情况下该应收款项在转回日的摊余成本。

8. 存货

1）存货的分类

存货包括在日常活动中持有以备出售的产成品或商品、处在生产过程中的在产品、在生产过程或提供劳务过程中耗用的材料和物料等。

2）存货取得和发出的计价方法

存货在取得时按实际成本计价,存货成本包括采购成本、加工成本和其他成本。存货领用和发出时按加权平均法。

3）存货可变现净值的确认和跌价准备的计提方法

资产负债表日,存货按照成本与可变现净值孰低计量,并按单个存货项目计提存货跌价准备,但对于数量繁多、单价较低的存货,按照存货类别计提存货跌价准备。

存货可变现净值的确定依据:①产成品、库存商品和用于出售的材料等直接用于出售的商品存货,在正常生产经营过程中,以该存货的估计售价减去估计的销售费用和相关税费后的金额,确定其可变现净值。②为生产而持有的材料等,当用其生产的产成品的可变现净值高于成本时按照成本计量;当材料价格下降表明产成品的可变现净值低于成本时,可变现净值为估计售价减去至完工时估计将要发生的成本、估计的销售费用以及相关税费后的金额确定。③持有待售的材料等,可变现净值为市场售价。

4）存货的盘存制度

存货的盘存制度为永续盘存制。

5）低值易耗品的摊销方法

低值易耗品于领用时按一次摊销法摊销;包装物于领用时按一次摊销法摊销。

9. 长期股权投资

1）共同控制、重大影响的判断标准

共同控制,是指按照相关约定对某项安排所共有的控制,并且该安排的相关活动必须经过分享控制权的参与方一致同意后才能决策。本公司与其他合营方一同对被投资单位实施共同控制且对被投资单位净资产享有权利的,被投资单位为本公司的合营企业。

重大影响,是指对一个企业的财务和经营决策有参与决策的权力,但并不能够控制或者与其他方一起共同控制这些政策的制定。本能够对被投资单位施加重大影响的,被投资单位为本公司联营企业。

2）初始投资成本的确定

（1）企业合并形成的长期股权投资。

同一控制下的企业合并:公司以支付现金、转让非现金资产或承担债务方式以及以发行权益性证券作为合并对价的,在合并日按照取得被合并方所有者权益在最终控制方合并财务报表中的账面价值的份额作为长期股权投资的初始投资成本。因追加投资等原因能够对同一控制下的被投资单位实施控制的,在合并日根据合并后应享有被合并方净资产在最终控制方合并财务报表中的账面价值的份额,确定长期股权投资的初始投资成本。合并日长期股权投资的初始投资成本,与达到合并前的长期股权投资账面价值加上合并日进一步取得股份新支付对价的账面价值之和的差额,调整股本溢价,股本溢价不足冲减的,冲减留存收益。

非同一控制下的企业合并:公司按照购买日确定的合并成本作为长期股权投资的初始投资成本。因追加投资等原因能够对非同一控制下的被投资单位实施控制的,按照原持有的股权投资账面价值加上新增投资成本之和,作为改按成本法核算的初始投资成本。

(2)其他方式取得的长期股权投资。

以支付现金方式取得的长期股权投资,按照实际支付的购买价款作为初始投资成本。

以发行权益性证券取得的长期股权投资,按照发行权益性证券的公允价值作为初始投资成本。

投资者投入的长期股权投资,按照投资合同或协议约定的价值(扣除已宣告但尚未发放的现金股利或利润)作为初始投资成本,但合同或协议约定价值不公允的除外。

在非货币性资产交换具备商业实质和换入资产或换出资产的公允价值能够可靠计量的前提下,非货币性资产交换换入的长期股权投资以换出资产的公允价值和应支付的相关税费确定其初始投资成本,除非有确凿证据表明换入资产的公允价值更加可靠;不满足上述前提的非货币性资产交换,以换出资产的账面价值和应支付的相关税费作为换入长期股权投资的初始投资成本。

通过债务重组取得的长期股权投资,其初始投资成本按照公允价值为基础确定。

3)后续计量及损益确认方法

(1)成本法核算的长期股权投资。

公司对子公司的长期股权投资,采用成本法核算。除取得投资时实际支付的价款或对价中包含的已宣告但尚未发放的现金股利或利润外,公司按照享有被投资单位宣告发放的现金股利或利润确认当期投资收益。

(2)权益法核算的长期股权投资。

对联营企业和合营企业的长期股权投资,采用权益法核算。初始投资成本大于投资时应享有被投资单位可辨认净资产公允价值份额的差额,不调整长期股权投资的初始投资成本;初始投资成本小于投资时应享有被投资单位可辨认净资产公允价值份额的差额,计入当期损益。

公司按照应享有或应分担的被投资单位实现的净损益和其他综合收益的份额,分别确认投资收益和其他综合收益,同时调整长期股权投资的账面价值;按照被投资单位宣告分派的利润或现金股利计算应享有的部分,相应减少长期股权投资的账面价值;对于被投资单位除净损益、其他综合收益和利润分配以外所有者权益的其他变动,调整长期股权投资的账面价值并计入所有者权益。

在确认应享有被投资单位净损益的份额时,以取得投资时被投资单位可辨认净资产的公允价值为基础,并按照公司的会计政策及会计期间,对被投资单位的净利润进行调整后确认。在持有投资期间,被投资单位编制合并财务报表的,以合并财务报表中的净利润、其他综合收益和其他所有者权益变动中归属于被投资单位的金额为基础进行核算。

公司与联营企业、合营企业之间发生的未实现内部交易损益按照应享有的比例计算归属于公司的部分,予以抵销,在此基础上确认投资收益。与被投资单位发生的未实现内部交易损失,属于资产减值损失的,全额确认。公司与联营企业、合营企业之间发生投出或出售资产的交易,该资产构成业务的,按照本附注"同一控制下和非同一控制下企业合并的会计处理方法"和"合并财务报表的编制方法"中披露的相关政策进行会计处理。

在公司确认应分担被投资单位发生的亏损时,按照以下顺序进行处理:首先,冲减长期股权投资的账面价值;其次,长期股权投资的账面价值不足以冲减的,以其他实质上构成对被投资单位净投资的长期权益账面价值为限继续确认投资损失,冲减长期应收项目等的账面价值;最后,经过上述处理,按照投资合同或协议约定企业仍承担额外义务的,按预计承担的义务确认预计负债,计入当期投资损失。

（3）长期股权投资的处置。

处置长期股权投资,其账面价值与实际取得价款的差额,计入当期损益。

采用权益法核算的长期股权投资,在处置该项投资时,采用与被投资单位直接处置相关资产或负债相同的基础,按相应比例对原计入其他综合收益的部分进行会计处理。因被投资单位除净损益、其他综合收益和利润分配以外的其他所有者权益变动而确认的所有者权益,按比例结转入当期损益,由于被投资方重新计量设定受益计划净负债或净资产变动而产生的其他综合收益除外。

因处置部分股权投资等原因丧失了对被投资单位的共同控制或重大影响的,处置后的剩余股权改按金融工具确认和计量准则核算,其在丧失共同控制或重大影响之日的公允价值与账面价值之间的差额计入当期损益。原股权投资因采用权益法核算而确认的其他综合收益,在终止采用权益法核算时采用与被投资单位直接处置相关资产或负债相同的基础进行会计处理。

因被投资方除净损益、其他综合收益和利润分配以外的其他所有者权益变动而确认的所有者权益,在终止采用权益法核算时全部转入当期损益。

因处置部分股权投资等原因丧失了对被投资单位控制权的,在编制个别财务报表时,处置后的剩余股权能够对被投资单位实施共同控制或重大影响的,该按权益法核算,并对该剩余股权视同自取得时即采用权益法核算进行调整;处置后的剩余股权不能对被投资单位实施共同控制或施加重大影响的,改按金融工具确认和计量准则的有关规定进行会计处理,其在丧失控制之日的公允价值与账面价值间的差额计入当期损益。

处置的股权是因追加投资等原因通过企业合并取得的,在编制个别财务报表时,处置后的剩余股权采用成本法或权益法核算的,购买日之前持有的股权投资因采用权益法核算而确认的其他综合收益和其他所有者权益按比例结转;处置后的剩余股权改按金融工具确认和计量准则进行会计处理的,其他综合收益和其他所有者权益全部结转。

10. 投资性房地产

投资性房地产是指为赚取租金或资本增值,或两者兼有而持有的房地产。

投资性房地产按成本进行初始计量。与投资性房地产有关的后续支出,如果与该资产有关的经济利益很可能流入且其成本能可靠地计量,则计入投资性房地产成本。其他后续支出,在发生时计入当期损益。

本公司采用成本模式对投资性房地产进行后续计量,并按照与房屋建筑物一致的政策进行折旧。

投资性房地产的减值测试方法和减值准备计提方法详见"15. 长期资产减值"。

自用房地产或存货转换为投资性房地产或投资性房地产转换为自用房地产时,按转换前的账面价值作为转换后的入账价值。

投资性房地产的用途改变为自用时,自改变之日起,将该投资性房地产转换为固定资产或无形资产。自用房地产的用途改变为赚取租金或资本增值时,自改变之日起,将固定资产或无形资产转换为投资性房地产。发生转换时,转换为采用成本模式计量的投资性房地产的,以转换前的账面价值作为转换后的入账价值。

当投资性房地产被处置,或者永久退出使用且预计不能从其处置中取得经济利益时,终止确认该项投资性房地产。投资性房地产出售、转让、报废或毁损的处置收入扣除其账面价值和相关税费后计入当期损益。

11. 固定资产

1) 确认条件

固定资产是指为生产商品、提供劳务、出租或经营管理而持有的,使用寿命超过一个会计年度的有形资产。固定资产仅在与其有关的经济利益很可能流入本公司,且其成本能够可靠地计量时才予以确认。固定资产按成本并考虑预计弃置费用因素的影响进行初始计量。

2) 折旧方法

固定资产从达到预定可使用状态的次月起,采用年限平均法在使用寿命内计提折旧。各类固定资产的使用年限、残值率和年折旧率详如表 9-7 所示。

表 9-7 固定资产的使用年限、残值率和年折旧率

类别	使用年限/年	残值率/%	年折旧率/%
房屋及建筑物	20	3~10	4.85~4.50
机器设备	10	5~10	9.50~9.00
运输工具	5	10	18.00
电子设备	5	5~10	19.00~18.00

3) 固定资产的减值测试方法及减值准备计提方法

固定资产的减值测试方法和减值准备计提方法详见"15. 长期资产减值"。

4) 其他说明

与固定资产有关的后续支出,如果与该固定资产有关的经济利益很可能流入且其成本能可靠地计量,则计入固定资产成本,并终止确认被替换部分的账面价值。除此以外的其他后续支出,在发生时计入当期损益。

当固定资产处于处置状态或预期通过使用或处置不能产生经济利益时,终止确认该固定资产。固定资产出售、转让、报废或毁损的处置收入扣除其账面价值和相关税费后的差额计入当期损益。

企业至少应当于每年年度终了,对固定资产的使用寿命、预计净残值和折旧方法进行复核,如发生改变则作为会计估计变更处理。

12. 在建工程

在建工程成本按实际工程支出确定,包括在建期间发生的各项工程支出、工程达到预定

可使用状态前的资本化的借款费用以及其他相关费用等。在建工程在达到预定可使用状态后结转为固定资产。

在建工程的减值测试方法和减值准备计提方法详见"15.长期资产减值"。

13. 借款费用

1) 借款费用资本化的确认原则

借款费用,包括借款利息、折价或者溢价的摊销、辅助费用以及因外币借款而发生的汇兑差额等。

公司发生的借款费用,可直接归属于符合资本化条件的资产的购建或者生产的,予以资本化,计入相关资产成本;其他借款费用,在发生时根据其发生额确认为费用,计入当期损益。

符合资本化条件的资产,是指需要经过相当长时间的购建或者生产活动才能达到预定可使用或者可销售状态的固定资产、投资性房地产和存货等资产。

借款费用同时满足下列条件时开始资本化。

(1) 资产支出已经发生,资产支出包括为购建或者生产符合资本化条件的资产而以支付现金、转移非现金资产或者承担带息债务形式发生的支出。

(2) 借款费用已经发生。

(3) 为使资产达到预定可使用或者可销售状态所必要的购建或者生产活动已经开始。

2) 借款费用资本化期间

资本化期间是指从借款费用开始资本化时点到停止资本化时点的期间,借款费用暂停资本化的期间不包括在内。

当购建或者生产符合资本化条件的资产达到预定可使用或者可销售状态时,借款费用停止资本化。

当购建或者生产符合资本化条件的资产中部分项目分别完工且可单独使用时,该部分资产借款费用停止资本化。

购建或者生产的资产的各部分分别完工,但必须等到整体完工后才可使用或可对外销售的,在该资产整体完工时停止借款费用资本化。

3) 暂停资本化期间

符合资本化条件的资产在购建或生产过程中发生的非正常中断、且中断时间连续超过3个月的,则借款费用暂停资本化。

该项中断若所购建或生产的符合资本化条件的资产达到预定可使用状态或者可销售状态必要的程序,则借款费用继续资本化。在中断期间发生的借款费用确认为当期损益,直至资产的购建或者生产活动重新开始后借款费用继续资本化。

4) 借款费用资本化金额的计算方法

对于为购建或者生产符合资本化条件的资产而借入的专门借款,以专门借款当期实际发生的借款费用,减去尚未动用的借款资金存入银行取得的利息收入或进行暂时性投资取得的投资收益后的金额,来确定借款费用的资本化金额。

对于为购建或者生产符合资本化条件的资产而占用的一般借款,根据累计资产支出超过专门借款部分的资产支出加权平均数乘以所占用一般借款的资本化率,计算确定一般借款应予资本化的利息金额。资本化率根据一般借款加权平均利率计算确定。

借款存在折价或者溢价的,按照实际利率法确定每一会计期间应摊销的折价或者溢价金额,调整每期利息金额。

14. 无形资产

无形资产是指本公司拥有或者控制的没有实物形态的可辨认非货币性资产。无形资产按成本进行初始计量。与无形资产有关的支出,若相关的经济利益很可能流入本公司且其成本能可靠地计量,则计入无形资产成本。除此以外的其他项目的支出,在发生时计入当期损益。

取得的土地使用权通常作为无形资产核算。如自行开发建造厂房等建筑物,相关的土地使用权支出和建筑物建造成本则分别作为无形资产和固定资产核算。如为外购的房屋及建筑物,则将有关价款在土地使用权和建筑物之间进行分配,难以合理分配的,全部作为固定资产处理。

使用寿命有限的无形资产自可供使用时起,对其原值减去预计净残值和已计提的减值准备累计金额在其预计使用寿命内采用直线法分期平均摊销。使用寿命不确定的无形资产不予摊销。

期末,对使用寿命有限的无形资产的使用寿命和摊销方法进行复核,如发生变更则作为会计估计变更处理。此外,还对使用寿命不确定的无形资产的使用寿命进行复核,如果有证据表明该无形资产为本公司带来经济利益的期限是可预见的,那么估计其使用寿命并按照使用寿命有限的无形资产的摊销政策进行摊销(见表9-8)。无形资产的减值测试方法和减值准备计提方法详见"15. 长期资产减值"。

表9-8 公司使用寿命有限的无形资产的使用寿命估计情况

项目	预计使用寿命/月	依 据
土地使用权	600	根据土地使用权的使用年限确定使用寿命
技术使用费	120	根据技术使用费的使用年限确定使用寿命
排污权	120	根据排污权的使用年限确定使用寿命
软件使用权	60	根据软件使用权的使用年限确定使用寿命

15. 长期资产减值

对于固定资产、在建工程、使用寿命有限的无形资产、以成本模式计量的投资性房地产及对子公司、合营企业、联营企业的长期股权投资等非流动非金融资产,本公司于资产负债表日判断是否存在减值迹象。如存在减值迹象的,则估计其可收回金额,进行减值测试。商誉、使用寿命不确定的无形资产和尚未达到可使用状态的无形资产,无论是否存在减值迹象,每年均进行减值测试。

减值测试结果表明资产的可收回金额低于其账面价值的,按其差额计提减值准备并计入减值损失。可收回金额为资产的公允价值减去处置费用后的净额与资产预计未来现金流量的现值两者之间的较高者。资产的公允价值根据公平交易中销售协议价格确定;不存在销售协议但存在资产活跃市场的,公允价值按照该资产的买方出价确定;不存在销售协议和资产活跃市场的,则以可获取的最佳信息为基础估计资产的公允价值。处置费用包括与资产处置有关的法律费用、相关税费、搬运费以及为使资产达到可销售状态所发生的直接费用。资产预计未来现金流量的现值,按照资产在持续使用过程中和最终处置时所产生的预计未来现金流量,选择恰当的折现率对其进行折现后的金额加以确定。资产减值准备按单项资产为基础计算并确认,如果难以对单项资产的可收回金额进行估计的,就以该资产所属的资产组确定资产组的可收回金额。资产组是能够独立产生现金流入的最小资产组合。

在财务报表中单独列示的商誉,在进行减值测试时,将商誉的账面价值分摊至预期从企业合并的协同效应中受益的资产组或资产组组合。测试结果表明包含分摊的商誉的资产组或资产组组合的可收回金额低于其账面价值的,确认相应的减值损失。减值损失金额先抵减分摊至该资产组或资产组组合的商誉的账面价值,再根据资产组或资产组组合中除商誉以外的其他各项资产的账面价值所占比重,按比例抵减其他各项资产的账面价值。

上述资产减值损失一经确认,以后期间不予转回价值得以恢复的部分。

16. 长期待摊费用

长期待摊费用为已经发生但应由报告期和以后各期负担的分摊期限在一年以上的各项费用。

长期待摊费用按实际发生额入账,在受益期或规定的期限内分期平均摊销。

如果长期待摊的费用项目不能使以后会计期间受益,那么将尚未摊销的该项目的摊余价值全部转入当期损益。

17. 职工薪酬

本公司职工薪酬主要包括短期职工薪酬、辞退福利。

1)短期薪酬的会计处理方法

本公司在职工为本公司提供服务的会计期间,将实际发生的短期薪酬确认为负债,并计入当期损益或相关资产成本。

本公司为职工缴纳的社会保险费和住房公积金,以及按规定提取的工会经费和职工教育经费,在职工为本公司提供服务的会计期间,根据规定的计提基础和计提比例计算确定相应的职工薪酬金额。

职工福利费为非货币性福利的,如能够可靠计量的,按照公允价值计量。

2)辞退福利的会计处理方法

本公司在不能单方面撤回因解除劳动关系计划或裁减建议所提供的辞退福利时,或确认与涉及支付辞退福利的重组相关的成本或费用时,确认辞退福利产生的职工薪酬负债,并计入当期损益。

18. 收入

1)商品销售收入

在已将商品所有权上的主要风险和报酬转移给买方,既没有保留通常与所有权相联系的继续管理权,也没有对已售商品实施有效控制,收入的金额能够可靠地计量,相关的经济利益很可能流入本公司,相关的已发生或将发生的成本能够可靠地计量时,确认商品销售收入的实现。合同或协议价款的收取采用递延方式,实质上具有融资性质的,按照应收的合同或协议价款的公允价值确定销售商品收入金额。

2）确认让渡资产使用权收入的依据

与交易相关的经济利益很可能流入企业,收入的金额能够可靠地计量时,分下列情况确定让渡资产使用权收入金额:

（1）利息收入金额,按照他人使用本企业货币资金的时间和实际利率计算确定。

（2）使用费收入金额,按照有关合同或协议约定的收费时间和方法计算确定。

19. 政府补助

1）与资产相关的政府补助判断依据及会计处理方法

与资产相关的政府补助,是指本公司取得的、用于购建或以其他方式形成长期资产的政府补助。与资产相关的政府补助,确认为递延收益。在相关资产使用寿命内按照合理、系统的方法分期计入当期损益（与本公司日常活动相关的,计入其他收益;与本公司日常活动无关的,计入营业外收入）。

2）与收益相关的政府补助判断依据及会计处理方法

与收益相关的政府补助,是指除与资产相关的政府补助之外的政府补助。该补助用于补偿本公司以后期间的相关成本费用或损失的,确认为递延收益,并在确认相关成本费用或损失的期间,计入当期损益（与本公司日常活动相关的,计入其他收益;与本公司日常活动无关的,计入营业外收入）或冲减相关成本费用或损失;用于补偿本公司已发生的相关成本费用或损失的,直接计入当期损益（与本公司日常活动相关的,计入其他收益;与本公司日常活动无关的,计入营业外收入）或冲减相关成本费用或损失。

20. 递延所得税资产与递延所得税负债

1）当期所得税

资产负债表日,对于当期和以前期间形成的当期所得税负债（或资产）,以按照税法规定计算的预期应缴纳（或返还）的所得税金额计量。计算当期所得税费用所依据的应纳税所得额系根据有关税法规定对本年度税前会计利润作相应调整后计算得出。

2）递延所得税资产与递延所得税负债

某些资产、负债项目的账面价值与其计税基础之间的差额,以及未作为资产和负债确认但按照税法规定可以确定其计税基础的项目的账面价值与计税基础之间的差额产生的暂时性差异,采用资产负债表债务法确认递延所得税资产及递延所得税负债。

与商誉的初始确认有关,以及与既不是企业合并、发生时也不影响会计利润和应纳税所得额（或可抵扣亏损）的交易中产生的资产或负债的初始确认有关的应纳税暂时性差异,不予确认有关的递延所得税负债。此外,对于子公司、联营企业及合营企业投资相关的应纳税暂时性差异,如果本公司能够控制暂时性差异转回的时间,而且该暂时性差异在可预见的未来很可能不会转回,就不予确认有关的递延所得税负债。除上述例外情况,本公司确认其他所有应纳税暂时性差异产生的递延所得税负债。

与既不是企业合并、发生时也不影响会计利润和应纳税所得额（或可抵扣亏损）的交易中产生的资产或负债的初始确认有关的可抵扣暂时性差异,不予确认有关的递延所得税资产。此外,对于子公司、联营企业及合营企业投资相关的可抵扣暂时性差异,如果暂时性差异在可预见的未来很可能不会转回,或者未来很可能不会获得用来抵扣可抵扣暂时性差异的应纳税所得额,就不予确认有关的递延所得税资产。除上述例外情况,本公司以很可能取得用来抵扣可抵扣暂时性差异的应纳税所得额为限,确认其他可抵扣暂时性差异产生的递延所得税资产。

对于能够结转以后年度的可抵扣亏损和税款抵减,以很可能获得用来抵扣可抵扣亏损和税款抵减的未来应纳税所得额为限,确认相应的递延所得税资产。

于资产负债表日,对于递延所得税资产和递延所得税负债,根据税法规定,按照预期收回相关资产或清偿相关负债期间的适用税率计量。

于资产负债表日,对于递延所得税资产的账面价值进行复核,如果未来很可能无法获得足够的应纳税所得额用以抵扣递延所得税资产的利益,就减记递延所得税资产的账面价值。在很可能获得足够的应纳税所得额时,减记的金额予以转回。

3)所得税费用

所得税费用包括当期所得税和递延所得税。

除确认为其他综合收益或直接计入股东权益的交易和事项相关的当期所得税和递延所得税计入其他综合收益或股东权益,以及企业合并产生的递延所得税调整商誉的账面价值外,其余当期所得税和递延所得税费用或收益计入当期损益。

4)所得税的抵销

当拥有以净额结算的法定权利,且意图以净额结算或取得资产、清偿负债同时进行时,本公司当期所得税资产及当期所得税负债以抵销后的净额列报。

当拥有以净额结算当期所得税资产及当期所得税负债的法定权利,且递延所得税资产及递延所得税负债是与同一税收征管部门对同一纳税主体征收的所得税相关或者是对不同的纳税主体相关,但在未来每一具有重要性的递延所得税资产及负债转回的期间内,涉及的纳税主体意图以净额结算当期所得税资产和负债或是同时取得资产、清偿负债时,本公司递延所得税资产及递延所得税负债以抵销后的净额列报。

21. 重要会计政策和会计估计变更

企业会计准则变化引起的会计政策变更:无;重要会计估计变更:无。

四、税项

不同税种的税率如表9-9所示。

表9-9　不同税种的税率

税种	计税依据	税率/%
增值税	按税法规定计算的销售货物和应税劳务收入为基础计算销项税额,在扣除当期允许抵扣的进项税额后,差额部分为应交增值税。	13、9、6、5
城市维护建设税	按实际缴纳的增值及消费税计征	5
企业所得税	按应纳税所得额计征	25
教育费附加	按实际缴纳的增值及消费税计征	3
地方教育费附加	按实际缴纳的增值及消费税计征	2

五、财务报表重要项目注释

1. 货币资金(见表9-10)

表9-10 货币资金 单位:元

项目	期末余额			期初余额		
	原币	折算汇率	折合人民币	原币	折算汇率	折合人民币
现金	—	—	91 084.57	—	—	213 777.08
其中:人民币	—	—	91 084.57	—	—	213 777.08
银行存款	—	—	32 427 007.82	—	—	21 629 831.22
其中:人民币	—	—	32 427 007.82	—	—	21 629 831.22
其他货币资金	—	—	172 208 850.00	—	—	31 362 000.00
其中:人民币	—	—	172 208 850.00	—	—	31 362 000.00
合计	—	—	204 726 942.39	—	—	53 205 608.30

2. 应收票据(见表9-11)

表9-11 应收票据 单位:元

种类	期末余额	期初余额
银行承兑汇票	—	3 107 535.60
合计	—	3 107 535.60

3. 应收账款(见表9-12)

表9-12 应收账款 单位:元

账龄	期末余额			期初余额		
	金额	占比/%	坏账准备	金额	占比/%	坏账准备
1年以内	21 564 436.98	100.00	48 170.25	1 256 794.00	100.00	12 567.94
1~2年	—	—	—	—	—	—
2~3年	—	—	—	—	—	—
3~4年	—	—	—	—	—	—
4~5年	—	—	—	—	—	—
5年以上	—	—	—	—	—	—
合计	21 564 436.98	100.00	48 170.25	1 256 794.00	100.00	12 567.94
净值	21 516 266.73			1 244 226.06		

4. 其他应收款(见表9-13)

表9-13　其他应收款

单位:元

账龄	期末余额			期初余额		
	金额	占比/%	坏账准备	金额	占比/%	坏账准备
1年以内	3 659 264.80	2.24	—	2 828 948.70	1.76	—
1~2年	2 518 872.00	1.54	—	850 624.40	0.53	—
2~3年	700 000.00	0.43	—	5 102 105.00	3.19	—
3~4年	5 102 105.00	3.13	—	5 148 865.00	3.22	—
4~5年	5 148 865.00	3.15	—	2 453 340.00	1.53	—
5年以上	146 154 061.12	89.51	92 000 000.00	143 700 721.12	89.77	46 000 000.00
合计	163 283 167.92	100.00	92 000 000.00	160 084 604.22	100.00	46 000 000.00
净值	71 283 167.92			114 084 604.22		

5. 预付账款(见表9-14)

表9-14　预付账款

单位:元

账龄	期末余额		期初余额	
	金额	占比/%	金额	占比/%
1年以内	92 081 172.45	89.95	114 928 806.69	95.84
1~2年	5 819 313.72	5.68	3 080 787.33	2.57
2~3年	2 556 357.33	2.50	—	—
3~4年	—	—	1 224 815.00	1.02
4~5年	1 224 815.00	1.20	—	—
5年以上	684 742.47	0.67	684 742.47	0.57
合计	102 366 400.97	100.00	119 919 151.49	100.00

6. 存货(见表9-15)

表9-15　存　货

单位:元

存货项目	期末余额		期初余额	
	账面余额	存货跌价准备	账面余额	存货跌价准备
原材料	30 623 079.21	—	38 903 661.37	—
库存商品	21 913 113.04	—	16 007 767.04	—
周转材料	454 617.44	—	287 942.35	—

（续表）

存货项目	期末余额		期初余额	
	账面余额	存货跌价准备	账面余额	存货跌价准备
在产品	10 317 274.89	—	6 239 398.62	—
合计	63 308 084.58	—	61 438 769.38	—
净额	63 308 084.58		61 438 769.38	

7. 其他流动资产(见表 9-16)

表 9-16　其他流动资产　　　　　　　　　　　　　　单位:元

项目	期末余额	期初余额
增值税留抵税额	—	581.32
合计	—	581.32

8. 可供出售金融资产(见表 9-17)

表 9-17　截至报告期末,以成本计量的权益工具明细　　　　　　单位:元

被投资单位名称	持股比例	期初余额	本期增加	本期减少	期末余额
××公司	××	3 165 500.00	—		3 165 500.00
合计	—	3 165 500.00	—		3 165 500.00

9. 长期股权投资(见表 9-18)

表 9-18　长期股权投资　　　　　　　　　　　　　　单位:元

项目	期初余额	本期增加	本期减少	期末余额	持股比例/%	核算方法
××公司	79 706 016.01	—	—	79 706 016.01	70.00	成本法
××公司	107 638 180.43	—	—	107 638 180.43	100.00	成本法
××公司	11 431 077.29	—	—	11 431 077.29	100.00	成本法
××公司	62 149 642.50	—	—	62 149 642.50	100.00	成本法
××公司	5 000 000.00	—	—	5 000 000.00	100.00	成本法
××公司	3 812 599.00	—	—	3 812 599.00	100.00	成本法
××公司	68 000 000.00	—	—	68 000 000.00	11.00	成本法
××公司	1 100 000.00	—	—	1 100 000.00	11.00	成本法
合计	338 837 515.23	—	—	338 837 515.23	—	—

10. 投资性房地产(见表 9-19)

表 9-19　本公司以成本模式对投资性房地产进行后续计量　　　　单位:元

项　目	期初余额	本期增加	本期减少	期末余额
一、原价合计	46 367 104.52	—	—	46 367 104.52
其中:房屋及建筑物	46 367 104.52	—	—	46 367 104.52
二、累计折旧合计	13 959 023.04	2 203 364.76	—	16 162 387.80
其中:房屋及建筑物	13 959 023.04	2 203 364.76	—	16 162 387.80
三、账面价值合计	32 408 081.48	—	—	30 204 716.72
其中:房屋及建筑物	32 408 081.48	—	—	30 204 716.72

11. 固定资产(见表 9-20)

表 9-20　固定资产　　　　单位:元

项　目	期初余额	本期增加	本期减少	期末余额
一、原价合计	539 979 455.79	21 269 414.02	75 394 894.08	485 853 975.73
其中:房屋及建筑物	175 210 726.95	—	7 803 486.05	167 407 240.90
机器设备	333 997 975.59	19 146 654.39	63 435 708.58	289 708 921.40
电子设备	22 152 193.16	1 885 804.77	3 581 076.36	20 456 921.57
运输设备	8 618 560.09	236 954.86	574 623.09	8 280 891.86
二、累计折旧合计	400 825 464.95	15 352 864.78	70 174 535.84	346 003 793.89
其中:房屋及建筑物	83 521 750.58	8 461 141.17	5 833 728.30	86 149 163.45
机器设备	291 098 025.32	5 792 775.69	60 394 932.64	236 495 868.37
电子设备	18 353 962.22	936 571.88	3 399 982.97	15 890 551.13
运输设备	7 851 726.83	162 376.04	545 891.93	7 468 210.94
三、固定资产账面价值合计	139 153 990.84	—	—	139 850 181.84
其中:房屋及建筑物	91 688 976.37	—	—	81 258 077.45
机器设备	42 899 950.27	—	—	53 213 053.03
电子设备	3 798 230.94	—	—	4 566 370.44
运输设备	766 833.26	—	—	812 680.92

12. 在建工程(见表9-21、表9-22)

表9-21　在建工程

单位:元

项目	期初余额	本期增加	本期减少	期末余额
××项目	11 317 912.95	946 782.64	12 264 695.59	—
××项目	4 874.75	−4 874.75	—	—
××装置	15 229 729.02	8 774 638.04	—	24 004 367.06
合计	26 552 516.72	9 716 545.93	12 264 695.59	24 004 367.06

表9-22　工程物资

单位:元

项目	期初余额	本期增加	本期减少	期末余额
××	5 459 236.65	14 360 877.38	19 076 656.60	743 457.43
合计	5 459 236.65	14 360 877.38	19 076 656.60	743 457.43

13. 无形资产(见表9-23、表9-24)

表9-23　原　值

单位:元

名称	期初余额	本期增加	本期减少	期末余额
技术费	14 470 000.00	—	—	14 470 000.00
土地使用权	21 039 369.20	—	—	21 039 369.20
排污权	21 345 904.74	—	—	21 345 904.74
软件	264 671.96	—	—	264 671.96
合计	57 119 945.90	—	—	57 119 945.90

表9-24　累计摊销

单位:元

项目	期初余额	本期增加	本期减少	期末余额
技术费	14 470 000.00	—	—	14 470 000.00
土地使用权	5 371 076.91	420 787.56	—	5 791 864.47
排污权	17 894 407.41	1 673 402.64	—	19 567 810.05
软件	238 125.20	22 754.40	—	260 879.60
合计	37 973 609.52	2 116 944.60	—	40 090 554.12

14. 长期待摊费用(见表 9‑25)

表 9‑25　长期待摊费用　　　　　　　　　　　　　　　　单位:元

项目	期初余额	本期增加	本期减少	期末余额
大维修费	357 218.11	—	35 513.57	321 704.54
××会费	10 000.00	—	10 000.00	—
合计	367 218.11	—	45 513.57	321 704.54

15. 递延所得税资产(见表 9‑26)

表 9‑26　递延所得税资产　　　　　　　　　　　　　　　　单位:元

项目	期初余额	本期增加	本期减少	期末余额
坏账准备	11 503 141.98	11 508 900.58	—	23 012 042.56
合计	11 503 141.98	11 508 900.58	—	23 012 042.56

16. 短期借款(见表 9‑27)

表 9‑27　短期借款　　　　　　　　　　　　　　　　单位:元

项目	期末余额	期初余额	备注
××银行	500 000.00	20 000 000.00	抵押
××银行	500 000.00	10 000 000.00	抵押/信用
××银行	—	13 000 000.00	抵押
××银行	—	15 000 000.00	信用
合计	1 000 000.00	58 000 000.00	—

17. 应付票据(见表 9‑28)

表 9‑28　应付票据　　　　　　　　　　　　　　　　单位:元

种类	承兑单位	期末余额	期初余额
银行承兑汇票	××银行	14 290 000.00	—
银行承兑汇票	××银行	46 100 000.00	27 720 000.00
银行承兑汇票	××银行	7 020 000.00	42 000 000.00
银行承兑汇票	××银行	12 730 000.00	11 580 000.00
银行承兑汇票	××银行	20 509 500.00	23 240 000.00
合计		100 649 500.00	104 540 000.00

18. 应付账款(见表9-29)

表9-29　应付账款　　　　　　　　　　　　　　　　单位:元

账龄	期末余额		期初余额	
	金额	占比/%	金额	占比/%
1年以内	85 618 704.92	28.79	108 597 870.18	47.87
1~2年	95 058 854.39	31.96	114 285 296.17	50.37
2~3年	113 823 188.93	38.27	1 993 987.80	0.88
3~4年	915 125.54	0.31	—	—
4~5年	—	—	—	—
5年以上	1 993 206.45	0.67	1 993 206.45	0.88
合计	297 409 080.23	100.00	226 870 360.60	100.00

19. 预收账款(见表9-30)

表9-30　预收账款分类　　　　　　　　　　　　　　单位:元

账龄	期末余额		期初余额	
	金额	占比/%	金额	占比/%
1年以内	12 154 462.50	99.93	5 409 450.71	99.62
1~2年	—	—	7 146.50	0.13
2~3年	4 550.50	0.04	13 500.00	0.25
3~4年	3 500.00	0.03	—	—
4~5年	—	—	—	—
5年以上	—	—	—	—
合计	12 162 513.00	100.00	5 430 097.21	100.00

20. 应付职工薪酬(见表9-31)

表9-31　应付职工薪酬　　　　　　　　　　　　　　单位:元

项目	期初余额	本年增加	本年减少	期末余额
职工工资	1 985 636.81	33 014 096.25	32 211 792.77	2 787 940.29
职工福利费	—	1 958 791.49	1 958 791.49	—
社会保险费	—	1 577 740.09	1 577 740.09	—
住房公积金	—	1 454 100.00	1 454 100.00	—
工会经费	139 128.00	176 880.00	183 348.00	132 660.00

(续表)

项目	期初余额	本年增加	本年减少	期末余额
职工教育经费	—	48 646.99	48 646.99	
合计	2 124 764.81	38 230 254.82	37 434 419.34	2 920 600.29

21. 应交税费(见表9-32)

表9-32　应交税费　　　　　　　　　　　　　　　　　　　单位:元

税费项目	期初余额	本年增加	本年减少	期末余额
增值税	2 810 401.11	24 694 780.64	13 162 092.45	14 343 089.30
企业所得税	—	27 776 853.73	9 384 325.98	18 392 527.75
个人所得税	402 321.39	944 266.19	1 127 716.07	218 871.51
城市维护建设税	140 433.69	1 234 647.82	1 190 212.63	184 868.88
教育费附加	84 260.21	740 788.68	714 127.57	110 921.32
地方教育费附加	56 173.48	493 859.12	476 085.05	73 947.55
印花税	19 375.36	191 348.04	182 304.00	28 419.40
房产税	1 581 820.55	1 477 810.52	1 581 820.61	1 477 810.46
土地使用税	2 154 512.80	2 154 512.80	2 154 512.80	2 154 512.80
环境保护税	—	342.34	342.34	—
合计	7 249 298.59	59 709 209.88	29 973 539.50	36 984 968.97

22. 其他应付款(见表9-33)

表9-33　其他应付款　　　　　　　　　　　　　　　　　　　单位:元

账龄	期末余额		期初余额	
	金额	占比/%	金额	占比/%
1年以内	415 343.57	3.58	1 764 685.24	13.66
1~2年	9 160.00	0.08	6 420.00	0.05
2~3年	6 420.00	0.06	10 944 903.75	84.69
3~4年	10 941 643.75	94.49	—	—
4~5年	—	—	150 000.00	1.16
5年以上	207 030.00	1.79	57 030.00	0.44
合计	11 579 597.32	100.00	12 923 038.99	100.00

23. 其他流动负债(见表 9-34)

表 9-34　其他流动负债　　　　　　　　单位:元

项目	期初余额	本期增加	本期减少	期末余额
预提修理费	852 545.93	—	852 545.93	—
合计	852 545.93	—	852 545.93	—

24. 递延所得税负债(见表 9-35)

表 9-35　递延所得税负债　　　　　　　　单位:元

项目	期初余额	本期增加	本期减少	期末余额
××	399 416.86	—	—	399 416.86
合计	399 416.86	—	—	399 416.86

25. 实收资本(见表 9-36)

表 9-36　实收资本　　　　　　　　单位:元

投资者	期初余额		本期增减	期末余额	
	金额	比例/%	金额	金额	比例/%
××	8 770 500.00	17.541	—	8 770 500.00	17.541
××	4 499 000.00	8.998	—	4 499 000.00	8.998
××	2 812 000.00	5.624	—	2 812 000.00	5.624
××	2 812 000.00	5.624	—	2 812 000.00	5.624
××	1 125 000.00	2.25	—	1 125 000.00	2.25
××	5 000 000.00	10.00	—	5 000 000.00	10.00
××	7 128 000.00	14.256	417 000.00	7 545 000.00	15.09
××	6 186 000.00	12.372	—	6 186 000.00	12.372
××	417 000.00	0.834	−417 000.00	—	—
××	561 500.00	1.123	—	561 500.00	1.123
××	844 000.00	1.688	—	844 000.00	1.688
××	2 248 000.00	4.496	—	2 248 000.00	4.496
××	7 597 000.00	15.194	—	7 597 000.00	15.194
合计	50 000 000.00	100.00	0.00	50 000 000.00	100.00

26. 资本公积(见表9-37)

表9-37 资本公积　　　　　　　　　　　　　　　　　单位:元

项目	期初余额	本期增加	本期减少	期末余额
其他资本公积	14 158 014.88	—	—	14 158 014.88
合计	14 158 014.88	—	—	14 158 014.88

27. 盈余公积(见表9-38)

表9-38 盈余公积　　　　　　　　　　　　　　　　　单位:元

项目	期初余额	本期增加	本期减少	期末余额
盈余公积	28 281 406.98	—	—	28 281 406.98
合计	28 281 406.98	—	—	28 281 406.98

28. 未分配利润(见表9-39)

表9-39 未分配利润　　　　　　　　　　　　　　　　　单位:元

项　　　目	金额
年初未分配利润	418 765 068.91
加:本期调整年初未分配利润	—
调整后年初未分配利润	418 765 068.91
加:本期净利润	66 059 572.31
加:企业重组	—
减:提取法定盈余公积	—
减:提取任意盈余公积	—
减:应付普通股股利	—
减:转作股本的股利	—
加:盈余公积补亏	—
期末未分配利润	484 824 641.22
其中:拟分配现金股利	—

29. 营业收入与营业成本(见表9-40)

表9-40 营业收入与营业成本　　　　　　　　　　　　　单位:元

项目	营业收入		营业成本	
	本期发生额	上期发生额	本期发生额	上期发生额
主营业务	838 972 718.39	699 647 403.02	689 370 307.75	663 400 221.49
其他业务	22 389 986.80	12 801 150.29	1 690 876.91	3 680 817.20
合计	861 362 705.19	712 448 553.31	691 061 184.66	667 081 038.69

30. 税金及附加(见表9-41)

表9-41 税金及附加

单位:元

项目	本期发生额	上期发生额
教育附加税	740 788.68	297 865.92
城建税	1 234 647.82	496 443.22
地方教育附加费	493 859.12	198 577.29
印花税	191 348.04	160 786.26
房产税	1 477 810.52	1 581 820.58
土地使用税	2 154 512.80	2 154 512.80
环境税	342.34	5 979.66
合计	6 293 309.32	4 895 985.73

31. 销售费用(见表9-42)

表9-42 销售费用

单位:元

费用项目	本期发生额	上期发生额
工资及福利费	1 828 134.38	1 903 333.82
差旅费	373 616.39	471 345.79
运杂费	951 971.18	1 208 068.53
商检费	25 867.93	21 622.65
包装费	8 216 908.18	7 550 411.54
其他	—	943.40
合计	11 396 498.06	11 155 725.73

32. 管理费用(见表9-43)

表9-43 管理费用

单位:元

费用项目	本期发生额	上期发生额
工资及福利费	8 189 173.27	11 131 081.08
折旧费	6 453 144.53	8 886 267.50
差旅费	101 080.44	104 605.87
办公费	10 338.56	25 402.93
工会经费	176 880.00	185 504.00
邮电通讯费	1 460 098.60	1 665 780.81

（续表）

费用项目	本期发生额	上期发生额
保险费	270 315.83	20 352.62
业务招待费	194 372.20	450 681.95
无形资产摊销	2 116 944.60	2 578 132.68
职工教育经费	48 646.99	108 945.91
中介机构费	3 675 999.43	3 354 905.62
坏账损失	—	73 022.86
技术开发费	2 104 699.85	780 230.64
住房公积金	1 454 100.00	1 519 200.00
存货盘盈盘亏	—	−100 352.48
汽车修理费	138 200.34	267 833.85
停产检修费	3 793 295.57	2 910 189.11
水费	546 941.94	694 892.93
修缮运维费	421 463.74	667 354.12
发票未到暂估费	118 270.55	116 800.00
汽油费	110 401.41	132 088.30
长期待摊分摊	45 513.57	46 449.40
其他	158 142.73	99 365.02
服务费	—	465 874.11
合计	31 588 024.15	36 184 608.83

33. 财务费用(见表9-44)

表9-44 财务费用 单位:元

项目	本期发生额	上期发生额
利息支出	871 381.45	599 331.35
减:利息收入	1 156 647.34	505 887.09
手续费	150 426.55	97 530.40
合计	−134 839.34	190 974.66

34. 资产减值损失(见表 9‐45)

项目	本期发生额	上期发生额
坏账准备	46 035 602.31	−41 476.06
合计	46 035 602.31	−41 476.06

35. 投资收益(见表 9‐46)

项目	本期发生额	上期发生额
成本法核算的长期股权投资分配的利润	12 770 579.30	15 910 043.16
合计	12 770 579.30	15 910 043.16

36. 营业外收入(见表 9‐47)

项目	本期发生额	上期发生额
罚款收入	1 400.00	4 000.00
政府补贴	298 075.00	237 280.00
其他	13 064.00	20.00
处理固定资产收益	—	446.60
合计	312 539.00	241 746.60

37. 营业外支出(见表 9‐48)

项目	本期发生额	上期发生额
公益性捐赠	100 000.00	100 000.00
罚款、滞纳金	361 253.95	3 950.00
赔偿金	198 535.00	402 614.00
固定资产清理损失	5 218 729.92	1 339.81
合计	5 878 518.87	507 903.81

38. 所得税费用(见表 9-49)

表 9-49　所得税费用

单位:元

项目	本期发生额	上期发生额
递延所得税费用	−11 508 900.58	21 744.02
所得税费用	27 776 853.73	—
合计	16 267 953.15	21 744.02

39. 现金流量表补充资料(见表 9-50)

表 9-50　现金流量表补充资料

单位:元

项　　目	本期金额	上期金额
1. 将净利润调节为经营活动的现金流量:		—
净利润	66 059 572.31	8 603 837.66
加:计提的资产减值准备	46 035 602.31	−41 476.06
固定资产折旧、油气资产折耗、生产性生物资产折旧	19 759 594.30	17 889 878.67
无形资产摊销	2 116 944.60	2 578 132.68
长期待摊费用摊销	46 449.40	46 449.40
处置固定资产、无形资产和其他长期资产的损失(收益以"−"号填列)	5 218 729.92	1 339.81
固定资产报废损失(收益以"−"号填列)		0.00
公允价值变动损失(收益以"−"号填列)		0.00
财务费用(收益以"−"号填列)	871 381.45	1 039 961.59
投资损失(收益以"−"号填列)	−12 770 579.30	−15 910 043.16
递延所得税资产减少(增加以"−"号填列)	−11 508 900.58	21 744.02
递延所得税负债增加(减少以"−"号填列)		0.00
存货的减少(增加以"−"号填列)	−1 869 315.20	36 402 151.42
经营性应收项目的减少(增加以"−"号填列)	43 189 681.75	25 268 877.23
经营性应付项目的增加(减少以"−"号填列)	59 770 172.98	60 001 656.02
其他	—	−93 894.30
经营活动产生的现金流量净额	216 919 333.94	135 808 614.98
2. 不涉及现金收支的重大投资和筹资活动:		
债务转为资本		
一年内到期的可转换公司债券		

(续表)

项　　目	本期金额	上期金额
融资租入固定资产		
3. 现金及现金等价物净变动情况:		
现金的期末余额	204 726 942.39	53 205 608.30
减:现金的期初余额	53 205 608.30	38 305 590.76
加:现金等价物的期末余额		
减:现金等价物的期初余额		
现金及现金等价物净增加额	151 521 334.09	14 900 017.54

项目小结

　　财务分析报告是一种书面报告,是分析人员通过财务报表对企业的经营活动、投资活动、筹资活动运用一定的财务分析方法,做出客观、全面、系统的分析和评价,并编制相应的科学预测以及科学分析的书面报告,让财务分析报告的使用者可以对企业财务状况、经营成果、现金流量得到更好地了解。

　　财务分析报告按照使用者的要求可能是对企业的财务活动进行全面分析,也可能是针对某个项目进行专项分析,或者根据具体需要进行简要分析,因此,相应的财务分析报告也就有全面分析报告、专项分析报告。目前财务分析报告没有统一的写作标准,每个行业或者企业都有自己的写作方式和规则。根据经验,一个合理的财务分析报告的基本要素包括标题、摘要、分析、评价以及建议。

　　撰写财务分析报告前,首先明确财务报告使用人的身份和需求;其次多方收集资料;最重要的是选用合适的分析方法。

　　目前财务分析报告撰写存在一些与经营管理脱节、报告中没有突出重点、没有关注非财务信息等一系列问题,因此,撰写财务分析报告时应当秉持实事求是、客观公正、具体问题具体分析、按照问题—原因—建议的程序帮助企业解决问题。

习题 9

一、多选题

1. 财务报告使用人的身份有(　　　　)。
   - (A) 财务部经理
   - (B) 销售经理
   - (C) 人力资源部总监
   - (D) 董事长

2. 收集财务分析资料的途径有(　　　　)。
   - (A) 生产统计数据
   - (B) 财务报表数据
   - (C) 法规性文件
   - (D) 公司的公告
   - (E) 招股说明书
   - (F) 管理当局的预测或计划书

(G) 审计报告　　　　　　　　　　(H) 行业信息资料

3. 财务分析方法有(　　)。

　　(A) 比较分析法　　　　　　　　(B) 比率分析法

　　(C) 因素分析法　　　　　　　　(D) 杜邦分析法

　　(E) 沃尔评分法

4. 财务分析报告的类型有(　　)。

　　(A) 全面分析报告　　　　　　　(B) 专项分析报告

　　(C) 年报　　　　　　　　　　　(D) 半年报

二、简答题

1. 财务分析报告的类型有哪些?

2. 财务分析报告的结构是什么?

3. 撰写财务分析报告的原则是什么?

4. 目前财务分析报告撰写存在的问题有哪些?

5. 撰写财务分析报告前的准备工作有哪些?

三、思考题

　　请选取一家上市公司,收集该公司最近三年的审计报告,对该公司的财务信息进行综合分析,并撰写一份财务分析报告。

附录 财务报表项目填列及财务分析主要公式表

一、资产负债表项目填列方法

项　　目	填　列　方　法
流动资产：	
货币资金	库存现金＋银行存款＋其他货币资金
交易性金融资产	交易性金融资产明细余额分析填列
应收票据	应收票据－坏账准备（应收票据）
应收账款	应收账款（借）＋预收账款（借）－坏账准备（应收账款）
预付账款	应付账款（借）＋预付账款（借）－坏账准备（预付账款）
其他应收款	应收利息＋应收股利＋其他应收款－坏账准备（应收账款）
存货	原材料＋库存商品＋周转材料＋材料采购＋材料成本差异（借方为加，贷方为减）＋在途物资＋发出商品＋生产成本＋制造费用＋委托加工物资＋委托代销商品－存货跌价准备 受托代销商品（＋）、受托代销商品款（－），同时反映，未真正影响存货项目。
合同资产	合同资产明细余额分析填列
一年内到期的非流动资产	一年内变现的非流动资产的期末余额分析填列
其他流动资产	除上述流动资产项目外的其他流动资产
流动资产合计	流动资产各项目期末余额合计填列
非流动资产：	
固定资产	固定资产－累计折旧－固定资产减值准备＋固定资产清理
在建工程	在建工程－在建工程减值准备＋工程物资－工程物资减值准备
无形资产	无形资产－累计摊销－无形资产减值准备
开发支出	研发支出——资本化支出期末余额填列
长期待摊费用	长期待摊费用－1年内到期的长期待摊费用
递延所得税资产	递延所得税资产期末余额填列
其他非流动资产	除上述非流动资产以外的其他非流动资产
非流动资产合计	非流动资产各项目期末余额合计填列
资产总计	流动资产合计＋非流动资产合计

（续表）

项　　目	填 列 方 法
流动负债:	
短期借款	期末余额填列
应付票据	期末余额填列
应付账款	应付账款(贷)＋预付账款(贷)
预收账款	应收账款(贷)＋预收账款(贷)
合同负债	明细科目期末余额分析填列
应付职工薪酬	明细科目的期末贷方余额分析填列
应交税费	期末贷方余额填列
其他应付款	应付股利＋应付利息＋其他应付款
其他流动负债	除上述流动负债以外的其他流动负债
流动负债合计	流动负债各项目期末余额合计填列
非流动负债:	
长期借款	长期借款－1年内到期的长期借款
应付债券	应付债券－一年内到期的应付债券
递延所得税负债	期末余额填列
其他非流动负债	除上述非流动负债以外的其他非流动负债
非流动负债合计	非流动负债各项目期末余额合计填列
负债合计	流动负债合计＋非流动负债合计
所有者权益:	
实收资本(或股本)	期末余额填列
资本公积	期末余额填列
其他综合收益	期末余额填列
专项储备	期末余额填列
盈余公积	期末余额填列
未分配利润	本年利润贷方＋利润分配贷方
所有者权益合计	所有者权益各项目期末余额合计填列
负债和所有者权益总计	负债合计＋所有者权益合计

二、利润表项目填列方法

项　　　目	填列方法
一、营业收入	＝主营业务收入＋其他业务收入
减:营业成本	＝主营业务成本＋其他业务成本
税金及附加	＝税金及附加
销售费用	＝销售费用
管理费用	＝管理费用
研发费用	＝研发费用＋无形资产摊销
财务费用	＝财务费用
加:投资收益(损失以"－"号填列)	＝投资收益
净敞口套期收益(损失以"－"号填列)	＝净敞口套期损益
公允价值变动收益(损失以"－"号填列)	＝公允价值变动损益
信用减值损失(损失以"－"号填列)	＝信用减值损失
资产减值损失(损失以"－"号填列)	＝资产减值损失
资产处置收益(损失以"－"号填列)	＝资产处置损益
二、营业利润(亏损以"－"号填列)	
加:营业外收入	＝营业外收入
减:营业外支出	＝营业外支出
三:利润总额(亏损总额以"－"号填列)	
减:所得税费用	＝所得税费用
四、净利润(净亏损以"－"号填列)	

短期偿债能力指标	计 算 公 式
营运资金	＝流动资产－流动负债
流动比率	＝(流动资产÷流动负债)×100%
速动比率	＝(速动资产÷流动负债)×100% ＝(流动资产－存货)÷流动负债×100%
现金比率	＝(现金资产÷流动负债)×100% ＝(货币资金＋交易性金融资产)÷流动负债×100%

长期偿债能力指标	计 算 公 式
资产负债率	＝（负债总额÷资产总额）×100％
产权比率	＝（负债总额÷所有者权益总额）×100％
权益乘数	＝（资产总额÷所有者权益总额）×100％
长期资本负债率	＝［非流动负债÷（非流动负债＋股东权益）］×100％
利息保障倍数	＝（息税前利润÷利息支出）×100％
债务保障倍数	＝（营业利润÷负债总额）×100％

盈利能力指标	计 算 公 式
营业毛利率	＝（营业毛利÷营业收入）×100％
营业利润率	＝（营业利润÷营业收入）×100％
营业净利率	＝（净利润÷营业收入）×100％
成本费用利润率	＝（利润总额÷成本费用总额）×100％
总资产报酬率	＝（息税前利润÷总资产平均余额）×100％
净资产收益率	＝（净利润÷平均净资产）×100％
总资产净利率	＝（净利润÷总资产平均余额）×100％
每股收益	＝归属于普通股股东的净利润÷发行在外的普通股加权平均数
每股股利	＝现金股利÷发行在外的普通股股数
市盈率	＝每股市价÷每股收益

营运能力分析	计 算 公 式
应收账款周转率	＝营业收入÷应收账款平均余额
应收账款周转期	应收账款周转期＝360÷应收账款周转率
存货周转率	＝营业成本÷存货平均余额
存货周转期	＝360÷存货周转率
营业周期	＝存货周转天数＋应收账款周转天数
流动资产周转率	＝营业收入÷流动资产平均余额
流动资产周转期	＝360÷流动资产周转率
固定资产周转率	营业收入÷固定资产平均余额
固定资产周转期	＝360÷固定资产周转率
总资产周转率	＝营业收入÷总资产平均余额
总资产周转期	＝360÷总资产周转率

杜邦分析法	计 算 公 式
净资产收益率	＝净利润÷平均净资产
	＝(净利润÷总资产平均余额)×(总资产平均余额÷平均净资产)
	＝总资产净利率×权益乘数
总资产净利率	＝净利润÷总资产平均余额
	＝(净利润÷营业收入)×(营业收入÷总资产平均余额)
	＝营业净利率×总资产周转率
权益乘数	＝总资产平均余额÷平均净资产
	＝1÷(1－资产负债率)
	＝1＋产权比率

参考文献

［1］赵红英,单蕊,李建林.财务报表编制与分析[M].沈阳:东北大学出版社,2017.

［2］张健青,王怀阳,郭春林.财务报表分析[M].2版.长沙:湖南师范大学出版社,2020.

［3］肖刚,万平.财务报表分析[M].2版.上海:上海交通大学出版社,2021.

［4］黄倩,王颖.财务报表分析[M].北京:中国人民大学出版社,2018.

［5］刘翠屏,范秀旺.财务报表分析[M].北京:中国人民大学出版社,2018.

［6］李亚伟.财务报表分析从入门到精通[M].北京:中国水利水电出版社,2014.

［7］王跃武.财务报表分析[M].上海:立信会计出版社,2015.

［8］张新民,钱爱民.财务报表分析[M].5版.北京:中国人民大学出版社,2019.

［9］王玉梅,曾瑶.上市公司财务报表分析[M].北京:北京邮电大学出版社.2016.

［10］财政部会计资格评价中心.初级会计实务[M].北京:经济科学出版社,2023.